基金项目：本书系四川传媒学院首批校级科研团队“地方传统文化创新传播研究”的科研成果。（川媒院 [2022]132 号）

# 巴蜀乡村文化传播研究

李　娇　金佳林　孟　心◎著



吉林大学出版社

·长春·

**图书在版编目（CIP）数据**

巴蜀乡村文化传播研究 / 李娇，金佳林，孟心著 . --
长春：吉林大学出版社，2024.4

ISBN 978-7-5768-3163-4

Ⅰ . ①巴… Ⅱ . ①李… ②金… ③孟… Ⅲ . ①农村文
化—四川 Ⅳ . ① G127.71

中国国家版本馆 CIP 数据核字 (2024) 第 092052 号

| | |
|---|---|
| 书　　名 | 巴蜀乡村文化传播研究<br>BA-SHU XIANGCUN WENHUA CHUANBO YANJIU |
| 作　　者 | 李　娇　金佳林　孟　心　著 |
| 策划编辑 | 殷丽爽 |
| 责任编辑 | 殷丽爽 |
| 责任校对 | 安　萌 |
| 装帧设计 | 张秋艳 |
| 出版发行 | 吉林大学出版社 |
| 社　　址 | 长春市人民大街 4059 号 |
| 邮政编码 | 130021 |
| 发行电话 | 0431-89580036/58 |
| 网　　址 | http://www.jlup.com.cn |
| 电子邮箱 | jldxcbs@sina.com |
| 印　　刷 | 天津和萱印刷有限公司 |
| 开　　本 | 787mm × 1092mm　1/16 |
| 印　　张 | 13 |
| 字　　数 | 220 千字 |
| 版　　次 | 2024 年 4 月　第 1 版 |
| 印　　次 | 2024 年 4 月　第 1 次 |
| 书　　号 | ISBN 978-7-5768-3163-4 |
| 定　　价 | 72.00 元 |

# 序 言

文以化人，日新其德。从古至今，文化不断在人类社会中产生，又持久影响着人们生活的方方面面。大到一个国家、一个民族，小至一个村庄，无不通过特定的文化锻造联结，也无不以其特定的文化标示着差异性。而乡村作为最基础且最广泛的社会单元，留存了最为鲜明的地域特性。

得益于特殊的地理环境，巴蜀乡村文化在漫长的历史发展里，有着很强的延续性和独立性。然而，在现代化的进程中，巴蜀乡村文化亦同全国各地的乡村一样遭受着强烈的冲击。巴蜀乡村文化传统在冲击中迎来断裂和新变，呈现出危机与生机并存的局面。

在本书中，我们将视野聚焦于巴蜀地区的乡村文化，从传播学出发，并借助社会学等交叉学科，通过对巴蜀地区乡村文化在传统媒体和新兴媒体下的传播状况及特点进行透视，力图探源巴蜀乡村文化之兴起，厘清巴蜀乡村文化之脉络，辨析巴蜀乡村文化之特质，考察巴蜀乡村文化之现状，以期在追本溯源、条分缕析中为其保护、传承和创新提供坚实的理论支撑和实践指导。

全书共七章。第一章就书中所涉及的研究背景、意义、方法、价值等问题进行了阐述。第二章、第三章对巴蜀地区乡村文化的历史嬗变及方言、建筑、民俗、饮食等具体文化要素进行了考索和梳理，以实现对其总体性历史面貌的回顾。第四章、第五章、第六章对巴蜀地区乡村文化在新旧媒体影响下的传播状况进行了全局性考察，指出其当前所面临的困境，并针对地提出相应传播策略。

本书成书过程中数次删削改易，金佳林、孟心两位老师用力甚勤，我亦耗费颇多心神，同时也感谢钟雨祝同学做了相关材料的整理工作。今终将出版，心血之作难免敝帚自珍。对于相关问题，前辈学者及学界同仁已有许多精到之论，我们力求在现有研究基础之上有所寸进，有部分表述若不严谨，也请各位同仁指正。今出版此书以求教于方家，并希望能对乡村文化之发展有所裨益。

李娇

2024 年 3 月

# 目 录

# 第一章 绪论

本章包括六部分内容，分别为巴蜀地区乡村文化的研究背景、研究目的与意义、研究方法与框架、文献综述、研究价值以及概念阐释，详细介绍研究的基础内容。

## 第一节 研究背景

乡村文化传播作为一个复杂而多层次的主题，不仅关乎地方社群的身份认同，也涉及文化的传承与创新。在巴蜀地区，乡村文化传播更加重要，因为这片富饶而充满历史温度的土地承载着丰富的乡村文化。然而，随着城市化的推进和现代媒体的冲击，巴蜀地区的乡村文化正面临着严峻的考验。在当前社会背景下，巴蜀地区的乡村文化传播面临诸多挑战。城市化的快速发展带来了社会结构的深刻变革，乡村文化面临着被忽视、淡化的风险。随着信息技术的普及，传统媒体逐渐失去话语权，乡村文化的传承渠道受到了限制。这一过程不仅威胁着巴蜀地区特有的文化多样性，也对社会和谐稳定构成了潜在威胁。

### 一、城市化与乡村文化的交融

随着城市化的不断推进，巴蜀地区的乡村面貌发生了巨大的变化。农业经济向现代化转型，大量农民涌入城市，形成了庞大的城市人口。在这一转型过程中，城市与乡村的文化差异愈发显著。一方面，人们试图吸收新的文化，如城市的、现代的、外来的文化；另一方面，传统文化受到冲击，乡村原有的文化生态遭到破坏。外来文化的异质结合与传统文化的非理性解构，使当代农村文化呈现出变化中的“空洞”状态[①]。原有的传统的农耕文化、乡村礼仪等逐渐淡化，被更为现

① 丁永祥．城市化进程中乡村文化建设的困境与反思[J]．江西社会科学，2008（11）：212–214.

代化的城市文化冲击。这不仅导致了乡村文化的萎缩，更引发了社区凝聚力的下降，以及乡村社会结构的动荡。

城市化进程为中国的乡村带来了翻天覆地的变革，对乡村文化传播产生了深远的影响。这一过程不仅仅是简单的农村向城市的人口流动，更涉及生产、生活、观念等方面的全面转型。在这个背景下，乡村文化与城市文化的交融呈现出多层面的特征，既有挑战也蕴含着丰富的机遇。

首先，城市化的推进导致了农业经济的现代化，这给传统的农耕文化带来了重大的冲击。传统的耕作方式、农事节庆等元素在现代农业生产中逐渐被淘汰，这使得乡村文化面临失传的危险。农民倾向采用更为现代化的生产方式，传统技艺逐渐被边缘化。因此，我们需要深入研究如何在农业现代化的进程中保护和传承乡村的独特文化。

其次，城市与乡村之间的人口流动加剧了城市文化对乡村文化的影响。大量乡村居民涌入城市，城市的现代生活方式、价值观逐渐渗透到乡村社区。这使传统的乡村社会结构面临严重的动荡，家庭关系、邻里关系等受到城市生活方式的冲击。因此，我们需要深入研究城市化对于乡村社会结构和社会关系的影响，以及如何通过乡村文化传播来弥合这一裂痕。

再次，城市化带动了乡村社区的基础设施建设和公共服务水平的提升，使乡村生活更趋向于现代化。这种现代化并非简单地取代传统文化，而是呈现出一种城乡文化融合的趋势。乡村社区在现代化的同时，也在文化传播中找到了新的表达形式。这需要我们深入挖掘在城市化的推动下，乡村社区如何保持自身特色，如何将现代元素与传统文化相结合，形成更具活力的文化氛围。

从次，城市化催生了乡村旅游，将乡村变成了文化的景观。自古以来，乡村景观便是文人雅士描绘的对象，自然山水与人文景观相互融合，是中国传统文化的重要组成部分[①]。现如今，乡村文化在城市居民中逐渐成为一种寻找根源、追溯传统的方式，乡村成为城市人群逃离喧嚣、寻找宁静的胜地。在这一过程中，乡村文化的传播逐渐与城市居民的审美和生活方式相契合。因此，我们需要深入研究乡村旅游对于乡村文化的传播带来的积极影响，以及如何在这一过程中更好地保护和传承乡村的文化遗产。

---

① 陈丁伊．基于文化景观视域下的乡村改造设计探究 [J]. 鞋类工艺与设计，2023，3（17）：139-141.

最后，城市与乡村之间的数字鸿沟也成为一项需要深入研究的问题。虽然城市化为乡村引入了现代化的信息技术，在信息传播的同时也带来了新的问题。数字化媒体的普及使得信息传播更为便捷，但乡村要实现数字化离不开互联网的支持，而信息时代网络升级更新迭代速度快，部分农村地区特别是偏远贫困地区的发展无法跟上信息技术发展的步伐[①]，数字化的普及程度相对较低，使得部分乡村居民无法充分享受到信息的便捷。因此，我们需要深入研究数字化媒体对于乡村文化传播的推动作用，以及如何解决数字鸿沟问题，使乡村文化在数字时代得到更好的传播。

## 二、媒体技术与乡村传统的碰撞

现代媒体技术的高速发展使得信息传播更加迅捷、广泛。然而，对于传统的乡村文化而言，现代媒体技术的发展也带来了一系列挑战。现代媒体技术对于巴蜀地区乡村传统的冲击尤为明显。这种碰撞并非简单的文化交流，而是一场对传统文化传承方式的全面颠覆。在这一过程中，乡村传统在数字时代的传播面临着新的机遇与挑战。

目前，伴随着社交媒体的兴起，信息传播的速度和广度得到了前所未有的提升。然而，这也带来了信息碎片化的问题，乡村传统的线性传承模式受到了挑战。在社交媒体平台上，人们更倾向于关注短时、轻松、新潮的内容，而传统的、历史感较强的乡村文化传承显得格格不入。因此，我们需要深入研究社交媒体对于乡村传统文化传播方式产生的影响，以及如何通过这一平台更好地传递乡村文化的精髓。

短视频平台的崛起更是对传统文化传承提出了全新的挑战。短视频短、平、快的特点，使传统文化的深度表达变得相对困难。尽管以中华优秀传统文化为题材的短视频创作早已实现了数量上的繁荣，但在质量方面还存在一些问题[②]。传统技艺、手工艺品的传承需要更多的时间，而这与短视频的快速传播逻辑相悖。在这一背景下，我们需要深入研究短视频平台对于乡村传统文化的传播效果，以及如何在短时间内保持文化传承的深度和丰富性。

---

① 闫昊．数字技术赋能乡村振兴的提升路径探析 [J]. 智慧农业导刊，2023，3（11）：161-164.

② 王颖吉，陈珣．中华优秀传统文化短视频内容生产现状及创新路径研究 [J]. 中国编辑，2023（11）：36-43.

互联网时代的来临，也让传统的媒体形态面临着重新审视的机会。通过线上平台，乡村文化可以跨越地域的限制，更广泛地传播给全球观众，但这也带来了语境的挑战。“众声喧哗”下所带来的审丑式“文化狂欢”，实际上是对乡村主流文化和传统文化的一种消解[①]。如何在数字时代保持乡村文化的纯粹性，使之在信息涌流的大海中不失其根本特质，是一个亟待解决的问题。因此，我们需要深入研究互联网时代给乡村文化传播带来的全球化影响，以及如何在数字媒体时代更好地定位和呈现乡村文化的独特之处。

与此同时，虚拟现实（Virtual Reality，VR）和增强现实（Augmented Reality，AR）等新兴技术也为乡村文化传播提供了新的可能性。通过虚拟现实技术，人们可以身临其境地感受乡村文化的独特魅力。虽然虚拟现实技术增强了互动性和参与感，但也带来了技术门槛的问题。因此，我们需要深入研究新兴技术给乡村传统的传播带来的新机遇和新挑战，以及如何在技术更新的过程中保持乡村文化的纯粹性。

值得注意的是，数字时代的媒体碰撞不仅仅是对乡村传统文化的冲击，也是一场文化创新的契机。以传播路径的多元拓展为例，传统乡村文化主要通过报纸、电视、广播等传统媒体进行传播，传播内容主要由专业的新闻工作者创作。由于大部分新闻工作者缺乏乡村实践经验，创作出的乡村文化作品不接地气，不贴近农民真实生活，因此乡村文化一直难以取得较好的传播效果[②]。通过数字媒体，传统的乡村文化可以以更加多元化的形式表达，创造出新的文化产品和体验，更好地适应现代社会的需求。因此，我们需要深入研究数字时代媒体技术对于乡村传统文化的再塑与创新，以及如何在创新中保持对传统的尊重与传承。

## 三、文化传承与创新的平衡

乡村文化传承与创新的平衡是当前文化传播领域面临的一项重要任务。在巴蜀地区，这一问题显得尤为突出，因为这片土地承载了丰富的历史文化，需要在现代化的冲击下找到传统与创新之间的平衡点。

① 牛梦琦．乡村自媒体短视频文化传播现状及策略研究 [J]. 视听，2021（6）：195–197.

② 田芊伊，鲁小艳．新媒体助力乡村文化振兴 [J]. 文化产业，2023（34）：16–18.

### （一）传承的挑战与机遇

传承是乡村文化保持独特性的基石，然而，在现代社会，乡村文化传承面临着前所未有的挑战。社会结构的变革、生产方式的现代化使许多传统技艺和文化元素岌岌可危。保护这些传统并将其传承下去，是乡村文化传播所面临的首要任务。如何在现代社会中找到传统文化的生命力所在，让其在新的社会背景中依然熠熠生辉，是需要深入思考的课题。

如今，数字化技术已经渗透到保护和传承传统文化的方方面面，信息技术也为传统文化的传播、推广和创造提供了无限可能[①]。通过数字化档案、虚拟展览等方式，可以更好地保护传统文化的真实性，同时可以更广泛地传播。传统的文化节庆、戏曲表演等活动也可以通过数字媒体变得更具规模和国际化，为传统文化的传承提供新的舞台。

### （二）创新的方向与风险

在传承的同时，乡村文化也需要在创新中找到生机。创新并非简单地取代传统，而是在尊重传统的基础上赋予其新的时代内涵。乡村文化的创新可以体现在文化产品的开发、传统手工艺的现代化、文化活动的策划等层面。

与此同时，创新也伴随着一定的风险。在面临商业化压力时，过度迎合市场需求可能导致传统文化的变质。为了适应现代审美，一些传统技艺可能被过分改良，从而失去其独特的历史价值。因此，如何在创新中保持对传统的尊重，不仅是对传统文化负责的态度，也是确保文化创新可持续发展的必要条件。

### （三）数字化媒体与传统文化的融合

数字化媒体的兴起为传统文化的创新提供了新的空间。通过互联网平台，传统文化可以更加广泛地与全球观众交流。同时，数字媒体还可以为传统文化注入新的元素，创造出更富有创意和活力的文化产品。比如，在线音乐平台上的传统音乐演奏，数字图书馆中的传统文学作品数字化，都是数字化媒体与传统文化融合的成功案例。在数字化媒体环境下，适应新的传媒技术、理念与环境，提高传统文化在当下传播中的适应性，成为一项具有挑战性的课题[②]。过度商业化、低俗

① 梅备荒．数字化助推传统文化传承与发展 [J]. 文化产业，2023（32）：97-99.

② 刘昭．论数字化媒体时代传统文化传播 [J]. 中国报业，2016（22）：34-35.

化的数字化内容可能导致传统文化的扭曲。因此，文化传播者与文化机构在运用数字化媒体进行传统文化传播时，要保持对传统文化的敬畏和负责。

**（四）“社区参与”与文化传承的联动**

“社区参与”是文化传承与创新平衡的关键环节。乡村文化传播不仅仅是一场专家与观众之间的传递活动，更需要广泛的社区参与。社区动员使乡村居民形成社区参与意识，通过讨论的形式对社区公共生活进行介入，内容涉及社区建设、生活方式、文化传承和节庆活动等方面[①]，让乡村居民真正融入文化传承的过程，使其成为文化传承的生力军。社区参与不仅可以传递传统的文化知识，还能够在社区层面培养文化的自主性与创造性。

社区参与也需要在传统与创新之间寻找平衡，传统文化的传承需要有一定的权威性，也要注重灵活性和开放性，以更好地吸引年青一代的参与。社区居民的意见和建议应该被充分尊重，从而形成一种共同推动文化传承与创新的合力。

**（五）结合城乡，打破二元对立**

实现文化传承与创新的平衡需要打破城乡二元对立的观念。我国近年来城乡一体化以及新型城镇化建设持续推进，乡村与城市的差距逐步缩小，民俗文化的发展空间被进一步挤压，地域特色日渐式微，民俗传统逐渐被淡化[②]。乡村文化传播不应该被简单地定义为传统的、守旧的，而应该是一个动态的过程。城市与乡村之间的文化互动，可以为传统文化注入新的元素，使之更富有活力。同时，城市的现代文化也可以通过乡村文化的传承，找到更深层次的历史渊源。

在城乡一体化的理念下，可以通过文化交流、合作项目等方式，打破传统的界限，实现城乡文化共生共荣。这样的整合不仅有利于乡村文化的传承，也为现代城市注入更为丰富的文化底蕴。鉴于此，我们需要深入研究城乡一体化对于文化传承与创新的推动作用，以及如何在整合中实现传统文化的保护与发展。

① 洪涛．浅析社区参与机制在贵州传统村落建筑文化遗产保护中的探索——以堂安侗寨为例 [J]. 卷宗，2017（7）：132-133.

② 李帆，赵纲．新媒体视阈下陕西民俗文化传播策略研究 [J]. 陕西开放大学学报，2023，25（1）：51-56.

## 四、社群凝聚力与乡村文化传播的相互关系

社群凝聚力与乡村文化传播之间关系紧密，它们共同构成了乡村社区的文化生态系统。社群凝聚力既是乡村文化传播的产物，也是其重要的推动力，而文化内核提供了个体向社群的凝聚力[①]。在巴蜀地区，这一相互关系更显得复杂而有趣。

社群凝聚力是乡村文化传播的基石。乡村社群文化的发展正是发轫于人们对乡村社会秩序解体威胁的理解和回应，以及对乡村未来生活的想象的基础之上[②]。乡村社区往往由紧密的社会关系网络构成，人们在这个网络中相互依存、相互关照。这种关系不仅体现在日常生活中的互助与支持，更体现在文化传承的过程中。在社群凝聚力的框架下，乡村文化得以传承，并在社区中扎根、生根，成为人们共同认同的一部分。

社群凝聚力在文化传播中发挥着推动作用。人们因为对共同文化的认同而更加紧密地联系在一起。通过社区活动、文化节庆等形式，社群凝聚力可以被进一步强化，使文化传播变得更加顺畅。这种传播不仅是从一代传递到另一代，更是在社群的共同努力下，使文化得以在社区中生根发芽，成为社区生活的一部分。

然而，社群凝聚力也受到文化传播的影响。随着现代化的推进，社群凝聚力可能面临被削弱的风险。在城市化进程中，人们可能因为就业、教育等离开原居地，社群的稳定性受到挑战。这也使乡村文化的传承面临更多的阻力，因为文化传播不再局限于一个相对封闭的社区，而是涉及更广泛的社会网络。因此，我们需要深入研究现代化对于社群凝聚力的影响，以及如何通过文化传播来维护和强化社群凝聚力。

在数字时代，社群凝聚力与乡村文化传播之间的关系变得更加复杂。社交媒体平台使得人们可以跨越时空，建立更加广泛的社群关系。这为乡村文化的传播提供了新的可能性，使传统文化得以超越地理的限制，通过虚拟社区得到传播。然而，社交媒体平台的使用也给乡村文化带来了新的挑战，因为虚拟社群的建立可能削弱现实社区的凝聚力。因此，我们需要深入研究数字时代社群凝聚力与传统乡村文化之间的互动关系，以及如何在虚拟社群和现实社区之间找到平衡。

---

① 王斯．对安阳桥庙会的人类学思考 [D]. 北京：中央民族大学，2012.

② 蒋旭峰，袁梦倩．社区传播与乡土社群文化建构 [J]. 南京社会科学，2013（1）：54-62，70.

乡村文化传播的成功与否也取决于社群凝聚力的强弱。在社区凝聚力较弱的情况下，文化传播可能面临观众的分散、对传统文化的淡漠等问题；在社群凝聚力较强的情况下，社区居民更容易形成对传统文化的共识，共同参与文化传播活动。因此，我们需要深入研究社群凝聚力对于乡村文化传播效果的影响，以及如何通过文化传播来增强社群凝聚力。

传统文化的传承需要社区居民的共同努力，而社群凝聚力的形成也依赖于对共同文化的认同。因此，在乡村文化传播的策划中，应该注重挖掘和弘扬社区居民共同认同的文化元素，以激发社群凝聚力。这可以通过举办文化节庆、传统技艺展示等方式来实现，使文化传播成为社区居民共同参与的过程。

最后，社群凝聚力与乡村文化传播的相互关系也需要从社会层面进行深入探讨。社群凝聚力的形成与社会价值观、教育水平等因素密切相关。我们要以农民为主体，充分发掘乡村文化内涵，开展与乡村传统文化有关的实践活动，让社群意识成为农民之间的黏合剂[①]。因此，我们需要研究社会层面对于社群凝聚力的影响，并通过调整社会结构、优化教育资源分配等途径，为乡村文化传播创造更有利的社会环境。在这个过程中，乡村文化传播可以成为塑造社群凝聚力的重要手段，通过传播正能量、积极价值观等内容，增强社群凝聚力。

## 第二节　研究目的与意义

### 一、研究目的

#### （一）增强社群凝聚力

本研究将深入考察文化传播在巴蜀地区乡村社区中的作用，探讨不同的文化元素如何促进社区凝聚力的形成。同时，着重分析方言、宗教信仰、民俗活动等文化因素在增强社区成员认同感、整合社区成员方面的机制。例如，共同的方言和表达习惯如何加强社区内部的交流和理解，传统的宗教活动如何增进居民的

① 董婧婧，王昊，高显艳，等．社群凝聚下的乡村特色旅游——以陕西袁家村和马嵬驿为例 [J]. 农村·农业·农民（B 版），2021（8）：14-16.

精神认同，以及传统节日民俗如何增强集体参与感，等等。另外，还将考察群体文化认同如何转化为集体行动，使社区凝聚力不仅停留在精神层面，而且能够通过各种实践活动体现出来。这些理论探讨将为本研究构建和谐紧密、富有生机的乡村社区提供重要支持。本研究的理论成果也将丰富社区凝聚力形成机制的学术研究。

### （二）促进乡村文化创新

本研究将致力于找到传承与创新的动态平衡点，以激发巴蜀乡村文化的新活力。本研究一方面将探索如何利用数字技术传播和保护传统文化，另一方面关注如何在传承传统的基础上，通过艺术创作、设计创新、商业运作等为乡村文化提供现代表达。此外，本研究还将着重研究社区参与如何成为另一种驱动乡村文化创新的方式，通过分析不同社区在传承与创新实践中的平衡，找到保持传统文化核心价值并与时俱进的可行路径。这对于推动巴蜀乡村文化实现创造性转化，在新时代焕发生机具有重要意义。因此，本研究的理论成果将为文化创新研究提供新的视角。

### （三）维护传统价值观

本研究将深入考察文化传播对巴蜀地区乡村居民传统价值观认同和传承的影响，分析传统节日、礼仪等仪式活动如何增强居民对传统价值的认同感。另外，本研究也会探讨社区凝聚力的培育如何帮助巩固这些价值观念，希望能够揭示传统价值观通过什么样的社区文化机制得以传承和弘扬，并最终内化为居民的精神财富，指导其现实生活，这对于维系巴蜀乡村社会的文化认同与发展具有重要意义。

## 二、研究意义

### （一）丰富文化传播理论

深入研究本课题将为文化传播理论提供新的案例和理论支持，特别是在社区凝聚力、文化创新、传统价值观等方面。通过案例的详细剖析和理论的深化，能够丰富文化传播理论的内涵，使其更贴近实际应用场景。这不仅有助于理论框架的完善，更为相关领域学者和从业者提供了指导。

### （二）对乡村振兴战略的启示

本研究成果将为乡村振兴战略提供实质性的启示。通过深入了解乡村文化传播的机制和影响因素，为相关政策制定提供建议，指导实际工作。研究成果将为乡村振兴战略的文化层面提供创新性的思路，使战略更具前瞻性和可操作性。这对于促进巴蜀地区乡村社区在全面振兴中发挥更大的作用具有现实意义。

### （三）支持巴蜀地区乡村文化的可持续发展

通过全面深入的研究，能为巴蜀地区乡村文化传播的可持续发展提供更为具体和实际的建议。深入调查和理论分析将使研究更加全面、深刻，为推动乡村文化的传承与发展提供更为有力的支持。这不仅有助于保护和传承巴蜀地区独特的乡村文化，也为其在现代社会中找到新的发展路径提供了指导。

# 第三节　研究方法与框架

研究方法的选择对于深入了解和分析巴蜀地区乡村文化传播至关重要。在研究框架的构建上，我们将采用多层次、多维度的方法，以全面系统地理解乡村文化传播的复杂性。

## 一、研究方法选择

### （一）文献综述法

文献综述将以广泛而深入的方式进行，不仅涵盖省内外有关乡村文化传播的理论研究，还将详细梳理实证研究和成功案例，并为后续研究提供理论指导和实践经验。

### （二）定性研究法

定性研究将通过深度访谈和焦点小组讨论展开。重点关注乡村居民对文化传承的认知和媒体对文化认同的塑造。通过参与者的亲身经历和观点，作者能够捕捉到情感、信仰和认同等方面的细致差异，为研究提供更为丰富的维度。

#### （三）案例研究法

在案例研究中，我们将选取具有代表性的乡村社区，深入剖析其文化传播的过程和机制。通过案例研究，我们可以深刻理解不同社群和地域下乡村文化传播的独特挑战与机遇，为本研究实地验证提供支持。

### 二、研究框架构建

#### （一）城市化与乡村文化交融

深入分析城市化对乡村文化的影响，探讨城市化进程中乡村社群结构的变化、文化认同的演变，并准确揭示城乡一体化对乡村文化传播起到的推动作用。这有助于我们更全面地理解城市与乡村文化的融合。

#### （二）媒体技术与乡村传统的碰撞

在研究媒体技术时，我们将特别关注数字化媒体与传统文化的互动，不仅要深入分析数字技术在乡村文化传承和创新中的积极作用，还要审慎研究数字化可能给传统文化带来的冲击，以达到数字化媒体与乡村文化的协调发展。

#### （三）文化传承与创新的平衡

此部分将更加侧重于数字化媒体和社区参与等手段在促进传统文化传承的同时如何激发文化创新，深入研究这一平衡的动态，以发现文化传承与创新之间的相互促进机制。

#### （四）社群凝聚力与乡村文化传播

基于社群凝聚力的概念，我们不仅将关注社区居民的参与度和社交关系，还将深入研究社区组织、社交网络等因素对乡村文化传播的影响。通过深刻理解社群凝聚力的内在机制，我们可以更精准地提出相关政策建议。

#### （五）乡村文化在现代社会中的价值

此部分将通过对多重价值的深入探讨，为乡村文化在现代社会中的角色提供更为翔实的解读。我们将探索其在身份认同、社区凝聚力、经济发展、文化创新、社会教育、生态文明等方面的具体作用，为决策者提供全方位的参考。

通过这一综合的研究框架，我们能够充分理解巴蜀地区乡村文化传播的复杂性，深入挖掘其内在机制，为相关政策的制定和实际工作提供有力支持。通过不同方法的有机结合，我们能够更好地应对研究对象的多样性，确保研究的深度和广度，为巴蜀地区乡村文化传播的可持续发展提供更为具体和实际的建议。

## 第四节　文献综述

### 一、“乡村文化保护与传承”方面的研究

在乡村振兴战略的大背景下，乡村文化的保护与传承备受关注。目前，针对“乡村文化保护与传承”的研究主要内容涉及城乡融合背景下的乡村文化传承、农业文化遗产保护、乡村优秀传统文化保护及传承等方面，具体如下。

王自红、史静、袁桂仙于2023年发表了《城乡融合发展背景下的乡村传统文化资源传承与创新研究——基于云南省陆良县的调研》[①]一文。该文章主要探讨了在城乡融合发展背景下，乡村传统文化资源如何传承与创新，其中重点强调了乡村文化资源在城乡融合中的重要性，包括有形与无形的文化资源。该文章提出通过现代化、多元化和多样化的方式，提升乡村文化资源的传播效能，同时建议利用数字化手段，如互联网等现代科技，活化创新农业文化遗产，推动乡村文化的繁荣发展。

山蕊蕊、马婷婷于2023年发表了《乡村振兴背景下农业文化遗产保护传承研究》[②]。该文研究了在乡村振兴的背景下，如何保护和传承农业文化遗产。文章强调了农业文化遗产在传承农耕文化、保护生态文化、发展民俗文化以及创新文旅产业方面的作用。作者提出了提高对农业文化遗产的认知、完善保护管理机制、加强人才队伍建设和利用“互联网+”策略活化创新农业文化遗产。

蒋立英于2023年发表了《乡村振兴背景下乡村优秀传统文化的保护和传

① 王自红，史静，袁桂仙．城乡融合发展背景下的乡村传统文化资源传承与创新研究——基于云南省陆良县的调研 [J]. 云南农业大学学报（社会科学），2023，17（5）：163–170.

② 山蕊蕊，马婷婷．乡村文化振兴背景下农业文化遗产保护传承研究 [J]. 江南论坛，2023，（11）：39–43.

承——以南充市为例》[①]一文。蒋立英在该研究中讨论了在乡村振兴背景下，如何保护和传承南充市的乡村优秀传统文化，并指出乡村优秀传统文化对于振兴乡村文化具有不可替代的作用，但目前面临传承主体意识薄弱、人才匮乏和产业缺乏的困境。同时，她建议增强乡村文化认同，壮大乡村人才队伍，并发展特色文化产业来促进乡村文化的保护和传承。

顾晨琳于2023年发表了《江苏乡村特色文化的保护和传承》[②]一文。该文章主要探讨了江苏乡村特色文化的保护和传承的重要性和挑战。作者明确指出了乡村文化对社会发展具有重要作用，但同时也面临着工业化和城镇化的冲击。文章指出，应加强对乡村文化内容的文化认同与保护，丰富乡村文化的内涵，并完善乡村文化保护和传承体系，帮助农民成为乡村产业融合的主人翁，并促进现代化建设和乡村可持续发展。

王丹竹、杨玉萍于2023年发表了《论习近平文化思想对推进乡村文化振兴的重大意义和实践要求》[③]一文。这篇文章深入探讨了习近平文化思想对乡村文化振兴的重大意义和实践要求，强调习近平文化思想是马克思主义文化理论的现代表现形式，与乡村文化振兴存在深刻的内在联系。该文章特别强调了坚持党对乡村地区宣传思想文化工作的领导，铸牢社会主义意识形态的重要性；详细阐述了习近平文化思想在乡村文化振兴中的作用，包括其对乡村文化振兴的时代内涵和核心内容的阐释，以及对新时代乡村文化振兴的重大意义。

谢太平于2021年发表了《内生性与传播赋权：乡村文化建设再思考》[④]一文。该文探究乡村文化建设的出发点和归宿，主张从内生性视角和传播赋权的角度进行乡村文化建设。作者提出了“元传播”理论，即关于传播的传播，强调语言及其使用的规则、情景的界定等成为规范交往活动的“模板”或“脚本”。该文章还指出重庆乡村文化建设面临的挑战，如内生性不足、民众参与有限和传播赋权不足等，建议尊重乡村社会主体性，拓展文化建设中媒介的内涵。

张敏、林骞于2023年发表了《乡村振兴战略背景下中华优秀传统文化传承

① 蒋立英．乡村振兴背景下乡村优秀传统文化的保护和传承——以南充市为例 [J]. 中共太原市委党校学报，2023（4）：74-76.

② 顾晨琳．江苏乡村特色文化的保护和传承 [J]. 文化产业，2023（19）：82-84.

③ 王丹竹，杨玉萍．论习近平文化思想对推进乡村文化振兴的重大意义和实践要求 [J]. 西北农林科技大学学报（社会科学版），2024，24（1）：1-9.

④ 谢太平．内生性与传播赋权：乡村文化建设再思考 [J]. 青年记者，2021（6）：33-34.

路径》[①]一文。作者提出了深入挖掘乡村丰富的传统文化、民俗文化、红色文化等资源的转换思路，由传统的外来文化改造模式转变为发掘乡村文化主体性的模式。

谭伟红于2023年发表了《乡贤文化在乡村振兴中的传承与运用》[②]一文。该文章从乡贤文化的视角提出梳理乡贤资源、搭建乡贤组织平台、打造乡贤文化品牌的路径，强调了要建立乡贤人才信息库，发挥新乡贤的示范引领作用，吸引人才回乡参与村治理。文章提出要利用多种媒介手段讲好乡贤故事，打造富有本地特色的乡贤文化品牌。

这些研究为新时代乡村文化保护与传承的战略部署提供了理论支撑和路径指引，其核心在于综合运用传统方法与先进技术手段，激发乡村文化的内生活力，实现乡村文化自身的振兴。

## 二、“乡村文化与媒介传播”方面的研究

在“乡村文化与媒介传播”方面的研究中，对乡村文化传播的探讨主要是在新媒体短视频的传播策略及路径等方面。以下是对此方面研究的详细文献收集与综述，涉及至少8篇相关学术文献，具体如下所述。

王洋于2023年发表了《乡村文化传播中短视频的功能定位与实践策略》[③]一文。王洋在其研究中将乡村文化传播做了明确的功能定位，并强调了短视频在拓宽乡村文化传播渠道、释放传播效能方面扮演着关键角色，但同样也对乡村文化传播带来了话语权威、话语逻辑和话语认同上的消解。王洋指出，为进一步规范乡村短视频发展，确保乡村文化传播高效、长效推进，在实践策略上既要打造多元主体协同参与格局，又要确保乡村短视频内容优质输出和长效供给，同时还要拓宽多平台融合传播渠道。

吴浪平于2023年发表了《乡村振兴背景下三农短视频传播乡村文化路径探究》[④]一文。吴浪平在其研究中指出“三农短视频”可以直观展示乡村生活场景，

---

① 张敏，林骞．乡村振兴战略背景下中华优秀传统文化传承路径[J]. 智慧农业导刊，2023，3（18）：193–196.

② 谭伟红．乡贤文化在乡村振兴中的传承与运用[J]. 文化产业，2023（21）：151–153.

③ 王洋．乡村文化传播中短视频的功能定位与实践策略[J]. 传媒，2023（1）：55–57.

④ 吴浪平．乡村振兴背景下三农短视频传播乡村文化路径探究[J]. 山东农业工程学院学报，2023，40（7）：68–73.

呈现新“三农”形象，传播“乡土文化”价值理念。该文章重点强调了对乡村地区素材的深度挖掘，并且需要激发大众进行创作，通过短视频平台将真实的乡村文化带入大众视野，同时对于积极推进乡村文化传承，实现乡村文化弘扬，以及带动其他产业的发展起到重要作用。

丁和根、陈袁博于2021年发表了《数字新媒介助推乡村文化振兴：传播渠道拓展与效能提升》[①]一文。该研究主要从传播渠道的角度展开对乡村文化传播的探讨。其中，重点指出对乡村文化和文化产品的传播需要进行数字化改造，可以通过多媒介融合传播、多产业融合发展、多主体融合交流，从而有力地推动乡村文化传播效能的提升。

李梦磊、徐建国于2023年发表了《融媒体视域下乡村文化传播策略研究》[②]一文。该研究主要强调要建设多“屏”并举的传播样态，充分利用媒体融合的优势，将抽象的文化演绎为可感的具体作品，传播好传统乡村文化，从而树立村民文化自信、塑造乡村新形象、发展乡村新文明，进而使乡村文化摆脱传播困境，在城乡内外重新焕发生机。

郭丽云、李伟霞于2020年发表了《略论新媒体时代的乡村传统文化传播》[③]一文。该研究主要解构了乡村传统文化传播的内容及社会价值，并着重探讨了以移动媒体为代表的“新媒体”对乡村传统文化传播的影响。

石婷婷于2023年发表了《短视频赋能乡村文化传播的路径探究》[④]一文。该研究强调了短视频在乡村文化传播中的作用，特别是在展示乡村生活和文化方面。同时，还提出通过创新和参与性内容创作，可以提升乡村文化在更广泛受众中的吸引力。

漆菁夫、史豪杰于2023年发表了《短视频助推乡村文化传播实策与功能研究》[⑤]一文。该文分析了短视频如何作为一个有效的媒介来促进乡村文化的传播，

① 丁和根，陈袁博．数字新媒介助推乡村文化振兴：传播渠道拓展与效能提升 [J]. 中国编辑，2021（11）：4-10.

② 李梦磊，徐建国．融媒体视域下乡村文化传播策略研究 [J]. 编辑之友，2023（6）：53-57.

③ 郭丽云，李伟霞．略论新媒体时代的乡村传统文化传播 [J]. 山西广播电视大学学报，2020，25（3）：54-62.

④ 石婷婷．短视频赋能乡村文化传播的路径探究 [J]. 采写编，2023（7）：108-110.

⑤ 漆菁夫，史豪杰．短视频助推乡村文化传播实策与功能研究 [J]. 中国出版，2023（12）：63-65.

强调了短视频在提高乡村文化知名度、教育和娱乐方面的潜力，并建议采取具体措施以优化这一过程。

范以锦、郑昌茂于2021年发表了《数字乡村文化振兴的路径探析和逻辑建构》[①]一文。该文章重点探讨了数字乡村建设与乡村文化振兴之间的关系，强调了数字化在提升乡村文化传播效率和扩大覆盖范围方面的重要性以及数字化发展和乡村文化振兴之间的逻辑关系。同时，该文章提出了三个关键路径，即内容生产的规模化、媒介融合的整体化以及表达主体的一致化。

这些研究表明，新媒体，尤其是短视频，正在成为推广乡村文化的有力工具。这些新媒介不仅能够有效地传播乡村的传统文化，还能促进文化创新，提高乡村文化的吸引力和影响力。通过整合技术、政策、人才和体系，可以进一步加强乡村文化的传播和振兴。通过有效利用新媒体工具，结合传统文化的特色和现代社会的需求，乡村文化传播可以实现更广泛、更深入的影响，为乡村振兴贡献新的力量。

## 三、"乡村文化与文化振兴"方面的研究

莎日娜于2023年发表了《乡村振兴报道中如何传播好乡村文化》[②]一文。莎日娜认为，乡村振兴是我国为建设现代化强国而提出的战略性目标，做好乡村文化报道工作，是乡村文化建设必不可少的环节，对于凝聚文化共识、积蓄力量，推动乡村振兴战略目标的实现发挥着十分关键的作用。研究还强调了在数字化背景下，如何在乡村振兴报道中做好文化报道的策略，让更多的人了解乡村厚重的历史文化，展示每个地域不同的文化特色，同时也在整体上更好地弘扬了中华优秀传统文化。

张克兰、魏明锐于2023年发表了《乡村振兴背景下民俗文化传播的价值、现状与改善》[③]一文。该研究探讨了在乡村振兴背景下如何进行民俗文化传播。研究认为，在乡村振兴战略背景下，基层政府应高度重视民俗文化传播在乡村振兴

① 范以锦，郑昌茂．数字乡村文化振兴的路径探析和逻辑建构 [J]. 中国编辑，2021（11）：16–22.

② 莎日娜．乡村振兴报道中如何传播好乡村文化 [J]. 新闻论坛，2023，37（1）：107–108.

③ 张克兰，魏明锐．乡村振兴背景下民俗文化传播的价值、现状与改善 [J]. 安顺学院学报，2023，25（3）：46–50.

战略中的重要价值，认清民俗文化在传播过程中所面临的困境，并通过激发农民传播民俗文化内生动力，激活传播平台、文化产业等外部力量等方式为民俗文化传播寻找新的发展出路，进而实现乡村文化振兴。

杨东伶于2022年发表了《乡村文化传播力与影响力提升策略》[①]一文。杨东伶的研究聚焦于乡村文化的传播力和影响力提升，强调了文化在乡村振兴中的重要作用，并提出提升乡村文化传播力和影响力的策略。该研究深入分析了乡村文化的现状和传播中面临的挑战，提出了具体的改进措施，包括加强文化教育、利用现代传播媒介、培养文化人才和创新文化活动等，以促进乡村文化的可持续发展。

苏若彤于2022年发表了《乡村文化广场提升文化传播力的路径研究》[②]一文。该研究探讨了关于乡村文化广场在提升文化传播力方面的作用。文章详细分析了乡村文化广场的概念、功能和在乡村文化传播中的重要性。苏若彤提出，通过优化文化广场的设计、提高其功能性和吸引力，可以有效提升乡村文化的传播力和影响力，从而促进乡村文化的复兴。

宋丽丽、马文杰于2023年发表了《乡村文化建设视角下非物质文化遗产的传播策略研究》[③]一文。该研究从乡村文化建设的视角出发，探讨了非物质文化遗产的传播策略。文章主要分析了非物质文化遗产在乡村文化建设中的重要性，指出了当前非物质文化遗产传播面临的困境和挑战，提出了多种策略，包括强化政策支持、提升文化教育和公众意识、利用现代媒介技术等，以促进非物质文化遗产的有效传播和保护。

匡卉、郑欣于2021年发表了《乡村文化建设中的非遗战略及其传播现象》[④]一文。该文探讨了乡村文化建设中非物质文化遗产（非遗）的战略及其传播现象。文章指出，非遗在乡村振兴中面临诸多挑战，包括传承与现代化的矛盾、非遗项目

① 杨东伶．乡村文化传播力与影响力提升策略 [J]. 中国农业资源与区划，2022，43（10）：96，109.

② 苏若彤．乡村文化广场提升文化传播力的路径研究 [J]. 今传媒，2022，30（10）：98-100.

③ 宋丽丽，马文杰．乡村文化建设视角下非物质文化遗产的传播策略研究 [J]. 中国市场，2023（26）：37-40.

④ 匡卉，郑欣．乡村文化建设中的非遗战略及其传播现象 [J]. 中国农村观察，2021（1）：40-50.

的商业化及其对传统文化的影响。文章建议加强对非遗传承人的支持、促进非遗与现代生活的融合，以及保护乡村文化的真实性，以支持乡村文化的可持续发展。

郭小曼于2022年发表了《乡村振兴背景下乡村文化数字化传播之路径探析——以三门峡地区为例》[①]一文。该文以三门峡地区为例，探讨了乡村文化在数字化背景下的传播路径。研究认为，数字化为传播和保护乡村文化提供了新的机遇。文章建议通过建立数字平台、利用社交媒体和开展在线教育等方式，加强乡村文化的数字化传播，以支持乡村振兴战略。

何颖、宋艳丽于2023年发表了《乡村振兴视域下乡村文化的传播现状——以湖北省民族地区莲花池村为例》[②]一文。该研究具体以湖北省莲花池村为例，探讨了乡村文化在乡村振兴视域下的传播现状。作者指出，在乡村振兴过程中，有效的文化传播对于提升乡村的吸引力和居民的生活质量至关重要。同时，该研究还提出了一系列策略，如强化文化教育、促进文化与旅游的融合，以及利用新媒体技术，从而增强乡村文化的传播力。

乡村文化的传播和振兴需要多方面的策略和努力，其中包括强化教育和文化活动、利用新媒体技术、保护和活化非物质文化遗产以及促进文化与经济的融合发展。通过这些策略，可以有效提升乡村文化的吸引力和影响力，支持乡村振兴战略。

## 四、“巴蜀文化”方面的研究

李真于2023年发表了《巴蜀地方节庆日的文化特征与海外传播策略》[③]一文。该文指出巴蜀地区拥有丰富的传统节庆文化，这些节庆文化面临着传播意识、深度资源挖掘、旅游融合、创新传播等一系列挑战。作者认为相关学者应秉持历史自信和文化自信，通过持续研究，更好地将巴蜀传统节庆融入国际文化交流的大舞台，不断推动中华优秀传统文化走向世界。

① 郭小曼．乡村振兴背景下乡村文化数字化传播之路径探析——以三门峡地区为例 [J]. 三门峡职业技术学院学报，2022，21（3）：39-44.

② 何颖，宋艳丽．乡村振兴视域下乡村文化的传播现状——以湖北省民族地区莲花池村为例 [J]. 西部广播电视，2023，44（9）：34-36.

③ 李真．巴蜀地方节庆日的文化特征与海外传播策略 [J]. 四川省干部函授学院学报，2023（4）：27-31，78.

王育姝于2023年发表了《巴蜀饮食文化创新发展路径研究》[①]一文。该研究通过阐述巴蜀饮食文化内涵、充分把握巴蜀饮食文化精神与价值取向，分析巴蜀饮食文化在文旅产业融合发展中存在的问题，提出巴蜀饮食文化可从四个方面予以完善，从而满足当前旅游市场发展的需要，最终实现经济和文化的双重发展价值，谋求巴蜀饮食文化传承与创新的新路径。

巩强于2023年发表了《新时期巴蜀文化创新开发对策研究——以博物馆馆藏资源利用为切入点》[②]一文。文章结合当前川渝地区博物馆馆藏资源开发现状，提出围绕博物馆馆藏资源的知识产权化开发、场景体验式开发、跨界融合式发展是实现巴蜀文化资源创新开发和创意转化的有效对策。

彭万于2023年发表了《巴蜀文化走出去路径探索》[③]一文。该文指出，经济发展、国家安全、意识形态、社会制度、宗教信仰、政治环境等各种因素交织影响，使得巴蜀文化面向环孟加拉湾地区走出去面临当代困境。彭万认为，在建设成渝地区双城经济圈、深化南向开放、高质量共建“一带一路”大背景下，需要立足新时代推动文化繁荣开放，让巴蜀文化面向环孟加拉湾地区进一步走深走实，推进文化自信自强，铸就社会主义文化新辉煌。

付英、李鉴于2023年发表了《走进巴蜀文明 感受川渝文化之美》[④]一文。付英、李鉴认为巴蜀文化的国际传播要坚持异质互补，从文化资源、文化产业和网络文化等方面进行互补，互相学习，彼此借鉴；要坚持川渝共赢的总基调，共同致力于文化研究，共建精神家园，提高人民文化素养，加强国际学术合作与交流；要推动巴蜀文化的创新，构建文化创新机制是巴蜀文化发展的核心。

王诗秒于2022年发表了《消解与聚合：影像中的巴蜀文化认同与身份叙事》[⑤]一文。认为巴蜀文化的记忆冲突与当代影像的身份叙事之间，由于巴蜀影像“程式”的聚合形成一种奇妙的耦合。本文从身份叙事的消解出发，分析电影中

① 王育姝．巴蜀饮食文化创新发展路径研究[J]．四川省干部函授学院学报，2023（4）：36-40.

② 巩强．新时期巴蜀文化创新开发对策研究——以博物馆馆藏资源利用为切入点[J]．四川省干部函授学院学报，2023（3）：27-33.

③ 彭万．巴蜀文化走出去路径探索[J]．合作经济与科技，2023（15）：72-74.

④ 付英，李鉴．走进巴蜀文明 感受川渝文化之美[J]．文化产业，2023（16）：27-29.

⑤ 王诗秒．消解与聚合：影像中的巴蜀文化认同与身份叙事[J]．电影文学，2022（18）：12-16.

巴蜀文化的认同机制建构，力图在旧的巴蜀文化认知图式与新的电影想象建构中，形成当代电影文化中“巴蜀阐释”的独立声音。

张伟进于 2022 年发表了《巴蜀文化旅游走廊建设现状、问题及其对策》[①] 一文。张伟进认为推动巴蜀文化旅游走廊建设，实现文化旅游产业融合发展、高质量发展，仍然面临不少的难题。针对存在的问题及困难，两地应按照中央提出的“打造富有巴蜀特色的国际消费目的地和世界级休闲旅游胜地”的目标，补齐短板、夯实基础、打造特色，大力推动巴蜀文化旅游走廊建设。

巴蜀文化是一个复杂而多元的研究领域，涉及历史、民俗、语言、文学、艺术等方面。如何系统全面地研究巴蜀文化，是一个亟待多方合力解决的难题。但综合目前已有的研究，我们可以摸清一些巴蜀文化的细节脉络，在开展具体研究之时能够具有较为清晰的思路。

综合上述文献，可以看出乡村文化在不同学者的研究中有着广泛的定义，涵盖了从传统生活方式、风俗习惯到价值观念等方面。这些研究共同强调了乡村文化在社会稳定、经济发展和文化多样性保护方面的重要性。同时，这些研究也指出了乡村文化在面临现代化挑战，特别是城市化和数字化冲击时的困境和应对策略。总之，以上这些学者的研究都对“巴蜀地区乡村文化传播”的探索提供了宝贵的理论支持和实践指导。

## 第五节　研究价值

乡村文化在现代社会中扮演着举足轻重的角色，其价值不仅体现在历史的传承与文化的丰富性上，更在于其对社会发展和个体认同的深远影响。在巴蜀地区，乡村文化在现代社会中焕发出新的活力，为社会各个方面的发展贡献着独特的价值。

### 一、文化记忆的传承与身份认同

乡村文化是一座承载着丰富历史记忆的宝库，记录了乡村社区的兴衰沉浮、人们的生活百态。在现代社会，对乡村文化的传承不仅是对过去的尊重，更是对

① 张伟进．巴蜀文化旅游走廊建设现状、问题及其对策 [J]. 新西部，2022（7）：5-8.

自身身份认同的建构。通过传统的节庆、传统手工艺、口头传承的故事等，乡村文化成为社区居民认同自己身份的一种方式。这种身份认同感在现代社会中尤为重要，它使个体在面对快速变迁的时代仍能保持对自身传统根源的认同，从而更好地适应社会的多元化发展。

## 二、社群凝聚力的重要推手

乡村文化在现代社会中是社群凝聚力的重要推手。在城市化进程中，社群凝聚力的强化对于维护社会稳定和促进社区共同发展具有重要意义。乡村文化作为社区的共同文化底蕴，是社群凝聚力的核心元素。通过共同参与文化活动、庆祝传统节庆等形式，社区居民得以建立更加紧密的社会联系。这种联系不仅在日常生活中发挥作用，更在面对各种社会挑战时使社区居民团结在一起形成共同战斗力。

## 三、经济发展的新引擎

乡村文化在现代社会中也是推动乡村经济发展的新引擎。传统手工艺、特色农产品、乡村旅游等乡村文化元素，为乡村经济注入了新的动力。通过挖掘乡村文化的独特魅力，可以吸引更多的游客，促进当地特色产业的发展。这不仅为乡村提供了丰富的经济资源，也为居民创造了更多的就业机会，推动了乡村的可持续发展。

## 四、文化创新的源泉

乡村文化在现代社会中是文化创新的源泉。传统文化的传承与创新并不矛盾。通过对传统文化的深入挖掘，可以找到其中蕴含的创新元素，为现代文化的创新提供新的灵感。乡村文化中的民间艺术、传统手工艺等元素，都有着独特的审美价值和艺术创意，这些可以为现代文化注入新的活力。

## 五、社会教育的有效载体

乡村文化在现代社会中是社会教育的有效载体。通过乡村文化的传播，人们可以更好地了解社会历史、文化传统，培养对传统文化的热爱和保护意识。乡村文化传播可以通过文化活动、讲座、文化展览等形式，为社会提供更多元的教育资源。这种教育不仅是对传统文化的传承，更是为当代社会培养具有创新精神和文化自觉的公民。

### 六、生态文明的守护者

乡村文化在现代社会中是生态文明的守护者。乡村往往保留着丰富的自然生态和传统农耕文化。通过对这些生态资源和传统文化的保护，乡村文化成为生态平衡的守护者。传统的农耕文化注重与自然的和谐相处，这种理念对于现代社会的生态文明建设具有启示作用。通过保护乡村文化，可以为当代社会提供更为可持续的发展路径，推动生态文明的实现。

乡村文化在现代社会中具有多重价值，不仅增强了社区居民的身份认同和凝聚力，也成为乡村经济、文化创新、社会教育、生态文明等方面的重要推动力。在乡村文化的传承与发展中，我们既要尊重传统，保持其独特性，同时也要注重与现代社会的互动，找到传统文化与现代价值的平衡点，使之更好地适应当代社会的需求。

## 第六节　概念阐释

### 一、乡村文化

中国是一个有着悠久农业文明历史的国家，乡村文化被视为中国文化的“根源”。习近平总书记指出，“乡村振兴，既要塑形，也要铸魂”[①]。“乡村文化作为乡村社会的上层建筑，与乡村的经济基础相互适应，是维系乡村社会生产生活正常运转的精神支柱”[②]。广义的乡村文化是农民在农业生产和乡村生活中逐渐形成的

① 中共中央党史和文献研究院．习近平关于“三农”工作论述摘编 [M]. 北京：中央文献出版社，2019.

② 黄玲玲．乡村振兴视域下乡村文化振兴的困境与路径研究 [J]. 智慧农业导刊，2023，3（24）：175-180.

一种思想、心理和行为方式，以及与之相关的各种有形和无形的表现形式。乡村文化不仅涵盖了内在的思想观念和心理意识，也包括外在的行为方式和生活方式，以及与之相关的各种文化产品和艺术形式。

## 二、巴蜀乡村文化

巴蜀乡村文化是指位于中国西南部四川省及重庆市（古称“巴蜀”）地区的乡村文化。巴蜀文化体系深受自然地理环境、历史传统、民族习俗等多种因素影响，具有鲜明的地域特色。

第一，自然地理环境。四川盆地地形复杂，多山多水，这种地理环境孕育了巴蜀乡村文化中独特的山水情怀和农耕文明。人们依山傍水而居，形成了与自然和谐共生的生活方式。

第二，历史传统。巴蜀地区历史悠久，自古以来就是多民族聚居之地。各民族的交融与碰撞，共同铸就了丰富多彩的文化传统。这些传统在乡村生活中得以保留和传承，如民间信仰、祭祀活动、节日习俗等。

第三，民族习俗。四川境内居住着汉族、彝族、藏族、羌族等多个民族，各民族在长期的共同生活中形成了独具特色的民族习俗。这些习俗在乡村地区尤为突出，如婚丧嫁娶、建筑风格、服饰饮食等。

第四，文学艺术。巴蜀地区的文学艺术具有浓厚的乡土气息和地域特色。乡村文化中的歌谣、民间故事、剪纸艺术等，都体现了劳动人民对生活的热爱和创造力。

第五，农耕文明。巴蜀地区是中国重要的农耕区之一，农耕文明在这里有着深厚的根基。乡村文化中的农事活动、农具制作技艺、农田水利设施等，都是农耕文明的典型代表。

总之，巴蜀乡村文化是一种丰富多彩、独具魅力的地域文化，既有深厚的历史底蕴，又有鲜明的时代特征，是中华文化宝库中一颗璀璨的明珠。

# 第二章　巴蜀地区乡村文化历史回顾

本章从四个方面对巴蜀地区的乡村文化历史进行介绍，主要包括巴蜀地区概况、巴蜀历史文化发展概览、乡村文化的演变与传承以及重要历史事件对乡村文化的影响。

## 第一节　巴蜀地区概况

### 一、地理环境

巴蜀地区地形复杂多样，山川交错，地势起伏，横跨四川盆地和云贵高原，是我国重要的地貌过渡带，地形类型复杂多变。在这一过渡地带，高原山地、丘陵盆地、川西高原、平原洼地等地形错综分布、交织迭起，地貌景观变化多样。巴蜀地区主要的山脉包括大巴山、岷山等高原山系，以及贡嘎山、大凉山等高峰；长江上游地区的巫山、武陵山等低山丘陵；四川盆地中央的红瓦山、观音山等孤立丘陵。这些山脉之间，水网纵横，群山环抱着广阔的盆地平原。巴蜀地区有众多的大河流域，如金沙江、岷江、大渡河、沱江等，这些河流的无数支流在山区间形成复杂的水系，冲积而成了层层河阶，河谷盆地。巴蜀地区错综复杂的山川系统，形成了独特的自然地理格局，这对交通运输的发展、城镇的分布、农业生产的布局，乃至整个巴蜀文明的兴起都产生了深远的影响。这种复杂的地貌类型也孕育了巴蜀生物的多样性。高山峡谷、低洼盆地、平原湿地等不同生态环境，滋养了特有的动植物资源。重峦叠嶂之间分布着广袤的林地，这里出产天麻、川贝、川芎、鹿茸等名贵中药材；高原湖泊孕育着珍贵的鱼类资源；四川盆地平原适合栽培各种农作物。这些丰富的生物资源为古代巴蜀文明奠定了坚实的自然基础。同时，地形地貌的复杂变化带来交通阻隔，不同区域形成相对隔绝的小区域文化圈。因此，巴蜀地区地形的复杂多样为巴蜀乡土社会的生成提供了重要的地理条件。巴蜀地区这种错综的山川系统，对古代国家疆域的形成、文明的兴衰，乃至今日的区域发展，都产生了深远的影响，也为乡村社会的形成和乡土文化的繁荣提供了独特的空间载体。

## 二、人口结构

巴蜀地区是我国一个多民族杂居的区域，汉族以及藏族、苗族、彝族等多个民族共同在这片土地上生活。多元的人口结构使巴蜀地区成为一个文化交融的独特区域，不同民族之间在语言、风俗、信仰等方面都表现出明显的差异。这种多元性是巴蜀乡村文化形成的动力。汉族与少数民族的相互影响在巴蜀地区形成了独特的文化景观。不同民族的文化元素在这片土地上相互融合、碰撞，形成了独特而多样化的文化格局。语言、宗教、传统节日等方面的差异展现了各民族文化的独特性，同时也在交流中互相渗透，形成了巴蜀地区特有的文化生态。除了民族之间的差异外，复杂的山川地形也在很大程度上塑造了巴蜀地区独特的社会结构。这一结构格局受地理条件的影响，使不同地域的群体形成相对稳定和封闭的社会网络。这样的地域社会结构既保留了一定的传统特色，又受到地理环境的制约，形成了独具特色的社会网络。这种地域性的社会网络与多民族的共生，使巴蜀乡村文化呈现出复杂的内在结构。不同民族、不同地域的人文基础相互交织，形成了一个充满活力和变化的文化体系。民族间的文化交流、地域社会的长期隔绝发展，使得巴蜀乡村文化既有了多元的文化元素，又在地域特色中形成了相对的稳定性。这种丰富的文化内涵为巴蜀乡村文化的生成和传承提供了深厚的人文基础。这样的文化特色不仅丰富了地方文化，也为研究者提供了深入挖掘的丰富资源。

## 三、经济状况

巴蜀地区是我国重要的农业生产区之一，其农产品的丰富程度居全国前列。地区气候温和，水源充足，为多种经济作物的种植提供了有利条件。巴蜀地区土地肥沃，因此粮食和油料产量相对较高，粮食和油料是该地区农业经济的重要支柱。巴蜀地区良好的经济状况在很大程度上受益于其得天独厚的自然条件。气候的温和湿润以及充足的水源，使农业得以蓬勃发展。农产品的优质和丰富多样为巴蜀地区的农业经济提供了强大的支持。特别是近年来，该地区对农业的投入和支持力度明显增加，农业生产水平和效益不断提升。巴蜀地区的土地肥沃，适宜各类农作物的生长。这不仅体现在粮食和油料的高产上，还包括丰富的特色农产品。这些特色农产品，如川茶、巴蜀豆瓣酱等，不仅满足了本地居民的需求，还在全国享有盛誉。与传统的农业经济相比，近年来巴蜀地区加快了经济结构调整的步伐。新兴产业，特别是旅游业和电子信息业，得到了快速发展。地区间的对外贸易往来也日益频繁，使得巴蜀地区逐渐走向开放与多元化。这一转变不仅为地方经济注入了新的动力，也为乡村振兴提供了更为广阔的空间。巴蜀地区正处在一个经济快速发展的新阶段，乡村振兴成为区域发展的重要组成部分。乡村振兴战略的实施不仅促进了农业经济的升级，也为农村文化传承提供了新的契机。经济的繁荣为文化传承提供了重要的经济基础保障，同时也为乡村文化的创新和发展注入了新的活力。

## 四、乡村文化传播的重要性

乡村文化传播的重要性在社会发展中占据着独特且不可忽视的地位。与城市文化相比，乡村文化具有独特的特点，乡村文化的传播对于社区建设、文化传承以及社会和谐具有积极而深远的影响。

### （一）乡村文化传播在社区建设中扮演着不可替代的角色

乡村作为社会的基本单元，其文化传播直接关系到社区的凝聚力和稳定性。通过深入挖掘和理解乡村文化，社区居民能够更好地理解并认同共享的价值观和传统文化，从而增强社区认同感。有学者指出，“社区具有高度文化认同时，社区建设会呈现出积极态势”[①]。高度的文化认同不仅有助于居民形成对社区的强烈归属感，还在精神层面上促使居民更积极地参与社区事务。文化传播在社区中发挥的作用不仅仅是传递信息，更是激发社区居民的共鸣和认同。通过传播乡村的特色文化元素，如传统节庆、风土人情等，社区居民能够在共同的文化认同基础上建立更为紧密的联系。这种紧密的社区网络不仅促进了邻里之间的交流与合作，

① 张宝灿．社区文化认同与社区建设关系及方向 [J]. 公关世界，2021（8）：108-109.

也为社区的可持续发展奠定了坚实的基础。此外，乡村文化传播通过弘扬当地的传统文化，可以激发社区居民的文化自信心。居民在了解和认同自己独特的文化传统后，更有可能在日常生活中对传统文化进行传承和弘扬。这不仅有益于乡村文化的传承，也有助于建设一个更为有活力、充满创造力的社区。因此，乡村文化传播对社区建设的影响是深远而全面的。通过深入挖掘乡村文化的内涵，并进行各种形式的文化传播，社区能够在共同的文化认同中增强凝聚力，促进社区的良性发展。在这个过程中，每个社区成员都能够找到属于自己的文化归宿，为社区的繁荣和可持续发展贡献力量。

### （二）乡村文化传播在文化传承方面发挥着举足轻重的作用

乡村历来都是传统文化的重要载体，许多乡土社会承载了中华民族悠久历史的文化底蕴。这种乡村文化蕴含着丰富的历史智慧，代表了中华优秀传统文化的核心要义。因此，有学者指出，“进入信息化时代，传统文化传承与保护也要顺应潮流，与时俱进，应用各种现代信息技术建立现代化的传播体系”[①]。通过文化传播，可以使这些乡土文化中的精神价值、伦理规范、生活习俗等得以传承下去，成为凝聚乡村社会的纽带。如果没有有效的文化传播，这些乡土文化就可能面临断代的危机，从而导致文化传统的断裂。因此，文化传播可以看作乡村文化传承的“生命线”。通过口头传播、实践示范、仪式庆祝等方式，让年轻一代感受并学习乡土文化，使其内化为认同感，乡村的传统文化才能代代相传，成为乡村社会的重要精神支撑。如果这种文化认同感被削弱或丧失，就有可能导致新老代沟，破坏乡村文化的延续性。文化传承有助于巩固乡村居民的文化自信心。通过感受乡土文化中蕴含的智慧，人们会认识到这种文化的价值所在，增强对乡村文化的认同感和自豪感。在当今社会快速变迁的背景下，这种自信心尤为重要，其可以防上传统文化在现代文化冲击下被同化或边缘化。只有做到文化自信，乡村才能在传承历史文化的同时，赋予其新的生机与活力。所以，乡村文化传播发挥着传承文化、增强认同、巩固自信等作用。这使得乡土文化成为一个活的文化资源库，不断为乡村社会提供精神滋养。因此，研究乡村文化传播，探索有效的传承方式，对于维系乡村文化的连续性和延续性，保持社会文化多样性都极为重要。

① 赵霞．乡村振兴视阈下传统文化保护与传承路径研究 [J]. 山东农业工程学院学报，2022，39（6）：98-102.

### （三）乡村文化传播对于社会和谐的促进具有显著的作用

有学者指出，“农村和谐文化是构建农村和谐社会的重要内容”①。在乡村社区中，文化传播通过增强文化认同感来减少社会冲突和分歧。通过深入挖掘和弘扬乡村的优秀文化成果，如传统技艺、习俗庆典等，能够加强社区居民对彼此文化背景的理解，从而降低文化差异带来的隔阂和误解。文化传播不仅仅是传递信息，更是促使社区居民形成共鸣、认同并共同分享文化价值的过程。通过传播乡村的独特文化元素，社区居民之间的交流将更加畅通，彼此之间的感情也更加深厚。有学者指出，“尽管乡村社会正在发生深刻变革，乡村礼仪文化仍是实现乡村自治与城乡社会发展一体的基本依托”②。因此，乡村文化传播有助于构建一个更为和谐、包容的社会环境，形成相互尊重、互助共赢的社区氛围。同时，乡村文化传播在社区中还能够激发社区居民的社会责任感和参与感。通过传递积极向上的文化理念，引导社区成员形成良好的行为习惯和社会价值观，从而共同维护社区的和谐稳定。这样的社区文化传播有助于建立一个积极向上、充满活力的社会环境，为社区的稳定与发展提供了有力的支持。总体而言，乡村文化传播在社会和谐方面的作用是全方位的。通过传播乡村文化的精髓，社区居民在共同的文化认同基础上形成更为紧密的联系，减少社会冲突和分歧，构建一个更为和谐、包容的社会环境。这为社区的稳定与发展提供了坚实的基础。

综上所述，乡村文化传播在社会发展中的重要性不可低估。乡村文化传播不仅是社区建设的关键因素，也是文化传承和社会和谐的重要推动力量。通过深入挖掘和理解乡村文化传播的独特价值，我们可以更好地把握乡村社区发展的方向，推动乡村文化的蓬勃繁荣。

## 第二节　巴蜀历史文化发展概览

自古以来，巴蜀地区就是中华文明的摇篮之一，其独特的地理环境、丰富的资源以及多元的文化传统孕育了卓越的历史文化。本节将全面梳理巴蜀地区的历史文化与其文明发展的脉络。

---

① 刘翠．中国乡村文化建设理论的历史探析 [J]. 经济研究导刊，2010（10）：47-48.

② 傅琼，杨丹．礼仪文化与乡村社会和谐 [J]. 农林经济管理学报，2016，15（4）：475-481.

## 一、巴蜀古老文明的起源

巴蜀地区的文明根源可以追溯到远古时期。在这片土地上，曾繁衍出令人瞩目的古老文明，其中尤以三星堆文化为代表。三星堆文化是以四川省广汉市三星堆遗址命名的考古学文化。三星堆文化的发现揭示了巴蜀古代社会高度发达的生产力和独特的宗教信仰，为理解巴蜀地区古老文明的形成提供了宝贵的考古学证据。我们将深入研究这些文化的起源，解析其背后的意义，以呈现巴蜀地区历史文化发展的初衷。

### （一）三星堆文化的独特之处

三星堆文化是中国考古学中的瑰宝，其独特的文化符号、神秘的青铜器、神秘的面具等元素令人着迷。我们将深入研究三星堆文化的特征，包括其陶器、玉器、青铜器等的制作工艺、艺术形式以及文化内涵。通过对三星堆文化的深度解读，我们能够更全面地认知这段文明的形成背后所蕴含的意义。

第一，艺术的奇迹。三星堆文化以其独特而神秘的艺术风格而著称。陶器、玉器、青铜器等工艺品的制作工艺和艺术形式都令人叹为观止。陶器上的神秘图案、面具的独特设计，反映了古代艺术家对于宇宙、生命和信仰的深刻思考。通过对这些艺术作品的深入解读，我们不仅能够欣赏到古代巴蜀艺术的精湛技艺，更能够感受到这段文明中所蕴含的情感和哲学。

第二，独特的文化符号。三星堆文化的独特性还表现在其独特的文化符号上。无论是青铜器上的神秘图腾，还是面具上的纹饰，都显示出一种与其他古代文化有着显著差异的文化特征。这些文化符号既是一种宗教的表达，又是当时社会结构、价值观念的体现，更对四川地区的文化传承和经济发展有着重要意义。通过深入挖掘这些符号的含义，我们可以更加准确地把握三星堆文化所要传达的信息。

第三，青铜器的神秘世界。三星堆文化在青铜器的制作上达到了历史上青铜器制作水平的高峰。这些青铜器既是实用工具，更是一种文化的表达。我们将深入研究三星堆青铜器的制作工艺、纹饰图案的含义，揭示其中所蕴含的宗教、神秘主义的元素。通过对这些青铜器的深度解读，我们能够看到三星堆人民在技术和文化层面所取得的巅峰成就。

第四，面具的神秘仪式。三星堆文化的面具是其最为神秘和最具吸引力的艺术之一。这些面具不仅在形式上独特，更蕴含着宗教仪式的深刻内涵。我们将深入解析这些面具在古代仪式中的作用，揭开它们背后所蕴含的神秘主义和宗教信仰。通过这种方式，我们可以更好地理解三星堆文化在宗教层面上的独特性。

### （二）三星堆与巴蜀地区其他古老文明的关联

三星堆文化虽然在巴蜀地区留下了丰富的考古遗址，但与其他古老文明之间的关系仍是一个备受关注的话题。深化研究三星堆文化与巴蜀其他地区的文化互动，包括物质文化的交流、思想观念的传播等方面，并对这种关联性进行深入剖析，可以更好地理解巴蜀地区整体文明的多样性和交融性。

第一，文化元素的交融。巴蜀地区自古以来就是文化的交汇之地，各个时期的文明都在这片土地上留下了深刻的印记。长江流域文明、关中文明和中原文明彼此渗透、逐渐融合，使中华文明很早就形成多元一体的宏大格局。有学者认为，“位于成都平原的三星堆文化，不仅是这一格局的重要组成部分，而且是中华古代文明共同体中最具特色的区域文化之一”[①]。通过深入挖掘三星堆文化与其他古老文明之间在陶器、青铜器、玉器等方面的相互影响，对这些文化元素的交融进行详尽分析，可以揭示巴蜀地区古代社会多元文化的形成过程，理解文明之间的互动如何影响着各自的发展轨迹。

第二，经济交流的纽带。古代社会的经济交流在文明的传播中起到了至关重要的作用。巴蜀地区作为自然资源丰富的地方，与其他古老文明之间的经济交流也是密不可分的。通过研究巴蜀地区在古代与周边地区的贸易、资源交换等经济活动，能够分析这些交流如何推动了文明的繁荣，进而影响了文化的传播。

第三，社会结构的影响。不同的古老文明往往在社会结构上有各自的特征，而这些特征的交汇同样是巴蜀地区历史上的一大亮点。深入研究三星堆文化与其他古代文明在社会组织、家族结构等方面的异同，通过比较分析，能够看到文明之间在社会结构方面的互动，这对于理解巴蜀地区古代社会的多样性具有重要意义。

第四，宗教信仰的共融。宗教信仰往往是古代文明的核心之一，而不同文明间的宗教互动会直接影响文化的传播。例如，纵目阔嘴几何图形及兽形带纹装饰的青铜器使三星堆文物具有明显的特征，这种特征最明显的一点就是星立体形从

① 曹铁娃，曹铁铮，徐苏斌．三星堆文化的中国文化基因及其当代表达 [J]. 创意设计源，2022（3）：36-42.

多方位展现出的宗教意味。有学者认为，“这种宗教意味与上古神话原始宗教有清晰可见的继承关系”[①]。研究三星堆文化与巴蜀地区其他古老文明之间的宗教信仰，分析它们在祭祀、仪式等方面的共通之处。通过对这些宗教信仰的共融进行探讨，可以看到宗教在文明互动中所发挥的重要角色。

### （三）三星堆文化的社会结构和宗教信仰

三星堆文化是中国古代巴蜀地区最重要的文化之一，其独特的考古发现为人们深入理解当时的社会结构和宗教信仰提供了珍贵的线索。从三星堆的建筑遗址可以看出，三星堆建筑群是典型的宗庙—王城—寺庙群的结构布局。这反映出三星堆所在社会存在复杂的等级制度。宗庙象征着先祖崇拜，是统治阶级祭祀祖先并进行礼仪活动的场所；王城是统治者居住和处理政务的中心区；寺庙是提供给普通民众进行宗教活动的场所。这种建筑格局体现出社会等级的严密划分。

在众多的丧葬遗存中，规模与内容的差异也显示出不同阶层的存在。一些大型贵族墓葬中丰富的陪葬品象征着他们崇高的社会地位。而普通墓葬中则没有这些奢华陪葬品。有研究推断，“锥形器、玉斧形器及黑曜石珠等可能系社会地位、身份等级和财富的主要表征，说明其时当地的社会结构内部已产生分化，等级制度出现，隐透成都平原文明之初曙”[②]。一些特殊的人牲殉葬习俗也表明，三星堆文化中存在复杂的等级制度。另外，大量的青铜器和玉器出土表明，三星堆文化拥有高超的金属冶炼和玉器制造技术。这也反映了当时手工业者的社会职能地位的上升。某些精美工艺品应该是当时手工业者制作献给统治阶级的。

在宗教信仰方面，三星堆出土的许多青铜面具和玉人雕像，显示了古蜀人崇拜图腾的宗教活动。这些面具和雕像融合了人和动物的形象，反映了原始图腾崇拜和萨满巫术在古蜀社会中的普遍存在。此外，一些装饰着日月图案的器物表明，古蜀人也崇拜日月。有学者指出，“三星堆文化看似信仰繁多，实则是以太阳崇拜为核心，衍生出一系列与之相关的信仰”[③]。日月崇拜反映了古人对自然界万物

---

① 苏宁．试论三星堆宗教的内涵 [J]. 西南民族学院学报（哲学社会科学版），2003，24（1）：72–77.

② 肖先进，吴维羲．三星堆遗址仁胜村土坑墓出土玉石器初步研究 [J]. 四川文物，2010（2）：33–43.

③ 张思琪．太阳崇拜与三星堆神权信仰体系的构建 [J]. 创意设计源，2022（3）：25–30.

的畏惧和依赖。一些墓葬和雕像上的水波纹饰则显示这种文化中对水的崇拜。这与三星堆地处江河交汇的自然环境有关。

综上所述，通过对三星堆文化遗存的考证，我们可以推断在古蜀社会中存在等级分明的社会结构，并普遍流传着多神崇拜、图腾崇拜等原始巫术色彩的宗教信仰。这为人们深入理解古巴蜀地区的社会状况和文化内涵提供了独特的视角。今后的研究可以在此基础上，进一步探讨不同等级之间以及不同宗教之间的关系，并与史料记载进行比较，以期对三星堆文化有更丰富和立体的认识。

**（四）三星堆文化的影响与继承**

三星堆文化虽然在某个历史时期逐渐式微，然而其影响却长久延续，为巴蜀地区的后世文明传承与发展留下了丰富的文化遗产。在这一部分，我们将深入考察巴蜀地区后来文明对三星堆文化的继承与发展，探讨这段古老文明在后代文化中的生命力和价值。

三星堆文化的独特性在历代文学作品中得到了高度认同。自汉代起，三星堆文化便成为文人笔下的亮丽风景。在汉代文学中，对巴蜀地区的描写常常充满神秘和美好，尤其是对三星堆文化的赞美。这种赞美在三国时期更为显著，诸葛亮的文治政策不仅展示了对文化的重视，更彰显了对巴蜀独特文明的崇敬。唐宋时期，文人雅士纷纷为三星堆文化而赞叹，其影响力逐渐超越地域，成为整个中国文学中的重要元素。这种文学描写不仅是对古老文明的向往，更是对巴蜀地区文化认同的表达，为后来的文学创作奠定了深厚的基础。

三星堆文化对艺术领域的影响同样深刻而广泛。玉雕工艺在后世得到了延续，成为四川地区工艺发展的重要引导。三星堆青铜器上的兽面纹饰在汉代画风的影响下得以发展，成为巴蜀地区独特的装饰语言。这些艺术元素既延续了古老文化的神秘，又在后来的时期中得以创新，为巴蜀地区的艺术传承注入了新的活力。这一系列的艺术创作证明了三星堆文化在艺术领域对后代的深刻影响，不仅延续了传统，更为地域文化的繁荣注入了新的活力。

三星堆文化的宗教信仰在经历历史变迁后，仍以巴蜀地区独特的宗教文化面貌保留至今。川剧变脸中的面具崇拜以及一些巫术节日庆典中使用的图腾元素都是这一延续的体现。这些宗教文化因素已经深深渗透民间，成为巴蜀乡土文化的一部分。面具崇拜的表演和巫术节日的庆典不仅是宗教仪式的延续，更是三星堆文化在当代社会中的鲜活表达。这一持续的宗教影响使得巴蜀地区的文化更加丰富多元，为乡土文化的传承提供了支持。

在社会制度上，三星堆文化也对后世产生了影响。巴蜀地区复杂的社会结构，保留了某些源自三星堆时代等级社会的影子。这种由地域复杂性塑造的社会框架，体现了三星堆文化的传承。当然，随着历史变迁，这种社会结构也经历了深刻的调适与变化。第一，社会结构的源起与延续。三星堆文化时期，巴蜀地区的社会结构呈现出独特的等级制度，这种等级制度在后来的历史发展中并未完全消失。巴蜀地区的"山溪社会"结构，沿袭了古代的社会等级观念，保留了一定的社会层次。这种社会结构的源起与延续，反映了三星堆文化时期社会制度的影响深远而持久。第二，地域复杂性与社会框架，巴蜀地区的"山溪社会"结构在很大程度上受到地域复杂性的影响。这种地域复杂性不仅包括自然地理条件，还涉及不同族群、文化群体的交织。这一社会框架体现了三星堆文化基因的继承，使得巴蜀地区的社会制度具有独特的地域性和文化性。地域的多样性与复杂性为社会制度的形成提供了特殊的环境条件，使得社会结构更具包容性和多元性。第三，历史变迁中的社会结构调适。随着历史的变迁，巴蜀地区的社会结构经历了深刻的调适与变化。社会制度的演变与历史事件、外部冲击等因素密切相关。在这个漫长的历史过程中，巴蜀地区的"山溪社会"结构既受到了保守力量的维系，又经历了一系列的调整和变革。新的社会力量的崛起，经济、政治的变迁，都在一定程度上影响和重塑了社会结构。这种历史变迁中的调适，既是对传统文化的尊重，也是社会适应力的表现。

综上所述，三星堆文化对巴蜀地区后世文明产生了多层次的影响。在文学、艺术、宗教信仰和社会结构等方面，都留下了其独特印记。这些影响经历历代文明的积淀，已经渗透巴蜀地区的文化基因，成为乡土文化不可分割的组成部分。深入研究这种历史文化积淀，有助于我们洞察乡土文化的根基，并在传承中激活其历史价值。通过对巴蜀地区古老文明的起源进行深化和拓展，我们能够更为全面地理解这片土地丰富而多元的历史文化，为后续讨论乡村文化传承的历史渊源提供更加深刻的认识。

## 二、巴蜀古国的历史兴衰

巴蜀地区是中华文明的摇篮之一，曾孕育了众多古国，包括蜀、巴、荆、黔等。这些古国在历史的长河中兴盛、衰落，留下了丰富的历史遗产。深入考察这些古国的政治、经济、文化等方面的兴衰原因，不仅有助于我们理解古代巴蜀地区的历史进程，更为后续的乡村文化传承提供了历史渊源。

### （一）政治兴衰的原因

第一，古代政治制度的演变历程。古代政治制度的演变历程承载着一代代人民的智慧和实践，是一个源远流长的历史故事。在巴蜀地区，这一演变历程更是丰富多彩，见证了政治力量的嬗变和社会制度的不断完善。从最早的部落联盟到建立起统一政权，古代政治制度的演变受地理环境、民族融合、时代变迁和社会需求的影响。古代政治制度的演变可以追溯至蜀、巴、荆、黔等古国的形成初期。在这个阶段，部落联盟是初步的政治组织形式。各个部落通过联合，形成相对统一的社会结构，实行比较原始的族长制度。这一阶段的政治制度主要以家族和民族为单位，权力传承相对简单，整个政治体系处于相对原始的状态。随着农业的发展和社会分工的深化，政治制度进入了农耕社会时期。在这一阶段，土地所有权的产生导致了社会财富的差异化，也催生了更为复杂的政治组织形式。农田的拓荒和治理需要更为有序的社会结构，于是出现了更为完善的君主制度。这一时期的政治制度更加注重社会秩序的维护和土地资源的管理，君主通过官员体系进行统治，政治组织逐渐形成初步的等级制度。同时，随着社会的不断发展，官僚体系的建立标志着政治制度的规范化和制度化。巴蜀地区的官僚体系起初是为了更好地管理土地和资源，保障社会的稳定。官僚体系的逐步建立使政治组织更加复杂，政府职能日益分明。官员的选拔和管理成为政治权力运作的重要一环，也为后来的文化传承奠定了基础。

各个时期的政治制度演变不仅仅受到内外环境的影响，还受到统治者个人能力和治理水平的制约。在政治制度的变革中，既有成功的改革案例，也有导致国家衰败的失败尝试。这一过程中的兴衰变革对巴蜀地区整体历史文化的演进产生了深远的影响，为后来的政治文化和社会秩序的形成奠定了基础。

古代政治制度的演变历程是一部巴蜀地区社会变迁和文化传承的生动史诗。

通过对这一演变历程的深入研究，我们可以更好地理解政治力量如何影响着社会发展和文化传承，为巴蜀地区乡村文化的研究提供深刻的历史底蕴。

第二，君主制度下的政治权力结构。君主制度下的政治权力结构是古代政治体系中的一种重要形式，在巴蜀地区的演变过程中扮演着关键的角色。君主制度的出现不仅标志着政治组织的进一步集中，也为政治权力的合理分配和社会秩序的建立提供了有力支持。在君主制度下，政治权力的核心集中在君主手中。君主通常被视为国家的最高领导者，具有统治权威和决策权力。君主的权威源自神权或家族传承，通过建立稳固的王室体系来确保统治的稳定性。君主的权力不仅包括政治决策，还涉及社会经济管理、军事指挥等领域，是整个政治权力结构的核心。与此同时，政治权力结构呈现出明显的等级分化。君主通常会设立一定层次的官官僚体系，以协助管理国家事务。这一官僚体系中，官职的设立和晋升通常依据家族背景、才干和效忠度等因素，形成相对复杂的等级制度。这种政治权力的等级分化不仅有助于分工协作，还在一定程度上制衡了君主的绝对权力，维护了社会的相对平衡。

在政治权力结构中，地方官员在巴蜀地区的管理中起着重要作用。地方官员负责传达和执行君主的政策，同时也扮演了社会调解和纳贡管理的角色。地方官员通过建立和维护与地方豪族的联系，巩固地方政权，保障君主的统治。这一分权制度既体现了地方的自治性，也为地方文化的传承提供了相对自主的空间。君主制度下的政治权力结构能够反映封建社会的特征。土地所有权的集中和封建等级制度的形成，导致社会资源的不均衡分配。地主阶级通过与君主的紧密联系，成为政治权力结构中的重要组成部分，进一步强化了社会等级制度。这一社会结构在一定程度上影响了巴蜀地区的政治和文化发展。

总体而言，君主制度下的政治权力结构是古代巴蜀地区政治发展的一个重要方面。通过对政治权力结构的建构和演变的深入研究，我们能够更好地理解古代政治体系的运作机制，为乡村文化的传承提供深厚的历史渊源。

第三，官僚体系的兴起与影响。在巴蜀地区古代政治演变的过程中，官僚体系的兴起起到了举足轻重的作用。这一制度的建立不仅深刻影响了政治组织的运作，也对社会结构和文化传承方面有所影响。官僚体系的兴起主要体现在政治组织的逐步规范化和专业化上。随着社会的发展和政治权力的集中，君主渐渐意识到需要一套科学的管理体系来支持国家的正常运行。于是，官僚体系应运而生。官僚体系通过设立不同层级的官职，建立起一套严密的管理体制，以确保政治决策的高效实施。这一制度的兴起为政治权力的运作提供了更为有序和系统的框架，有力推动了巴蜀地区政治体系的发展。官僚体系的建立同时也深刻影响了社会结构。在这一体系中，官员的选拔和晋升通常与其才干、学识以及效能成果挂钩，相对独立于家族背景。这为有志于政治事业的人提供了广阔的上升通道，打破了以往家族背景对政治权力的垄断。这种相对公正的选拔机制增强了社会的流动性，有助于形成相对公正的社会结构。官僚体系的兴起也对文化传承产生了深远的影响。在官员的选拔标准中，文学、经学、礼制等学科成为衡量才干的重要标志。在这一制度的推动下，文学和经学的研究逐渐受到重视，成为社会精英的培养方向。这对于乡村文化的传承起到了积极的作用，促进了文化的繁荣和发展。

官僚体系的兴起在巴蜀地区古代政治发展中扮演了关键角色。其规范性和专业性不仅为政治组织提供了高效的管理体系，也影响了社会结构和文化传承。这一制度的建立为后来乡村文化的传承奠定了一定基础，为巴蜀地区丰富多彩的历史文化留下了深刻的印记。

第四，政治力量对古国命运的影响。政治力量对古国命运的影响是古代巴蜀地区政治演变中的重要方面。在古代政治体系中，各个古国的兴衰与政治力量的变迁密切相关，政治力量的强弱直接影响着整个国家的命运。首先，政治力量在古国命运中发挥着决定性的作用。在君主制度下，君主的个人能力和领导风格直接关系到国家的稳定和繁荣。一个明智、英明的君主能够通过明察秋毫的决策，引领国家走向繁荣；而一个昏庸、腐化的君主则可能导致国家的衰退。巴蜀地区的古国，如蜀、巴、荆、黔等，正是在这样的政治背景下饱经兴衰。其次，政治力量的变迁往往伴随着古国的战争和征伐。不同政治势力之间的斗争往往通过战争的方式体现出来，而这些战争直接影响了古国的疆土边界、资源分布和社会结构。强大的政治力量往往能够通过战争扩张疆域，获取更多资源，从而使国家更为强大；相反，政治力量的弱化可能导致国家领土的缩小，经济的衰退。

古代政治力量还在很大程度上决定了古国的文化发展方向。政治权力的支持往往为文学、艺术、哲学等领域的繁荣提供了条件，而政治动荡和战乱则可能导致文化的沉寂。古国的君主、官员等政治精英对文化的重视程度，直接影响了古国文化的兴盛和衰退。

政治力量在古代巴蜀地区古国的命运中扮演了重要的角色，君主制度、官僚体系的建立与变迁，政治力量之间的争斗与合作，都是古国历史的重要组成部分。深入研究政治力量对古国的影响，有助于我们更好地理解巴蜀地区丰富多彩的历史文化。

**（二）经济繁荣与衰退的原因**

蜀国的经济发展可以说是古巴蜀地区经济发展的典范。蜀国拥有肥沃的土地资源，秦昭王时期优化灌溉设施，使农业得到长足的发展。蜀国蚕桑丝绸产业更是在古代举世闻名，形成了完整的养蚕和织造产业链，产品远销各地。在商业贸易上，蜀国依托成熟的古蜀盐业，通过打通香料、丝绸等内外贸易通道，实现了经济的繁荣。可以说，农业、手工业和商业的协调发展，是蜀国经济鼎盛的关键。但是，这种繁荣具有脆弱性。由于地处偏僻，又长时间没有强大的中央集权，面对战争和自然灾害的侵袭，蜀国经济难以快速恢复。同时，过度依赖农业和丝绸业等传统产业，创新不足，难以应对形势变化。这些都导致其国力最终衰退。蜀国的历史启示我们，发展实体经济的同时，还需要注意引入竞争机制，鼓励创新，增强经济抵御风险的能力。这对当前实施乡村振兴战略也具有重要借鉴意义。

相比蜀国，巴国的自然环境更为艰苦，但是其凭借独特的盐业资源使经济得到繁荣发展。巴国拥有充足的盐碱资源，通过开采制盐，形成了具有区域优势的盐业。通过把握商路要冲的战略位置，巴国对经过此地的各类商贸活动进行征税，并对周边地区输出盐产品，从而获得可观的经济利润。巴国的经济兴旺很大程度上依靠其特有的盐业资源优势，但是这种过度依赖单一产业的经济结构也存在问题。一旦遭受战争等因素影响，不能正常生产盐产品，巴国的财政收入就会急剧下滑。同时，对外贸易的依赖性过强，也制约了巴国经济的独立性。这些因素最终导致了巴国国力的衰落。巴国的历史反映出要维持经济长期稳定发展，需要注意产业的多元化，避免对单一产业的依赖，要保持经济的独立性。

如果说巴国依靠资源优势，荆国的经济繁荣则主要源自其区位优势。荆国位于中原和巴蜀之间的交通枢纽，南北贸易必须经过荆国。同时，荆国也拥有发达的农业以及特色产业，如竹木、丝绸等。这些条件使得荆国的商业贸易极为繁荣，成为古代重要的商业中心。通过税收等手段，荆国积累了巨大的财富。然而，过度依赖商业和贸易造成其经济结构失衡，同时也制约了工商业的进一步发展。由于缺乏科教文化等软实力，难以进一步提升经济竞争力。其边陲的地理位置，又容易受到战争等因素的影响，最终导致其经济元气大伤。荆国的历史告诉我们，经济发展不能过度依赖区位优势，需要注重技术创新和人才培养，持续提高综合实力。

相对来说，黔国的经济发展与其他诸国有所不同，它早在古代就形成了市场经济的雏形。黔国境内设有定期市集，实行简单的货币交易。黔国依托交通要冲连接四面八方的贸易，通过购进外来商品并加工贩卖，赚取中间利润。此外，黔国还拥有发达的渔猎业。可以说，黔国是在自然经济基础上初步发展出的原始市场经济。然而，这种经济发展也存在问题，过于依赖外部贸易和资源，没有形成内生的经济动力。同时缺乏必要的中央集权，难以形成统一的经济政策。这导致其经济实力始终难以与大国抗衡。黔国的历史体现出，市场经济发展需要在自主创新和政府宏观调控间找到平衡，才能真正实现经济的独立性。

综上所述，古国经济的兴衰对我们今天推进乡村振兴有重要启示。我们既要看到传统产业的价值，又要防止过度依赖和统一的风险，同时需要注意经济结构的优化和多元化，以及持续引入科技创新等内生动力。只有做到这几点，才能让乡村经济实现真正的可持续发展。

**（三）文化繁华与衰颓的文明因素**

文化是古国兴衰中的灵魂。文化的繁华与衰颓在很大程度上受到政治力量的影响。在巴蜀地区古国的历史长河中，文明的因素交织在政治权力的运行中，共同影响着文化的兴盛和沉寂。

首先，政治力量对文化的庇护和扶持是文明繁荣的关键。在政治稳定时期，君主和官员往往会在文学、艺术、哲学等领域进行大力的投资和庇护。他们可能资助文人雅士，支持学术研究，鼓励艺术创作，使得文化呈现出极大的繁荣。这种时期往往伴随着社会的安定和繁荣，人们对文学、艺术的热爱也得以迸发。其次，政治动荡和战争往往导致文化的衰颓。在政治不稳定的时期，社会可能面临动荡不安、人才匮乏等问题，这给文化的传承和发展带来阻碍。战乱可能导致文献的遗失、文化设施的毁坏，甚至文人志士继续深造的愿望也可能因为生存的压力而破灭。这个时期的文化可能会走向停滞，甚至衰退。此外，政治力量的变迁也直接影响着文化的方向。不同的君主或政治精英可能对文化有不同的偏好和理解，他们的统治往往会为文学、艺术等领域的发展设定方向。一位富有文学品位的君主可能会引导文学追求高远的境界，而一个崇尚实用的政治家可能会更加注重实用主义的文化创作。这样的政治导向直接塑造了文化的格调和特色。最后，政治力量对文化的态度和政策也直接影响着文人的创作动力。在政治环境宽松、对文艺工作者尊重的情况下，文人可能更有动力进行创作，挖掘并表达自己的思想和情感。相反，在政治环境压抑、对文化漠视的时期，文人可能会感到沮丧，创作积极性受到影响，文化发展的势头也会减弱。

政治力量是巴蜀地区古代文化繁华与衰颓的决定性因素之一，政治的稳定与强大能够为文化提供保障和扶持，而政治的动荡与衰退则可能导致文化的停滞和沉寂。通过深入研究政治力量对文化的影响，能够促使我们能更全面地理解巴蜀地区丰富多彩的文明演进。

**（四）兴衰对巴蜀地区整体历史文化的演进影响**

兴衰对巴蜀地区整体历史文化的演进产生了深刻而持久的影响，这一演进在政治、经济、社会结构以及文化传承等方面表现得淋漓尽致。在政治方面，古国的兴盛和衰落直接塑造了巴蜀地区的政治格局。兴盛时期，政治权力集中、制度健全，为文化繁荣提供了有力支持。相反，在衰落时期，政治混乱可能导致社会动荡，政权更迭，整体政治结构发生变化。这种政治变迁在形塑地区文化的同时，也带来了一系列政治文化的演变，影响了后来巴蜀地区政治发展的轨迹。在经济层面，古国的兴衰直接关系到地区的经济状况。兴盛时期，繁荣的政权往往能够创造有利于农业、手工业和商业的环境，推动地区经济繁荣。而在衰落时期，社会动荡和战乱可能破坏经济基础，导致农田荒废、手工业停滞、商业衰退。这一经济变化对巴蜀地区的生产方式、贸易活动以及居民生活水平产生了深远的影响，直接影响了后来文化的发展路径。在文化传承方面，古国的兴衰影响了巴蜀地区的文学、艺术、宗教等方面的发展。兴盛时期，文学艺术繁荣，宗教文化充实，社会和谐。而在衰落时期，文学艺术可能受到政治动荡的冲击，宗教信仰也可能受到影响，导致文化传承的中断或变革。这一演进影响了巴蜀地区文化的内涵和外延，为后来的文学艺术和宗教文化奠定了基础。

古国的兴衰对巴蜀地区整体历史文化的演进具有深远的影响，体现在政治、经济和文化传承等多个方面。这一演进不仅为后来的历史文化发展留下了深刻的痕迹，同时也为我们深入了解巴蜀地区丰富多彩的历史文明提供了一个重要的视角。

## 三、巴蜀地区的独特地位

巴蜀地区在中国历史上占据着独特而重要的地位，其地理、气候和文化传统的独特性是其历史演进中的关键。在深入分析巴蜀在古代交通、商贸、文化传播等方面的贡献之前，我们首先将探讨巴蜀地区的地理与气候条件对其历史地位的塑造。

### （一）地理与气候

第一，地理条件。巴蜀地区的地理条件是其形成独特文化的基石。地形多变的山脉和河流，形成了巴山蜀水的壮美景观。高耸入云的山川既为巴蜀地区赋予了雄奇的自然风光，又在某种程度上形成了一种天然的屏障。这种地理环境既为巴蜀人民提供了丰富的资源，又在一定程度上隔绝了与外界的联系，营造了巴蜀独立而深沉的文化氛围。巴山蜀水的自然奇观，如岷江、长江、巴东等地的峡谷山水，构成了一幅幅令人陶醉的画卷。这些壮美的自然景观既为巴蜀地区的文人墨客提供了灵感之源，也成为后来文化传承中的重要符号。地势复杂的特点早期使巴蜀地区相对独立，形成自身的文明体系。

第二，气候条件。巴蜀地区的气候条件在很大程度上决定了这片土地的宜居性。温暖湿润的气候，四季分明，为丰富的农业生产创造了良好的环境。农业是文明的摇篮，而这里的气候为粮食作物的生长提供了充足的阳光和水源。湿润的气候条件不仅为农业提供了便利，也为丰富的动植物资源提供了保障，成为文化发展的物质基础。巴蜀地区的特有植被，如川西云杉、巫山红叶，以及丰富的动物资源，为古代的居民提供了丰富的食材和建筑材料，进一步丰富了这片土地的文化内涵。

### （二）古代交通与商贸

第一，巴蜀地区的交通要道。巴蜀地区地势复杂，然而，正是这种复杂的地形使其成为古代交通的要道。蜀道、川道等古代交通枢纽贯穿山水之间，成为南北交流的重要通道。这一地理优势使巴蜀成为古代丝绸之路重要节点，同时促进了与中原及其他地区的文化交流。

第二，商贸繁荣。巴蜀地区的地理条件直接影响了其商贸的繁荣。丰富的自然资源和农产品，如茶叶、丝绸、竹子等，成为古代贸易中的热门商品。古代巴蜀地区通过水路和陆路贸易，成为古代商贸网络中的重要节点。这种地理优势促使巴蜀地区城市的崛起，并使巴蜀地区形成了独特的商业文化。在古代，巴蜀地区的城市，如成都、重庆等，因其交通位置的特殊性，成为商业繁荣的中心。丝绸之路使得巴蜀地区与中原及其他地域的文化交流更为频繁，促进了多元文化的融合。

### （三）文化传播的重要节点

第一，文化融合与传承。巴蜀地区由于其丰富的自然资源和特殊的地理环境，成为各个历史时期多元文化的交汇之地。各种民族、宗教、文化在这里融合，形成独具特色的文化传统。这种多元文化的融合不仅为巴蜀地区自身的文化传承提供了丰富的土壤，也为整个中国历史文明的多元性做出了巨大贡献。

第二，文学艺术的繁荣。巴蜀地区在中国历史上一直是文学艺术的繁荣之地。巴蜀文人以其独特的地域文化，创作了大量的文学作品。其中既有对自然山水的倾慕，也有对历史传统的传承，形成了独特的文学风格。巴蜀地区在唐宋时期涌现出一批文学巨匠，如杜牧、杜甫、白居易等，他们的诗作在中国文学史上占据着重要地位。这些文学作品不仅传承了古代文化，也为后来的文学创作提供了重要的参考。

### （四）巴蜀地区与中原历史的互动

第一，政治与历史演进。巴蜀地区在古代曾形成独立于中原的政治体系，构建了巴蜀古国。这一独特的政治局面部分源于巴蜀地理的自然屏障，使得这片土地相对独立。古代巴蜀地区的政治独立性为其社会结构和文化传承提供了特殊的历史背景。随着历史的变迁，巴蜀地区逐渐融入中央王朝的统治体系。这一过程既有政治上的融合，也包括文化上的互动。在政治方面，巴蜀地区的统治者逐渐接受中央王朝的统治，参与中央政权的决策和管理。在文化方面，中原文化与巴蜀地区的本土文化相互融合，形成了丰富多元的文明。

第二，社会结构与文明传承。巴蜀地区早期的社会结构被描述为“山溪社会”，这是一种相对简单而自给自足的社会形态。这种社会结构在其自然条件的影响下逐渐形成，人们依赖周围的自然资源过上自给自足的生活。这种社会结构保留了巴蜀地区的一些原始特色，也是其独特文化的基础。随着历史的发展，巴蜀地区的社会结构经历了深刻的变革。受到中原文化和政治体系的影响，古老的“山溪社会”逐渐演变为更为复杂的社会体系。这种演变并非简单的文化替代，而是文化的继承与创新相互交融。社会结构的变化推动了文明的传承，为巴蜀地区的历史文明注入了新的活力。

巴蜀地区与中国历史的互动体现在其政治演进和社会结构变革中。政治上，巴蜀地区在古代保持了一定的独立性，但随着时间的推移逐渐融入中央王朝的统治。社会结构方面，古老的“山溪社会”经历了演变，适应了历史的发展。这一互动与演进使得巴蜀地区既保留了一定的本土特色，又融合了中原文明的元素，形成了丰富多彩的历史文明。这种互动关系为后来的乡村文化传承提供了基础。

## 四、巴蜀文明的传承与创新

随着历史的推移，巴蜀地区的文明在传承中不断迸发出创新的火花。在这个漫长的历史过程中，政治、社会制度的变革，以及在文学、艺术、哲学等领域的独特贡献，都为这片土地注入了独特的文化气息。

### （一）政治与社会制度的演变

巴蜀地区在历史的长河中经历了多次政治体系的更迭。从古代的蜀、巴、荆、黔等古国到后来的蜀汉、蜀吴、蜀晋等，每一个政权的兴衰都在文明的传承中留下深刻的印记。不同政权的统治者，往往带来不同的治理理念和制度，这种变革在推动文明发展的同时也影响了社会结构和文化面貌。巴蜀地区的地理条件和自然环境，如巍峨的山脉和曲折的河流，影响了当地社会的演变。这种地域的特殊性形成了独特的社会结构，早期的“山溪社会”逐渐演变成更为复杂的社会体系。

这种演变不仅是政治制度的变迁，还包括经济、文化等层面，为文明的传承打下了深厚的基础。

### （二）文学、艺术与哲学的独特贡献

巴蜀地区在文学领域有着丰富多彩的传统。古代巴蜀文人以“蜀道难，难于上青天”为代表的诗篇广为传诵。巴蜀地区山水灵秀、土地丰饶，为文人提供了灵感，使其创作出许多优美的文学作品。在艺术领域，巴蜀地区以独特的艺术风格闻名。在古代的三星堆文化影响下，巴蜀地区的艺术在玉雕、青铜器等方面有着独到的表现。这些艺术作品既传承了古老的文化，又在后来的历史时期不断创新，形成了巴蜀独特的艺术风格。巴蜀地区也涌现了许多杰出的哲学思想。巴蜀地区的哲学思想在传统文化中占有一席之地，为中国哲学的发展贡献了独特的智慧。

### （三）在中华文化宝库中的独特地位

巴蜀地区在中华文化宝库中具有独特的地位。其地理位置、气候条件和特殊的文化传统共同铸就了其与中原文明截然不同的文化面貌。巴蜀文明既保留了古老的山水文化，又在长期的历史变革中不断创新，为中华文明注入了多元而独特的元素。在文学、艺术、哲学等领域的独特贡献，使得巴蜀文化在中华文化史上独树一帜。巴蜀地区的文明传承不仅是对过去的致敬，更是对未来的启示。通过对巴蜀历史文化的全面梳理，我们更好地理解了其文明的起源和发展的脉络，为后续乡村文化传承的研究奠定了基础。

# 第三节　乡村文化的演变与传承

乡村文化的演变与传承是一个历史渊源深厚、丰富多彩的过程，涉及社会、经济、政治等多个领域。通过对这一过程的深入研究，我们能够更好地理解乡村文化的内在逻辑和发展脉络，为乡村文化传承提供更为深刻的历史支持。

## 一、乡村文化的历史底蕴

乡村文化的历史底蕴扎根于丰富多元的地域文化，形成了独特的文明符号。

在漫长的历史长河中，巴蜀地区的乡村文化融汇了多民族、多语言、多信仰的特点，形成了独特的文化图谱。这一地域文化的交融与碰撞为乡村文化的演变提供了丰富的土壤。

### （一）地域文化在乡村社区中表现为多样性和包容性

有学者认为，“对于中华民族文化传统来说，乡村文化是文化多样性的基因库，传承和保持乡村文化无疑会有助于维护文化的多样性，而且也是维持中国社会可持续发展的根基”①。地域文化在巴蜀乡村社区中呈现出多样性和包容性的特点，源自这片土地自古以来就是多民族杂居的独特地域。在这个美丽而多姿的巴蜀大地，汉族与藏族、苗族、彝族等多个少数民族共同生活，相互交融，在这片土地上绘成了一幅绚丽多彩的文化画卷。在这种多元的文化环境中，汉族文化兼容并蓄，与其他少数民族的文化相互交流、融合。语言、风俗、信仰等方面的差异使得巴蜀乡村文化呈现出多层次、多元化的面貌。这种多元文化的交融，使得乡村社区成为文化的交汇之地。少数民族的文化元素在这片土地上得以保留和传承。藏族的神秘宗教信仰、苗族的独特服饰、彝族的传统建筑风格，这些都是巴蜀乡村文化中独具特色的元素。这些元素在与汉族文化的交融中得以继承，形成了乡村社区独特的文化符号，使得巴蜀乡村文化既有整体性的文化认同，又展现出多样性的文化表达。多元性的地域文化不仅表现在各民族之间，更体现在同一民族的不同地域群体之间。各地域群体在这片土地上形成了相对独立而又相互联系的社会网络。这种地域文化的包容性在巴蜀乡村社区中形成了一种共生共存的状态，为乡村文化的丰富发展提供了肥沃的土壤。在这个多元共融的文化熔炉中，巴蜀乡村社区成为各民族、各地域群体共同传承和创造文化的空间。这种具有多元性与包容性的地域文化，为巴蜀乡村文化注入了丰富的内涵，成为这片土地上独特而宝贵的文化财富。

### （二）地域文化在乡村社区中表现为特色鲜明的“山溪社会”结构

巴蜀地区因其复杂的地形而形成了独特的“山溪社会”结构，这一社会结构不仅源自地理环境的影响，更为乡村文化传承提供了丰富的人文基础。这种特色鲜明的社会模式使得乡村文化在历史长河中得以封存、传承，并形成了独特的社

① 陆益龙．乡村文化的再发现 [J]. 中国人民大学学报，2020，34（4）：91-99.

会风貌。巴蜀地区的地理复杂性为“山溪社会”奠定了基础。巴蜀地区山高水长、地形由折，这种独特的地理条件导致了各个乡村社区之间的隔离与相对独立。山脉的阻隔和水系的纵横交错形成了自然的隔离带，使得不同的地域群体在这片土地上形成了相对封闭的社会结构。这种地理格局使得乡村社区具有一定的独立性，同时也为各地域群体保留和传承各自的文化传统提供了有利条件。这种封闭的社会网络形成了相对稳定的文化传承模式。不同地域群体在这种相对独立的环境中保持了相对稳定的社会结构，形成了固定的社会关系。这种社会关系在一定程度上维系了各自的文化传统和生活方式。村落之间的交流相对有限，使得每个乡村社区都能够保留并传承自己独特的文化元素。这样的传承模式既是一种自然而又有效的文化保护机制，也成为乡村文化独特性的来源之一。“山溪社会”结构的独特性在巴蜀乡村文化传承中具有深远的影响。这一社会结构不仅为各个乡村社区提供了独立发展的空间，也使得文化传承成为相对封闭却丰富多样的过程。每个乡村社区都像一本书籍，保存着丰富的文化信息，这些信息在交流有限的前提下得以相对完整的传承。因此，“山溪社会”结构成为乡村文化传承的一种独特人文基础，承载了巴蜀乡村文化的深厚底蕴。“山溪社会”不仅是地理环境的产物，更是乡村文化传承的重要载体。这种社会结构在历史的长河中为乡村文化的独特性提供了坚实的支撑，使得巴蜀乡村文化在传承中不断延续并得以独特而丰富地发展。

## 二、乡村文化的历史演进

乡村文化的演进是一个动态的过程，受到历史、经济、社会等因素的影响。从古代到近现代，巴蜀地区的乡村文化在演进中逐步形成了独特的发展路径。

在古代，巴蜀地区的乡村文化由农耕文化所塑造。这一独特的文化形态源自巴蜀地区的地理特征，农业作为经济支柱深刻地刻画了乡村社区的生活面貌。农耕文化不仅是一种生产方式，更深刻地渗透到了乡村社区的方方面面，影响着人们的生活方式、价值观念等方面。农耕文化在乡村社区中形成了多样且丰富的传统文化形式，如庙会、民俗活动等，为巴蜀乡村文化增添了独特的色彩。首先，农耕文化在乡村社区中表现为一种与自然和谐共生的生产方式。巴蜀地区地形多变，农民通过对地形的巧妙利用，形成独特的梯田耕作和水利灌溉体系。这种与地理环境契合的农耕方式使得农业生产更为高效，同时也表现出人与自然和谐相处的智慧。这种与自然相融合的农耕文化，不仅是一种生产方式，更是一种对自然敬畏与感激的文化表达。其次，农耕文化深刻地影响了乡村社区的日常生活和价值观念。在农耕社会中，人们对季节的变化、生灵的繁衍都有着深刻的认识，形成了一系列与农业相关的节庆和习俗。例如，春耕、夏耘、秋收等不同阶段都被赋予了特殊的仪式感，形成了独特的庙会和传统节庆等文化形式。这些传统文化形式不仅是生活的点缀，更承载着对丰收、生活安康的期盼，成为乡村社区凝聚力的象征。同时，农耕文化还在乡村社区中催生了丰富多彩的民间艺术和文学作品。农耕生活的琐碎和艰辛，激发了人们对生活的思考和表达欲望。因此，巴蜀地区的乡村文学、民歌、手工艺等传统艺术形式蓬勃发展，通过艺术的方式将农耕文化的内涵传递给后人。古代巴蜀地区的乡村文化以农耕文化为核心，形成了独特的文明符号。这一文化体系不仅在经济生产中扮演着重要角色，更深刻地渗透了社区的方方面面，为乡村社区创造了丰富而多彩的文化生活。农耕文化的传承不仅使得巴蜀地区的乡村文化更加具有特色，也为后来的时代文明奠定了深厚的基础。

随着历史的发展，尤其是近现代的社会变革，巴蜀地区的乡村文化经历了深刻的演变。有学者认为，“囿于时代背景、实践目标、发展方式、组织形式等不同，乡村优秀传统文化作为中华优秀传统文化的重要组成部分，在新时代要发挥其在中国式现代化中的文化功能，则需要实现创造性转化和创新性发展”①。现代化的农业生产方式、便利化的交通系统等使得乡村社区逐渐融入现代社会的怀抱。在这一过程中，传统的农耕文化面临着新的挑战，与此同时，乡村文化也在变革中焕发出新的活力，形成了旧与新有机交融的文化图景。

首先，现代化对农业生产方式的影响使得传统的农耕文化面临着新的考验。随着农业技术的进步，机械化的农业生产方式逐渐替代了传统的人工劳作，这使得原本与农耕密切相关的文化元素逐渐淡化。传统的庙会、节庆等农耕文化活动在现代农业生产的压力下有所减少，甚至部分消失。然而，这并不是对农耕文化的全盘否定，而是在适应现代生产方式的同时寻找新的文化表达形式。其次，交

① 李银兵．文化乡愁与文化乡建：乡村文化的现代性重构 [J]. 中州学刊，2023（8）：74–82.

通的便利化使得乡村社区与外部世界更为紧密地联系在一起。在过去，巴蜀地区因其山川之险而相对封闭，导致乡村社区形成相对独立的文化体系。然而，随着交通的改善，乡村社区逐渐融入了更加广阔的文化交流网络。外来的文化元素、艺术表达方式通过交流与碰撞，为乡村文化带来了新的发展机遇。在这一过程中，乡村文化并未被边缘化，反而在变革中呈现出新的活力。新型的社区活动、文艺表演、文化创意等逐渐崭露头角，成为乡村文化的新亮点。社区组织的文体活动、传统技艺的传承工作、乡村书屋的建设等都为乡村文化注入了新的生机。这些活动既弘扬了传统文化，又融入了现代元素，使乡村文化更具包容性和创新性。因此，可以说，巴蜀地区的乡村文化正处于传统与现代交融的关键时刻。在传统文化的基础上，乡村社区正在积极寻找适应现代社会发展的文化表达方式。这一演变既是对传统的尊重和传承，也是对现代社会发展的积极响应，为乡村文化注入了新的时代内涵。

## 三、乡村文化的传承发展

乡村文化的传承是对历史积淀的继承与发展，是对地域特色的保护与创新。传承既需要尊重传统文化，也需要顺应时代潮流，为乡村文化赋予新的内涵。

巴蜀地区的乡村文化传承根植于对传统价值观的坚守，这是乡村社区千年沉淀的独特财富。在乡村社区中，诸如孝道、友爱、节俭等传统价值观念扮演着不可或缺的角色。这些价值观不仅贯穿于家庭生活的方方面面，更在整个社区的日常活动和重大仪式中得以体现，成为社区文化的重要组成部分。孝道在巴蜀乡村文化中占有突出地位。有学者认为，“乡村孝文化是自觉、理性的范式”[①]。作为传统的核心价值观之一，孝道强调子女对父母的敬爱和照顾。在乡村社区，这一价值观在日常生活中得到真实体现。村民教育子女要懂得尊敬长辈，尤其是对父母的敬畏之情。这种尊敬之风，渗透在乡村社区的方方面面，形成了一种深厚的道德风尚。友爱是巴蜀乡村文化传承中的又一支柱。在乡村社区，邻里之间相互扶持、关心彼此是一种传统的友爱表现。在各种社区活动中，邻里之间的相互帮助和互通有无成为社区生活的重要组成部分。这种友爱精神不仅表现为实际的物质

① 冯译冉，孙志勇．乡村振兴视域下孝文化建设的路径探索 [J]. 石家庄学院学报，2021，23（5）：115-119.

帮助，更是一种共同体验和共情的文化传承。节俭是巴蜀乡村文化的又一显著特征。在这个古老的文化传统中，节俭被视为一种美德，深植于居民的生活中，有学者认为节俭“体现着社会的文明程度”[①]。从家庭到社区，巴蜀人民都在倡导勤俭持家、杜绝浪费的理念。这种节俭观念不仅反映在日常生活中的衣食住行上，更贯穿于社区活动的组织与筹备中。巴蜀乡村社区遵循着节俭的传统，形成了一种节约而不缺乏独特文化内涵的生活方式。在对这些传统价值观的坚守中，巴蜀乡村文化传承不仅弘扬了传统的道德伦理，更在社区中形成了一种亲情、友情和邻里之间的深厚情感纽带。这种价值观的传承，不仅是对巴蜀地区乡村文化的独特贡献，也为当代社区构建和谐稳定的人际关系提供了可贵的经验。这种以价值观念为核心的文化传承，是巴蜀乡村社区文化的重要特征之一。

乡村文化的传承在于对传统技艺的保护，而巴蜀地区正是保护传统技艺的杰出代表。在这片古老的土地上，乡村传统手工艺以其丰富多样的形态，如川剧变脸、川绣等，世代传承，成为巴蜀乡村文化的瑰宝。川剧变脸，作为中国戏曲的代表之一，自明朝时期起在巴蜀地区开始流传。这一戏曲表演形式以脸谱变换为特色，以其独特的艺术表现形式而著称。在巴蜀的乡村社区，川剧变脸不仅是一种表演艺术，更是一种传统技艺的代表。通过世代相传，巴蜀的乡村社区保留并发展了这一传统艺术，形成了丰富多彩的文化场景。各种庆典、节日，都离不开这一传统技艺的独特表演，成为乡村文化传承中不可或缺的一环。川绣作为巴蜀地区的传统手工艺之一，以其精湛的技艺和独特的风格而蜚声中外。在乡村社区，川绣不仅是一种传统手工艺，更是女性居民细腻巧妙表达心情和生活态度的重要途径。这种精湛的刺绣技艺在乡村文化中代代相传，通过母亲教女儿、师傅传徒弟的方式，保留并丰富了巴蜀地区独有的绣艺传统。这一传统技艺既是文化传承的载体，也是发展乡村经济的重要组成部分。巴蜀乡村社区通过传统技艺的保护，使这些手工艺成为文化传承的重要符号，同时也为当代社区注入了新的创意和活力。通过专业性的传承机构、举办传统手工艺展览、开展培训课程等方式，巴蜀地区的乡村文化得以在传统技艺中焕发新的生机。现代科技手段的应用为传统手工艺注入了新的元素，促使其更好地适应当代社会的需求。这种综合性的保护和发展，使巴蜀乡村文化在传统技艺传承方面取得了令人瞩目的成就。这一丰富多

① 吴卓婷．弘扬节俭文化对抗挥霍资源 [J]．科学决策，2005（9）：20-22.

彩的传统手工艺传承，为巴蜀乡村文化增添了独特的光彩，也为整个地区的文化传承提供了有力的支持。

乡村文化的传承需要充分借助现代科技和媒介手段，以适应当代社会的发展潮流。随着科技的飞速发展，尤其是互联网的普及，乡村文化的传播渠道得到了前所未有的拓展，为传统文化的传承注入了新的活力。建设数字文化馆成为推动乡村文化传承的重要途径。数字文化馆通过现代科技手段，将传统文化、历史记忆以数字化形式呈现，使其更好地适应现代社会的传播方式。在巴蜀地区的乡村社区，建设数字文化馆已成为一种常见的文化传承模式。有学者认为，“在农村地区建设数字文化馆，这是数字化与多媒体时代下公共文化事业发展的必然趋势，更是对传统文化馆的功能补充”[①]。通过虚拟展览、多媒体演示等形式，为乡村居民提供了更为直观、便捷的文化体验，使他们更加深入地了解和传承乡村文化。数字文化馆不仅为传统文化注入现代元素，还为年青一代提供了更为丰富的学习资源，激发他们对乡村文化的兴趣。开展在线文化活动成为促进乡村文化传承的重要形式。通过互联网平台，乡村社区能够开展丰富多彩的在线文化活动，包括线上展览、文化讲座、传统技艺教学等。这种方式既满足了现代社会对于便捷、高效传播的需求，也为乡村文化的传承提供了更广泛的传播渠道。在巴蜀地区的乡村，一些富有特色的传统文化活动通过网络平台得以延续和推广，吸引了更多人的关注和参与。在线文化活动的举办，不仅使传统文化更好地融入现代生活，也提升了乡村文化传承的社会影响力。综上，现代科技和媒介手段为乡村文化的传承注入了新的动力。通过数字化手段和在线活动，乡村文化更好地与当代社会接轨，实现了传统与现代的有机结合。这一发展趋势为巴蜀地区的乡村文化传承提供了广阔的发展空间，也为更多人了解、参与乡村文化的传承创造了更多机会。

在乡村文化传承的过程中，如何既保留传统文化的纯粹性，又在现代社会中找到传承的切入点成为一项重要而挑战性的任务。这需要通过创新性的传承模式和有趣的文化活动，使乡村文化在传统与现代、保守与创新之间找到平衡点，使之焕发新的光彩。第一，创新性的传承模式是促进乡村文化传承的关键。在巴蜀地区，一些乡村社区通过建立文化创意园区、传统工艺体验基地等方式，创新性地将传统文化与现代元素相结合。例如，设立传统手工艺展示馆，通过现代展示

---

① 韩冰冰．新媒体背景下乡村数字文化馆建设策略 [J]. 中国市场，2022（27）：178-180.

手段和技术手法，将传统技艺呈现得更为生动、形象。这种模式既使传统文化得以保留，同时也激发了年轻一代对传统手工艺的兴趣，为传承注入了新的动力。创新性的传承模式不仅为传统文化赋予了新的内涵，也让乡村文化在当代社会中更具吸引力。第二，有趣的文化活动是推动乡村文化传承的有效手段。有学者指出，“开展乡村文化活动可以推动乡村人文环境的建设，也可以促进乡村精神文化的发展”[①]。在乡村社区举办丰富多彩的文化活动，如传统庙会、戏曲表演、民俗节庆等，能够吸引更多居民的参与，让传统文化焕发出勃勃生机。在这些文化活动中，传统文化以生动有趣的形式呈现，使居民在轻松愉快的氛围中感受到传统文化的魅力。同时，有趣的文化活动也为乡村社区注入了新的活力，成为拉近代际距离、增强社区凝聚力的重要途径。通过这些方法，乡村文化在传承中找到了适应当代社会的方式，使传统文化得以与现代社会相契合，从而更好地融入人们的日常生活。在保持传统文化纯粹性的同时，创新性的传承模式和有趣的文化活动为乡村文化传承带来了新的机遇，让乡村文化在时光的长河中焕发新的光彩。

乡村文化的演变与传承是一个复杂而富有活力的过程，既受到厚重历史的束缚，又在现代社会的激流中不断创新。巴蜀地区的乡村文化，在多元的地域文化基础上，经历了千百年的积淀，形成了独特的社区面貌。通过对巴蜀地区乡村文化历史底蕴、演进轨迹和传承现状的深入研究，我们更能够理解乡村文化的多层面价值，为其未来的传承提供更为明晰的方向。在乡村文化的长河中，传统与现代、过去与未来交相辉映，共同谱写出一曲丰富多彩的文化乐章。

## 第四节　重要历史事件对乡村文化的影响

在巴蜀乡村文化的演变过程中，一些重大的历史事件对其产生了深远的影响。无论是战争的破坏，还是政策的变迁，都深刻影响着乡村社会的变化。通过分析这些事件对巴蜀乡村文化的影响，可以让我们更好地理解不同历史时期乡村文化演变的社会根源。

---

① 赵小红．开展乡村文化活动提高群众精神、文化生活质量[J]．传奇故事，2021（9）：20-21.

## 一、古代时期的兵灾侵袭

在古代，一些战乱不仅对乡村经济造成了严重破坏，也给乡土文化传承带来了毁灭性的打击。一个典型的例子是三国时期的屯田试验，特别是蜀地的屯田运动。这一大规模的农业实践不仅改变了传统的农业生产方式，也深刻影响了乡土社会的组织形式。三国时期，蜀地面临着频繁的战乱，为了解决农田空旷的问题，蜀汉政权实施了大规模的屯田政策。通过屯田试验，他们试图重建受损的农业生产体系。然而，这项政策的实施不仅影响了农村经济结构，还对乡土文化产生了深远的影响。屯田运动导致了土地的重新分配，农民的聚居形式发生改变，乡村社会的组织结构被重塑。传统的家族观念和土地传承方式在这一时期被颠覆，这对乡土文化传承造成了一定的冲击。魏晋南北朝时期，战乱导致大量农民逃亡，乡村文化在人口迁移中面临断裂的危机。战乱的影响使得许多乡村废弃或遭到破坏，农民纷纷背井离乡，寻找更为安全和稳定的生存环境。这一时期的乡村社会因为人口减少和土地荒芜而陷入困境，传统文化的传承因为人才流失和社会动荡而受到威胁。明朝末年，巴蜀地区再次遭遇战火，本地文人学者带头组织保卫家乡的行动，体现出乡土认同感。在这一时期，乡村社区的文化传承面临着更为严峻的考验。战乱中，许多文化机构、传统学府被摧毁，文人学者纷纷投身保卫家园的行列，形成了保家卫国的浓厚文化氛围。这种乡土认同感成为乡村文化传承的一种力量，推动着文化在战乱中的传承与发展。因此，战争对巴蜀乡村社会和文化传承产生了巨大冲击。从三国时期的屯田试验到魏晋南北朝时期的农民逃亡，再到明朝末年的战火烽烟，每一次战乱都在不同层面上对巴蜀的乡土文化造成了深远的影响。这些历史事件成为乡村文化传承中的一部分，塑造了巴蜀独特而坚韧的乡土文化面貌。

## 二、不同历史时期的政策变迁

不同历史时期的政策变迁，对巴蜀乡村文化产生了深远的影响，从明清时期的移民政策到清末的新政运动，每一次政策的调整都在不同程度上塑造了乡村文化的发展轨迹。明朝时期，巴蜀地区实施了大规模的移民政策，引入了大量内地移民。这些移民带来了新的思想观念、生活方式和文化传统，对当地的乡村文化产生了同化的压力。巴蜀原有的文化面貌受到了挑战，传统的乡土文化与外来文化相互融合，形成了独特的文化合成体系。移民政策的实施使得巴蜀地区成为文化交流的平台，各种文化元素在这里碰撞、交汇，为乡村文化的多元发展奠定了基础。明末清初，随着海禁政策的实施，巴蜀地区与沿海交流减弱，乡村文化逐渐呈现保守和封闭的趋势。海禁政策限制了对外文化的引进，巴蜀地区的文化发展相对独立。这一时期，乡村社区对外部文化的影响减弱，而本土传统文化在相对封闭的环境下得以保持和传承。乡村文化表现出一种相对纯粹的状态，本土特色得以更好的保持和弘扬。清末新政期间，巴山蜀水地区深受新思想影响，出现了地方文人倡导变法维新的思想启蒙运动。新政的推动使一些文人学者开始关注社会变革和文化创新，他们积极倡导新的思想观念，推动乡村文化的现代化。这一时期，乡村社区涌现出一批有识之士，他们通过文学、教育等渠道，为巴蜀乡村文化的发展注入了新的动力。新思想的传播促使乡村文化更加开放，接纳外来文化元素，也使得巴蜀地区的乡村文化在变革中不断丰富和深化。不同历史时期的政策变迁直接影响着巴蜀乡村文化的发展方向。移民政策、海禁政策、新政运动等都在一定程度上塑造了乡村社区的文化面貌，为巴蜀乡村文化的多元性、开放性和创新性提供了丰富的历史遗产。

## 三、20 世纪上半叶的政策调整

20 世纪上半叶，一些政策的调整，包括修路、新农村等政策的实施，对乡村社区的经济、文化产生了深远的影响。这一时期的政策变革既改变了巴蜀乡村的经济面貌和开放程度，也对传统文化造成了冲击。修筑党山公路是当时的一项重要举措，打通了山区交通，加速了城乡文化的融合。这项工程不仅改善了交通状况，也为城市与乡村之间的文化交流提供了便利条件。随着山区与平原地带的联系加强，不同地域的文化元素开始相互渗透，形成了更为丰富多彩的文化景观。城市的现代化因素逐渐渗入乡村，乡村居民的生活方式、价值观念等也受到了程度的影响。这种交融既促进了文化的多元发展，也带来了乡村传统文化的一定变革。改革开放后，政府开始着力发展乡镇企业，吸引大量农村剩余劳动力。这一举措在一定程度上改变了传统的家庭伦理关系，对乡土文化的内核产生了影响。传统的家庭结构和农村社区的组织形式在新的经济背景下发生了调整。农村剩余劳动力向城市迁移，家庭生产和生活方式发生变化，传统的乡村社会关系面临重新塑造的挑战。这一时期的政策导向推动了巴蜀乡村社区从传统向现代的转变，对乡土文化产生了深刻而复杂的影响。现代政策的变迁持续地影响着巴蜀乡土文化的演变。经济政策、交通政策等各方面的调整在塑造乡村社区的同时，也在重新定义乡土文化的内涵。这一过程中，乡村居民在适应现代化的同时，也在不同程度上寻找着如何保护和传承传统文化的路径。

## 四、自然灾害频发的深刻印记

20 世纪 90 年代初，川东北地震和 2008 年的汶川大地震对地区的居民和建筑产生了巨大的冲击，同时对传统文化传承产生了一定的影响。20 世纪 90 年代初的川东北地震严重破坏了地区的民居和文化遗产。这场地震不仅造成了人员和财产的巨大损失，还摧毁了许多保存在乡村的传统建筑和文化遗迹。古老的庙宇、传统的民居在地震中纷纷崩塌，这导致一部分丰富的乡村文化面貌消失殆尽。同时，许多传统的民俗活动也因地震而受到极大的影响，因为人们在灾后的恢复过程中更关注基本的居住和生存需求，而非文化传承。2008 年汶川大地震是中国现代历史上规模最大的地震之一，对巴蜀地区造成了巨大的破坏。然而，与川东北地震不同的是，汶川大地震后，在灾后重建中出现了一股民族文化复兴的风潮。人们在面对灾难时，通过对传统文化的认同和重建，表达了对文化根基的坚守和对生活信仰的执着。在重建过程中，一些庙宇、传统建筑得到了修复，重要的文化活动也得到了重新激活。这表明自然灾害虽然在短期内对传统文化造成了损害，但在长期的社会恢复和文化重建中，催生了对传统文化更为深刻的关注与认同。在灾害中失去的一些传统元素，如建筑、文化遗产等，虽然在短期内无法完全恢复，但在社会重建的过程中，人们对文化的重视和关注有所加强。这使得巴蜀乡村文化在自然灾害的冲击中得以延续和发展。

## 五、西方文化的近代传入

近代以来，随着西方文化的传入，巴蜀乡村文化经历了冲击和变革。西方生活方式和价值观念的引入，促使一些传统习俗逐渐被摒弃，宗法伦理观念也发生了变化。然而，这种冲击也引发了对传统文化保护的反思，从而体现出文化自信的重要性。这种文化交流碰撞既带来了挑战，也推动了乡村文化的变迁与创新。传统习俗和民间传统表演在现代生活中逐渐式微；传统的家族观念和社区关系在现代化的浪潮中发生了变化。正是在这种冲击下，对传统文化的保护和反思显得愈发重要。人们开始认识到，传统文化是一个社区的根本，是乡村社区凝聚力和认同感的源泉。因此，一些乡村开始着手保护和传承传统文化，弘扬乡土文化。有关部门在政策和教育上加大力度，致力于传统文化的保护和传承，以确保这一宝贵的文化遗产不至于在现代化的浪潮中消失。巴蜀乡村文化在与西方文化的交流中，逐渐认识到自身的独特性和价值。这种认知使得乡村社区更加自信地对待本土文化，更加积极地去探索和传承乡土文化的深层内涵。这不仅有助于维护乡村的文化传统，也推动了乡村文化在现代社会中的持续发展。总的来说，西方文化的传入对巴蜀乡村文化产生了巨大影响，乡村文化经历了一场与传统的对话和反思。这种文化的多元性和共生性使得巴蜀乡村文化更具有韧性，从而能够在时代变迁中保持其独特性。

综上所述，巴蜀乡村文化的演变历程与历史事件密切相关。战争破坏、政策变迁、灾害打击、外来文化冲击等都对乡村社会产生了深刻影响，继而推动了乡土文化的变革与调适。研究历史事件的文化影响，可以让我们更深入地把握巴蜀乡村文化演变的动力，这不仅让我们更清晰地认识传统文化在历史变迁中所面临的困境，也为乡土文化的传承提供了更为明确的发展方向。在对历史事件的深刻理解中，我们可以找到乡村文化创新的动力，促使其在时代的潮流中焕发出新的光彩。

# 第三章　巴蜀地区乡村文化要素

本章主要介绍巴蜀地区的乡村文化要素，从语言与方言的传承、传统建筑与居住文化、乡村节庆与民俗传统、巴蜀地区的饮食文化四个方面对巴蜀地区的乡村文化进行详细介绍。

## 第一节　语言与方言的传承

### 一、语言多样性与交流

巴蜀地区，位于中国的西南部，是一个自然风光秀丽、人文底蕴深厚的多民族杂居的地域。这片土地上蕴藏着丰富的语言文化，汇聚了汉族、藏族、苗族、彝族等民族，形成了一幅多彩多姿的语言图景。

#### （一）汉族作为主体民族的普通话得以普及

普通话作为一种统一的语言，为不同民族和地区的居民提供了更便利的交流工具。在城市中，人们更多地使用普通话进行工作、学习和社交，这有助于促进不同民族之间的融合与交流。然而，在乡村地区，尽管普通话的使用有所增加，但仍然存在一些乡村居民更习惯于使用方言的情况。“方言”，顾名思义，即为“一方之语言”。林翔指出，“‘方言’是一个相对的概念，从属于‘共同语’所在的国家或民族。提起‘方言’，当下中国人一般将它理解为与普通话相对的土语”[①]。方言的使用，反映了乡村语言使用的多样性。

#### （二）少数民族在巴蜀地区形成了独特的语言面貌

藏族、苗族、彝族等少数民族之间使用各自的语言和方言，这种多语言并存

① 林翔．论“方言”概念在近代中国之演变 [J]. 北京社会科学，2023（1）：55-65.

的现象为巴蜀地区增添了浓厚的民族风情。这些语言不仅是居民日常交流的工具，更是传承和表达民族文化的载体。在这里，语言不仅仅是沟通的媒介，更是不同民族之间情感交流、文化传承的重要方式。

**（三）少数民族的语言和方言反映出地域的特殊性和文化的多元性**

藏区的语言深刻地反映了这一地区的宗教文化和历史传承，苗族的语言则承载着丰富的民俗文化，彝族的方言也在其地域特色中独具魅力。各方在交流中促进了文化的互鉴和共生。

在巴蜀地区，语言不仅是一种交流工具，更是不同民族文化传承的载体。有学者认为，"'巴蜀方言'既反映了古巴方言和古蜀方言的历史传承性，又反映了巴、蜀两地传统地缘和人文关系"[①]。语言的丰富多样性既体现了各民族的独特魅力，又为多元文化的共融提供了语境。这种语言文化的多元共生，为巴蜀地区的社会和文化发展注入了生机与活力。这种语言多样性不仅是巴蜀地区乡村文化的瑰宝，更是文化传承的重要组成部分。在这片土地上，每一种语言都是一种文化的表达，背后蕴含着丰富的传统、价值观和历史积淀。这种多语言并存的现象为巴蜀地区赋予了独特的文化底蕴，让这里的乡村生活更加丰富多彩。

有学者表示，"语言作为乡村文化传承的重要载体和本体，乡民通过语言创造极富智慧的农耕谚语、亲属称谓、乡音俚语、熟语谜语，还借助语言通过民间叙事、节祭仪式展演以及乡村文艺传习等表达乡民天人合一、勤农爱农等乡土价值观"[②]。不同的语言承载着各自民族的文化内涵，通过这些语言的传承，乡村居民能够更好地理解和传承自己的文化认同。语言作为文化的媒介，传达着民族的生活方式、信仰体系以及人们对自然、社会的理解。通过代代相传的语言，乡村居民能够深刻体验和感受自己文化的独特之处，形成对传统价值观念的认同。每一种语言都是一种文化的表达，是乡村社区的一种身份标识。语言在日常交往、节庆庆典、家庭生活中扮演着重要的角色，成为乡村居民彼此沟通、相互理解的纽带。通过语言的传承，不同民族之间能够更好地交流、学习，实现文化交融。

---

① 陈荣泽，高永鑫．巴蜀方言语音研究综述 [J]. 四川理工学院学报（社会科学版），2008，23（1）：92–95.

② 黄龙光，杨晖．语言助力乡村振兴的内在逻辑与实践路径 [J]. 语言战略研究，2023，8（5）：21–31.

这种交融既表现在语言的语音、词汇上，也体现在思想观念、生活方式等层面。因此，这种语言多样性既是巴蜀地区乡村文化的鲜明特征，也是文化传承的生动表达。通过语言的传承，巴蜀乡村居民能够在日常生活中感受到自己文化的独特之美。这种深厚的语言文化底蕴，为乡村文化的传承提供了坚实的基础，让这片土地上的文化得以世代相传。

## 二、方言的生活化运用

巴蜀地区的方言在乡村社区中扮演着举足轻重的角色，不仅是语言交流的工具，更是乡村文化的独特标志。方言的生活化运用贯穿于乡村生活的方方面面，从日常交往到庆典活动，再到故事传承，方言的使用成为乡村文化传承的一种独特方式。第一，方言在乡村的日常交往中得到了广泛而生动的应用。有学者认为，“乡土方言文化如果脱离语境、丧失功能就只能作为静态的符号系统供后人瞻仰凭吊”[①]。乡村居民之间通过方言进行交流，不仅是一种语言上的沟通，更是一种文化认同的表达。方言中蕴含着乡土人民的生活智慧、聪明才智，通过在日常对话中使用方言，乡村居民能够更好地传递彼此之间的默契和亲近感。这种日常生活中的方言运用，使得语言不再仅仅是一种工具，更成为乡村社区凝聚力的象征。第二，方言在乡村的庆典活动中具有特殊的地位。在各种节庆庆典中，方言成为表达欢乐、祝福和感恩之情的重要媒介。歌谣、祝福的语言常常以方言为载体，使得庆典更具地方特色和文化底蕴。方言的应用赋予了庆典活动更加真挚和亲切的氛围，也让参与者更深刻地感受到自己文化的传承。第三，方言在乡村的故事传承中扮演着不可或缺的角色。通过口口相传的方式，许多乡村故事以方言为表达工具，将历史、传统、智慧融入其中。方言的使用使这些故事更具有地域特色，从而使乡村居民在讲述和听取故事的过程中，更深刻地感受到自己文化的深厚底蕴。这种故事传承不仅加深了乡村居民对自身文化的认同，也使得年青一代更好地理解和继承乡村传统。

因此，方言的生活化运用为巴蜀地区乡村文化注入了生机和活力。通过运用方言，乡村居民在日常生活中表达情感，在庆典活动中弘扬文化，在故事传承中

---

① 姚小烈．乡村文化振兴视域下方言文化保护与传承 [J]. 哈尔滨师范大学社会科学学报，2022，12（2）：27-33.

传递智慧。方言的使用不仅是一种语言行为，更是对传统文化的一种延续。方言的使用让乡村文化在语言传承的过程中更具生动性。

## 第二节　传统建筑与居住文化

### 一、建筑风格独具一格

乡村传统建筑是承载乡村历史和乡土文化的物理空间。这些建筑带有泥土气息，其风格与乡村人格相互生成，是乡村文脉和生活美学的载体。素有“天府之国”美誉的四川盆地，自然地理环境异常独特，历史人文灿烂奇异，绘就了独领风骚的巴蜀地方乡土文化。巴蜀地方乡土文化反映在建筑文化上，则表现为自成一系的巴蜀建筑风格，在中国建筑的共性上，彰显着巴蜀建筑文化的强烈个性。

巴蜀地区山川起伏，当地乡村的屋舍大都采用木结构，青瓦覆顶，呈现出古朴而美丽的特色。木结构形式主要包括穿斗式、捆绑式和土石墙搁柃式。其中，木构穿斗式结构采用了精细的木料，而捆绑式则多采用竹木材料，并通过竹篾和棕绳进行固定。这种结构的围护墙体多采用竹编夹泥墙，与深色的木构架形成了鲜明而有趣的对比。这种墙壁具有良好的通气性能，避免了在潮湿季节室内地坪结露的问题。木结构的运用体现了对当地资源的合理利用，同时也传承了古老的建筑传统，使得巴蜀乡村建筑在历史的长河中保持了相对的稳定性。巴蜀建筑文化源远流长，且不论“蚕丛”“鱼凫”“开明”等古史传说中的记载，三星堆遗址所发掘的新石器时代的“木骨泥墙”，以及成都十二桥遗址等实物考古发掘证例，就极大丰富了中国早期建筑发展的内容，为中国传统木构体系建筑起源，力主“多源合流”说提供了有力的证据，同时也奠定了巴蜀建筑在中国建筑发展史上的独特地位。而青瓦覆顶不仅符合当地气候条件，更融入了自然环境，形成了与山水相依的独特景观。协调融合，是巴蜀建筑优秀传统之一。不论是身居成都平原，还是丘陵山地，巴蜀人民因地、因材，选择环境、适应气候、与周围自然生态共生共荣，体现了人与自然共生、“天人合一”的自然观和环境观。这是中国建筑传统的一个重要特征，但在巴蜀建筑中表现得更为突出。

此外，巴蜀建筑文化的发展不是孤立的，巴蜀地区是一个多民族的地区，且历代以来的多次移民活动，使得巴蜀地方文化掺入了各地文化成分，一方面兼收并蓄，综合提炼，另一方面各自发展，和谐并存，使得整个巴蜀地区各有各的风格特色，多元建筑融合汇存。以川北阆中地区为例，其与汉中、渭南等地有着密切的联系，许多陕西人迁入四川经商。阆中古城保留了大量明清时期的民居建筑群，这些民居多采用厚实的土墙和穿斗木构架，形成封闭而稳定的院落空间。同时，房屋的山墙面突出于土墙之上，呈现出轻盈灵动的姿态，兼具川陕两地的建筑风格特征。在川西三州地区，包括藏、羌、彝、回等民族在内的各族群都有自己独特的居住文化。例如，藏族的碉房、羌族的“邛笼”、彝族的木板房、苗族和土家族的吊脚楼以及座子屋等。在乡村建筑中，不同的文化元素在空间上相互融合，形成了独特的文化景观。这种建筑多元性使得巴蜀乡村文化更具包容性，居民在这样的建筑环境中，能够更加深刻地感受到自己文化的底蕴。巴蜀地区乡村建筑的多元融合体现了乡村文化的多样性和包容性。随着我国新型城镇化建设的不断推进，乡村聚落也在不断更新和发展。作为乡村特色延续的重要因子，乡村建筑的更新与发展对乡村而言至关重要。通过对传统建筑的传承，乡村居民对自己文化的认同感更加强烈。这些建筑不仅是实际生活的空间，更是文化的载体，通过多元的建筑风格，展现了乡村文化在空间中的丰富内涵。

## 二、居住文化的传统仪式

巴蜀地区的乡村建筑展现出令人叹为观止的多元融合，这一独特现象深受地理环境和少数民族文化的双重影响，形成了独具特色而多样的建筑风格，也同居民的文化习俗结合衍生出了丰富多彩的居住文化仪式。居住文化仪式是指人们在居住生活中所遵循的一系列习俗、传统和仪式，它与人们的日常生活密切相关，反映了人们对于生活、家庭和社区的价值观和信仰。在巴蜀乡村地区，在建筑的建造过程中，有几个重要的仪式和步骤需要遵循，即选屋基、起工、起墙桶、上大门梁、竖屋上梁、归屋等吉日良辰仪式。首先，选择合适的屋基是关键，这需要考虑地理位置等因素。接下来，“起工”，即意味着正式启动建房工程。然后，在开墙桶仪式中，房屋的墙壁被确立起来，形成基本的结构。上大门梁仪式标志着房屋的主要结构已经完成，即将进入内部装修阶段。竖屋上梁是房屋建造的重要环节，梁柱被竖立起来并固定好，为房屋的屋顶提供支撑。最后，在归屋仪式中，房屋被认为已经完成，主人可以正式入住。这些仪式和步骤不仅是对房屋建造过程的庆祝，也是对祖先和神灵的敬仰和祈求。通过这些仪式，房屋主人表达了对新家的期望，希望新家能带来平安、繁荣和幸福。

对于建筑完工之时的入住仪式，巴蜀各地区也有不同的风俗，较为常见的有踩门、谢土、祭祖和宴请亲友。踩门即当房屋基本修建完成，准备安装大门时，主人会举行“踩门”仪式。届时，主人先把刚安装好的大门关上，自己站在屋内，然后由一位德高望重、福寿双全的人来踩门。踩门的人手里要端一个茶盘，盘中放着红枣、核桃、硬币等物。当他快走近大门时，主人便打开大门，恭恭敬敬地将他迎到屋内。踩门人在进门时通常要说一些吉祥话，如“踩福门”“踩祥门”“启福门”“启祥门”等。进屋之后，踩门人会把盘中的红枣、核桃和硬币等物撒向屋中的各个方向，象征着财富、福寿的到来。谢土即在房屋基础施工完成后，主人向土地神敬献各种供品，如酒、果品等，同时燃放鞭炮、焚香祭拜，祈求土地神的保佑和恩赐。这些仪式不仅体现了人们对房屋的重视，也反映了人们对美好生活的追求和期望。

此外，巴蜀乡村也有许多与全国各地相同的居住仪式，如春节贴对联、端午挂艾草等，这是一种对生活的敬畏和感恩。巴蜀文化在长期的历史发展中，深刻影响了人们的居住规划和建筑营造，逐渐形成了独具特色的居住文化和仪式，这些仪式不仅是一种习俗，更是一种对家族、自然的传承和弘扬。

## 第三节　乡村节庆与民俗传统

有学者表示，“乡村节庆在塑造村镇旅游形象、提高村镇知名度、促进当地农产品销售、展示乡村文化、淡季吸引游客等方面发挥了积极的作用”[①]。在巴蜀地区，乡村的节庆活动是一种丰富多彩、不可或缺的文化传承形式。这些活动承载着丰富的民俗文化，不同的民族和地域在庆祝方式上展现出独特的风情，而传统的农历新年、春耕节、丰收节等则是乡村中常见的庆典活动。

① 单福彬，祁向文.基于地方感的乡村节庆可持续发展路径选择[J].湖北农业科学，2016，55（10）：2691-2694，2700.

## 一、乡村节庆的展演

农历新年对于巴蜀乡村而言，是一年中最盛大的节庆之一，标志着新一轮农事季节的开始。农历新年时，整个乡村都沉浸在欢腾的气氛中，彰显出浓厚的文化底蕴和社区凝聚力。村民在迎接新年的日子里，精心准备各种传统的食品，其中包括象征着团圆和丰收的年糕、饺子等。这些美食不仅在口感上独具特色，而且蕴含着对美好未来的期许和对过去一年辛勤劳动的回顾。整个乡村弥漫着香气，仿佛在为新年奏响美好的序曲。家家户户都参与到节庆的准备中，张灯结彩成为乡村的主题色彩。五彩斑斓的灯饰和彩带点缀着每一户人家，勾勒出一片如诗如画的画卷。这不仅为乡村增添了节日的氛围，也使得整个农村在夜晚焕发出别样的生机。烟花爆竹在新年夜空中绽放，为新年的到来添上一抹绚烂的色彩。这是一种对过去一年的告别，也是对未来一年的美好祈愿。烟火绽放的瞬间，整个乡村仿佛进入了梦幻般的仙境，人们在这美轮美奂的瞬间感受到了生活的美好。除了家庭的欢庆，农历新年还是亲友团聚的时刻。亲朋好友相互拜访，共同分享喜悦和祝福。这种亲情和友情的交流不仅拉近了人与人之间的距离，更强化了社区的凝聚力。人们在这个特殊的日子里，分享彼此的生活点滴，共同感受乡村大家庭的温暖。过新年这种庆祝方式不仅是简单的聚会和狂欢，更体现了家庭和睦。农历新年是一个家族团聚的时刻，老人会讲述家族的传统习俗和故事，将温暖的家庭氛围传递给下一代。这种传统的家庭价值观在农历新年的庆祝中得到了深刻体现，使得新年的意义不仅仅是一个时间节点，更是家族文化的传承和弘扬。有学者认为，“春节是中国人的时间元点和空间元点”[①]。农历新年对于巴蜀乡村来说不仅仅是一个传统的农历节日，更是一个集体欢庆和文化传承的时刻。通过这个节日，乡村居民在独特的文化氛围中感受到团结、互助和传统的重要性。这个新年庆典在时间的长河中不断被演绎，成为巴蜀乡村文化中不可或缺的组成部分。

春耕节作为反映农业文化的重要庆典，在巴蜀乡村中扮演着举足轻重的角色。这个节日通常在春耕季节，也就是农历的二月初二左右，标志着一个新的农事季节的开始。在这个时刻，乡村居民齐聚一堂，举行各种传统的祭祀和庆祝仪式，以祈求农业丰收和五谷丰登，同时表达对土地的感激之情。春耕节的庆典活动形

① 谢玉明．乡村振兴背景下春节文化的几个关键词 [J]. 河南农业，2019（9）：56-58.

式丰富多彩，如舞龙、舞狮、传统戏曲表演等。这些形式不仅为庆祝增添了喜庆氛围，也使整个乡村充满了欢乐和生机。舞龙和舞狮通常被视为驱邪祈福的表演，具有神秘而独特的文化内涵。表演者身着色彩艳丽的服装，伴随着锣鼓的声音，翩翩起舞，给人们带来一种欢愉和祥和的感觉。传统戏曲表演也在庆祝中扮演着重要的角色，通过戏曲的表演，乡村居民能够感受到丰富的文化传统，使得春耕节不仅是农业庆典，更是文化传承的平台。除了形式多样的文艺表演，春耕节的仪式也是春耕节庆典活动的重要组成部分。乡村居民在庆典中会举行祭祀活动，以表达对土地之母的敬畏之情。这不仅是一种宗教信仰的体现，更是对农业文化的传承。在祭祀活动中，农民会献上新年的五谷、水果等丰收的农产品，向土地神灵致以崇敬之意。这一祭祀传统不仅强调了农业的重要性，也加深了农民对土地的感情连接，形成了一种农耕文化的深厚底蕴。春耕节的庆祝活动不仅是一种农业仪式，更体现了乡村居民对农业文化的认同和热爱。通过欢庆新的农事季节的开始，人们表达了对农业的依赖和对未来丰收的期盼。这种文化传承不仅在形式上富有创意，更在精神内涵上体现了农民对土地和农业的深厚感情。春耕节在乡村社区中形成了一种独特的氛围，将农耕文化融入日常生活之中。

丰收节作为秋季庆祝丰收的盛大时刻，在巴蜀乡村中具有深厚的文化内涵。这个节日通常在秋收的季节，农民迎来了一年一度的劳动成果，这不仅是对辛勤劳作的回报，更是对大自然的感恩之情的表达。在丰收节这一时刻，乡村居民会齐聚一堂，共同参与农田的丰收活动。大家手持锄头、镰刀等农具，齐心协力地进行收获，将金黄的谷物、丰硕的果实带回家中。这一集体劳作不仅是对丰收的庆贺，更是乡村社区凝聚力的体现。人们在这个过程中相互帮助，共同分享劳作的成果，强化了社区的凝聚力，改善了邻里关系。丰收节的庆祝活动通常包括各类传统的民俗表演，如锣鼓舞、花灯会等。锣鼓舞是一种充满欢快旋律的表演形式，舞者手持各种打击乐器，伴随着激昂的音乐，翩翩起舞，展现出活力四射的景象。花灯会则是以五彩斑斓的灯笼装饰乡村，营造出独特的节庆氛围。这些表演不仅增添了庆典的喜庆气氛，也是对农业文化的一种传承，通过舞蹈和音乐等形式，让丰收的欢乐传达到每个乡村居民的心中。在丰收节上，感恩祭祀是一项重要的仪式。农民会将新收获的农产品摆放在祭坛上，向土地神灵致以崇敬之意。这是对大自然的感恩之情的表达，也强调了农业文化中人与自然和谐相处的观念。

祭祀活动通过传统的宗教仪式，将丰收的意义提升到精神层面，强调了农耕文化的深厚底蕴。丰收节的举办不仅在乡村社区中形成了浓厚的文化氛围，也通过这一系列的庆祝活动，将对劳动果实的欣喜之情传递给了每一个乡村居民。这种庆祝仪式不仅加深了居民对农业文化的认同，更在共同欢庆中拉近了人与人之间的距离，形成了共同体验、共同分享的文化氛围。

这一系列不同的节庆活动不仅在乡村社区中形成了浓厚的文化氛围，更是加强了居民之间的情感联系，提升了社区凝聚力。这种庆典活动能够不断增强村民的认同感与自豪感。通过共同参与庆典，乡村居民传承了丰富的民俗文化，将这些传统活动融入日常生活中，使巴蜀乡村的文化传承更为丰富多彩。这些庆典不仅仅是对自然的感激和对农业的庆祝，更是乡村文化的生动体现，是居民共同欢庆、传承的重要方式。在这些庆典中，人们不仅可以品味传统美食，还能欣赏传统表演，感受浓厚的文化底蕴，这一系列的活动使巴蜀地区的乡村文化得以在节庆中独特的展现和传承。

## 二、民俗传统的传承

巴蜀地区的乡村，丰富多彩的民俗传统扎根于世代，这是一种源远流长的文化传承。这些民俗传统涵盖了各种婚嫁习俗、生育仪式、祭祀活动等，构成了每个乡村独特的传统风情。舞狮、龙灯等民俗表演则在这些传统的基础上得以继承，通过口耳相传、代代相传，这些传统民俗活动成为乡村社区文化的鲜活组成部分。

婚嫁习俗，作为巴蜀乡村传统的瑰宝，呈现出丰富多样的文化风采。婚嫁格局是反映社会变迁的晴雨表。人们可以通过考察人们的婚嫁变化来了解乡村社会的变迁。有学者指出，“在乡村社会婚嫁是一个很重要的行为，婚嫁问题不仅仅是一个个体选择，也是人们在周围环境约束下的一种社会选择，婚姻的背后其实质是一个家庭和社会网络”[①]。在这片富饶的土地上，婚礼仪式从订婚、迎亲、过门到婚宴，每个环节都彰显着深厚的文化内涵，展现出地域特色和历史底蕴。在巴蜀的某些地区，婚礼上常伴有传统的民间音乐和舞蹈，这不仅为庆典增色，更蕴含着对新人的祝福和对美好未来的期许。订婚是整个过程的重要环节。在这一

① 马超峰，薛美琴．婚嫁格局：乡村社会变迁的一个视角 [J]. 农村经济与科技，2013，24（1）：127-129.

阶段，双方家庭通过传统的礼仪和仪式确认婚事。这包括正式的提亲仪式，家族中长辈的祝福以及象征着联姻意愿的礼品交换。这一环节强调了家庭之间的尊重和默契，为婚礼的进行奠定了坚实的基础。婚礼的迎亲环节是婚嫁习俗中最引人注目的一部分。这一时刻常常伴随着鞭炮声和锣鼓乐，新郎身着传统的婚礼服饰，由亲友陪同，气氛热烈而喜庆。在巴蜀的某些地区，还会有传统的舞狮、舞龙等民间表演，为婚礼增色不少，也为整个乡村营造了欢快的氛围。过门仪式标志着新娘正式加入新的家庭。在这个环节中，通常有各种寓意吉祥的仪式，如新娘踏青、步入洞房等。这一过程既是对新娘的祝福，也象征着新生活的开始。在巴蜀地区，这些环节可能因地域差异而有所不同，但都体现了对婚姻美满幸福的期许。婚宴是整个婚礼的压轴部分。传统的巴蜀婚宴以家宴形式为主，亲友团聚，共同庆贺。餐桌上摆满了各式各样的美食，代表着丰收和团圆的寓意。在这个时刻，亲友共同分享着美好的时光，拉近了感情距离，也强化了家族和社区的凝聚力。婚嫁习俗的传承不仅是对家庭重要时刻的记录，更是对文化传统的传递。这一过程中融入的音乐、舞蹈等元素，既是对欢庆场合的点缀，也是对传统文化的生动表达。婚礼的每一个环节都承载着丰富的情感和期许，通过这种传统的方式，家族和社区的凝聚力得以增强。

生育仪式作为乡村传统的一部分，是一场关乎新生命到来的庄重而喜庆的仪式，为乡村社区营造出温馨和欢乐的氛围。在巴蜀地区，生育仪式既是对新生儿的祝福和保佑，也是对生命的尊重和崇敬的生动体现。生育仪式往往开始于新生儿降生之后的几天或几周。家人、邻里纷纷走进新生命的家庭，为这个家庭送来祝福。这个时候，新生儿通常会被取名，这是一个充满仪式感的过程。取名的仪式既是对新生命身份的确认，也承载了家庭对孩子未来的期许和祝愿。生育仪式中的一项重要环节是祈福和保佑。家庭成员和亲友会齐聚一堂，通过传统的祭祀仪式，向神灵和祖先祈愿新生儿健康成长、平安幸福。这一环节强调了家庭对新生命的呵护和期许，同时也是对传统信仰和文化的传承。生育仪式包括丰富多彩的庆祝活动。例如，精心准备宴席，邀请亲友共同分享喜悦。在宴席上，各式各样的美食代表着对新生儿和家庭的祝福。同时，可能还伴随着传统的歌舞表演，为庆祝增添了喜庆的氛围。在生育仪式中，家人和邻里的祝福和助力是不可或缺的。这种庆祝活动拉近了社区成员之间的关系，增强了社区凝聚力。新生命的到来成为整个乡村社区的一件大事，每个人都参与其中，共同分享这份欢乐。生育仪式也体现了家庭的和谐。在这个特殊的时刻，家庭成员共同参与，共同分享，增进了家庭成员之间的感情。同时，新生儿成为家庭的中心，为整个家庭注入了生机和活力。生育仪式是乡村文化中的一个重要环节，体现了对新生命的尊重，加深了家庭成员之间的情感联系，同时也强化了社区的凝聚力。社会学家费孝通认为，“这一传统活动，既是对新生命的欢迎，也是对生命循环的庄重认可，为巴蜀乡村文化增添了丰富而温馨的色彩”[①]。

祭祀活动，作为巴蜀乡村传统的一部分，承载着对神灵和祖先的敬仰之情，是一种宗教仪式，也是对乡村社会秩序和道德规范的维护的具体体现。有学者指出，“民间信仰与崇拜衍生出来的祭祀活动与农事生产相融合所产生的农业民俗，皆有传承农业文化的使命，当下也保存了农事习俗中对农业生产有利的部分”[②]。这些祭祀活动通过代际传承，将乡村居民的敬畏传统、守护家园的信仰融入丰富的民俗文化之中。祭祀活动的举行通常与农历的一些重大节气、祖先的忌日等相关。这些时刻被视为特殊而庄重的时刻，乡村居民会在这些日子里准备各种祭祀所需的物品，如美食、酒水、香烛等。这些物品代表着对神灵和祖先的敬意，也反映了对丰收、平安等愿望的表达。祭祀活动常伴随着一系列的宗教仪式。乡村居民会聚集在特定的祭祀场所，由有资格的长者或宗教人士主持祭祀仪式。这些仪式包括祈祷、诵经、燃香等，通过这些仪式，表达对神灵的虔诚祈愿，以及对祖先的追思和怀念。祭祀活动还具有社会秩序和道德规范的维护功能。在这些仪式中，乡村居民通过共同参与、共同祭拜，增强了社区成员之间的凝聚力。通过对祖先和神灵的敬畏，形成了一种对社会规范的共识，弘扬了社会正气，促使社区成员共同遵守道德规范，维护社会和谐。祭祀活动通过代际传承，将这种敬畏传统、守护家园的信仰传承给后代。年青一代在参与祭祀活动的过程中，不仅学习了传统仪式的举行方式和内涵，也培养了对神灵和祖先的敬畏之情。这种传承使得祭祀活动成为乡村社区文化的一部分，连接了过去、现在和未来。祭祀活动在巴蜀乡村文化中具有重要地位。通过对神灵和祖先的敬畏，以及对社会规范和

---

① 费孝通．乡土中国 生育制度 [M]. 北京：北京大学出版社，1998.

② 王雪．传统农业祭祀文化研究文献类论 [J]. 长春工程学院学报（社会科学版），2022，23（1）：66-69.

道德的坚守，祭祀活动弘扬了正统价值观，增强了社区凝聚力，也为乡村居民提供了一种信仰和精神寄托。这种民俗传统通过代代相传，使得巴蜀乡村文化更加饱满而有深度。

巴蜀地区乡村的民俗传统是一种口耳相传、代代相传的文化遗产，是乡村社区文化的独特符号。通过参与这些传统活动，乡村居民不仅强化了对文化的认同，也将这份乡村精神传承给后代。这样的传承不仅在日常生活中树立了文化的地位，也丰富了乡村社区的文化底蕴，使巴蜀乡村文化更加深厚而有趣。

## 第四节 巴蜀地区的饮食文化

### 一、川菜的独特风味

有人认为，“川菜文化是中国传统文化的重要组成部分，‘吃在中国，味在四川’这句俗语更充分体现了川菜在我国饮食文化中的重要地位”[①]。川菜作为巴蜀地区的代表性饮食文化，承载了丰富而独特的风味。这种独特不仅在于口感的独特，更在于其饮食文化传统的仪式感。巴蜀地区饮食文化传统的传承体现在川菜的制作工艺、烹饪技艺以及饮食文化的社交仪式中，构成了巴蜀人对食物的独特嗜好和对传统文化的认同。

首先，川菜之所以成为独具特色的饮食文化，核心在于其麻辣鲜香的口味。这一独特的口味来源于辣椒和花椒这两种不可或缺的调味材料。它们不仅为川菜赋予了辛辣的风味，更是塑造了川菜独特的地方特色。特别是在川西地区，一些标志性的川菜，如毛肚火锅和水煮鱼以其火辣的口感而著称，成为巴蜀地区餐桌上的代表之一。辣椒作为川菜的灵魂调味品，其在菜肴中的应用不仅是为了提供辛辣感，更是为了增添风味和调和其他食材的味道。辣椒的辛辣度因地而异，形成了川菜不同菜系之间的独特口味。花椒则以其麻辣感而著称，与辣椒相辅相成，构成了川菜麻辣的特有风味。川菜注重调味的独特组合也是其独一无二的特色之一。麻辣味、酸辣味、麻辣鲜香等口味在川菜中得到完美的融合，形成了丰富多样的口感层次。例如，麻辣火锅中的辣椒和花椒与芝麻、花生酱的搭配，既突出

① 仪雪. 中国川菜文化的哲学思考 [J]. 中国食品，2023（8）：81-83.

了辛辣，又增加了坚果香气，使得整个菜品更加美味可口。这种独特的调味组合不仅满足了食客的味觉享受，也让川菜在全国范围内独树一帜。每一道川菜都是一场味觉的盛宴，而这场盛宴的奇妙之处在于不同食材、调味品的精妙搭配。在川菜的烹饪过程中，厨师巧妙地运用各种调味料，使得每一道菜品都散发出独特的香气和风味。对口感的追求和对食材的巧妙搭配，让川菜成为中国饮食文化的一颗璀璨明珠。川菜之所以备受推崇，关键在于其独特的口味和调味的独特组合。通过麻辣鲜香的风味，川菜不仅满足了人们的味觉享受，更让人们感受到了这片土地丰富多彩的文化底蕴。每一口川菜都是一种对巴蜀地区丰富文化的品位，也是对传统饮食文化传承的见证。

其次，川菜的传承不仅仅停留在菜肴的制作过程，更融入饮食文化的传统仪式中。火锅作为川菜的代表之一，不仅是一道美味的菜品，更融入了乡村饮食文化的传统仪式。火锅文化拥有丰厚的历史底蕴和极高的人气，是中华民族宝贵的文化财富。有学者提出，“对于海外华人，火锅这一‘文化符号’又被赋予了‘家乡菜’的含义，在异乡的海外华人在品味火锅的热辣口感时，总能勾起对故乡温情的留恋”①。在巴蜀地区，火锅有着悠久的历史，成为一种重要的社交方式，贯穿于家庭聚餐和朋友聚会之中。火锅的历史渊源可追溯到古代，其在巴蜀地区的传承可以追溯到几百年前。这种古老的饮食方式代代相传，已经成为当地人生活中不可或缺的一部分。无论是农历新年、节日庆典，还是家庭欢聚，火锅都是人们欢庆时光的选择。这种传统的火锅仪式承载着丰富的文化内涵，既是对美食的品位，也是对生活的庆祝。火锅的社交方式构建了一种独特的交流和互动平台。当家人或朋友围坐在火锅周围，共同品味各种食材时，整个氛围都变得热热闹闹、欢声笑语。火锅不仅是一种饮食的选择，更是一场热情奔放的社交活动。人们通过火锅，拉近了彼此的距离，促进了感情的交流，让生活充满了温馨和快乐。传统的饮食仪式在巴蜀人的生活中具有独特的地位，成为乡村文化的一部分。通过火锅这一传统仪式，人们不仅满足了口腹之欲，更强化了对乡土文化的独特认同。在这个过程中，人们不仅在品味美食，更在欢笑声中传承和弘扬着乡村文化的精髓。火锅作为川菜的代表，不仅仅是一种饮食方式，更是一场传统仪式。它承载了巴蜀人丰富多彩的文化底蕴，通过代代相传，成为乡村饮食文化的一部分。火

① 成宇昂．火锅文化的当代传播研究 [J]．文化创新比较研究，2020，4（15）：77-78.

锅的社交方式使得其在乡村社区中更加深入人心，成为人们生活中不可或缺的文化符号。

另外，宴席作为巴蜀传统饮食文化中的一项重要仪式，在节庆、庆典和其他重大时刻扮演着重要的角色。巴蜀地区的传统宴席不仅仅包含了丰富的川菜美食，更是一场热烈而充满趣味的文化盛宴。宴席的丰富多彩表现在菜肴的品类和制作工艺上。在巴蜀地区，人们举办宴席时往往会选用川菜中的经典菜肴，如麻辣火锅、水煮鱼、口水鸡等，以及当地特色的美食。这些菜肴不仅在口味上丰富多样，而且在制作工艺上讲究独特，通过独特的烹饪方式，川菜体现了其深厚的烹饪传统和精湛的烹调技艺。“九大碗”是四川民间宴席的代称，与村落生活中生命仪礼、庆贺仪式的相伴而生，具有丰富的文化内涵和社会功能，是当地村落中一项重要的民俗活动。“九大碗”名目繁多、场次集中、场面盛大、用度豪奢，同时还有多种多样的娱乐活动，是社区内部的集体性狂欢仪式。“九大碗”的举办以家户为单位，在每年春节期间，几乎“家家办九大碗，天天都有宴席吃”。有研究发现，“近年来，伴随当地农村生计模式的改变与生活水平的提高，‘九大碗’的风头甚至盖过了原有的年节习俗，成为春节期间最重要的民俗活动”[①]。宴席不仅仅是一场美食盛宴，更是文艺表演和祝酒等环节的集合。在宴席上，人们常常会邀请专业的川剧表演、舞狮舞龙等文艺团队，为宴席增色不少。同时，宴席上的祝酒仪式也是不可或缺的环节，通过亲友的共同祝酒，加深了彼此之间的情感联系，拉近了人际关系。庆祝仪式通过丰富的饮食文化，不仅是对传统的弘扬，更是对人们欢庆时刻的热烈回应。宴席作为一种社交方式，增强了社区凝聚力。人们在宴席上共同品味美食、欣赏文艺表演、共同祝酒，这一系列的活动使得社区成员之间的关系更加亲密，形成了共同体验、共同庆祝的文化氛围。宴席作为巴蜀传统饮食文化的一部分，不仅是一场美食盛宴，更是一场传统文化的庆典。通过这一仪式，人们在美食与文艺的交融中体验欢愉，同时也促进了社区内部关系的深化。这种庆祝仪式既是对传统文化的传承，也是社区文化凝聚的一种体现。

川菜的独特风味和饮食文化的传统仪式构成了巴蜀乡村文化的一部分。通过这种饮食文化的传承，人们在品味美食的同时，也在传统仪式中感受着文化的沉淀。这不仅是对口腹之欲的满足，更是对家乡传统的珍视和传承。这种饮食文化

① 朱俊波．宴席、人情与村落共同体 [D]. 济南：山东大学，2021.

的传统仪式，无疑成为巴蜀乡村社区中一道丰富多彩的文化风景线。它不仅是味觉上的享受，更是文化传承的一种形式。在这一过程中，人们通过美食、文艺表演、祝酒等活动，共同体验、共同庆祝，使得社区文化更加丰富多元。这种仪式，以其独特的文化符号，为巴蜀乡村注入了浓厚的传统情感，成为乡村文化传承的生动表达。

## 二、农耕文化的味觉传承

有人认为，“巴蜀地区是中国农耕文化的发源地之一，在巴蜀几千年漫长的农耕文化时期，巴蜀人民曾用自己的勤劳智慧创造了具有巴蜀特点的农业文明”[①]。巴蜀地区的饮食文化深深扎根于农耕的土地。这一传统的农耕文化通过味觉的传承，展现在巴蜀人丰富多彩的餐桌上。农耕文化的味觉传承既表现在对农产品的独特利用上，又体现在家族独特的烹饪技艺上，为乡村居民提供了深厚的文化底蕴和亲情共享的空间。

### （一）农耕文化的味觉传承体现在对农产品的独特利用上

巴蜀地区因其丰富的自然资源和适宜的气候条件，培育了丰富的农产品，如米、豆、辣椒等。这些农产品经过巧妙的加工和烹饪，成为巴蜀饮食文化中不可或缺的一部分。例如，川菜中常见的泡菜。在众多的美味佳肴中，泡菜已积淀成为一种时尚饮食文化，深受人们推崇和青睐，被誉为“川菜之骨”[②]。有研究发现，“四川泡菜在巴蜀，几乎家家做，人人吃，筵席上也要上几碟泡菜开胃解荤”[③]。再如腊肉、香肠、萝卜干等传统储存食物的方式，也正是对丰收的味觉传承。通过对食材的巧妙处理，农产品的原汁原味得以保留，同时在储存过程中也增添了特有的风味，使得这些传统美食承载着丰收的欢欣和农耕文化的丰富内涵。

### （二）农耕文化的味觉传承体现在家族独特的烹饪技艺上

在巴蜀乡村，家庭烹饪是一项重要的传统仪式，通过代代相传的烹饪技艺，

---

① 赵志立．巴蜀农耕文化与现代农业文化 [J]. 中华文化论坛，2009（S2）：215-218.

② 饶箐，尼海峰，涂雪令等．四川泡菜的产品特点及产业技术发展浅析 [J]. 食品与发酵科技，2011，47（4）：1-4，9.

③ 陈静，匡成兵．四川泡菜——“川菜之骨”作嫁妆 [J]. 长江蔬菜，2015（24）：17-18.

家族的独特口味在餐桌上得以延续。从火候的掌握到独到的调味，每一道菜品都承载着家族独有的味觉印记。家庭成员通过在烹饪中的互动，不仅传承了祖辈的烹饪智慧，更弘扬了农耕文化的精髓。这种味觉传承不仅是对传统的尊重，也是对家族凝聚力的重要贡献，使得餐桌成为传统文化传承的重要场所。

### （三）在味觉传承的过程中，乡村居民能够感受到农耕文化的深厚底蕴

食物不仅仅是口腹之欲的满足，更是对农业耕种、收获季节的回忆，是对家乡土地的独特热爱。每一口美食都承载着家族和地域的记忆，通过味觉的传承，人们深刻地感受到自己所处文化环境的独特性。农耕文化的味觉传承是巴蜀乡村文化不可或缺的一部分。通过这种传承，人们在品味美食的同时，也在感受传统仪式的庄重，进一步巩固了对家乡传统的认同。这种味觉传承，不仅仅是一场味觉盛宴，更是对农耕文化的珍视和传承的生动表达。

在巴蜀地区，各种乡村文化要素，如语言、建筑、节庆、饮食等在悠久的历史长河中交织融合，通过传承和发展，形成了丰富多彩、特色鲜明的乡村文化。这些文化要素不仅仅是乡村居民日常生活的一部分，更是连接历史与现实、传统与现代的纽带，共同构建了巴蜀乡村独特的文化景观，成为这片土地上独一无二的文化符号。语言作为文化传承的媒介，在巴蜀地区扮演着不可或缺的角色。这个地区是多民族杂居的地域，其中具有代表性的民族有汉族、藏族、苗族、彝族等，因此形成了独特的语言面貌。尽管汉族使用的普通话在城市和一些乡村中普及，但少数民族之间仍然保留并使用各自的语言和方言。这种语言的多样性既是乡村文化的瑰宝，也是文化传承的重要组成部分。不同的语言背后蕴含着丰富的文化内涵，通过语言的传承，乡村居民能够更好地理解和传承自己的文化认同。

乡村建筑作为文化的载体，承载着历史的记忆和传统的精神。巴蜀地区的乡村建筑多受到地理环境和少数民族文化的影响，形成了多元的建筑风格。在山川起伏的地形中，乡村房屋通常以木结构、青瓦为主，凸显了古朴而美丽的特色。而在藏区等地，独具特色的藏式土坯房也是乡村建筑的代表之一。这种多元融合的建筑风格反映了巴蜀乡村文化的包容性和多样性。建筑不仅是实际生活的空间，更是文化的象征，通过传统建筑的传承，乡村居民对自己文化的认同感更加强烈。在乡村文化的传承中，节庆和民俗是不可或缺的元素。巴蜀地区的乡村节庆活动

丰富多彩，不同民族和地域都有独特的庆典方式。传统的农历新年、春耕节、丰收节等都是乡村常见的庆祝活动。这些节庆活动既是对丰收的感恩，也是对新一年的期许。这些活动在乡村社区中形成了浓厚的节庆氛围，通过庆典活动，居民能够共同分享喜悦，增强社区凝聚力，同时传承着丰富的民俗文化。这些传统的庆典方式不仅在民间传承中发挥了积极的作用，更使得乡村社区在节庆时刻充满欢声笑语，成为大家共同参与的文化盛宴。

川菜作为巴蜀地区饮食文化的代表，以其独特的口味和丰富的传统仪式融入了乡村生活。有学者指出，“巴蜀饮食文化的传承性体现了其深厚底蕴与文化基因魅力，是巴蜀文化的重要组成部分，是巴蜀人民卓越创造力和思想情感的结晶”[①]。川菜传承不仅在于菜肴的制作，更在于饮食文化的传统仪式。火锅、宴席等都是巴蜀人重要的社交方式，通过这些传统饮食文化，人们加深了对乡村文化的认同。这种独特的饮食文化成了巴蜀乡村社区中一道丰富多彩的文化风景线。以文化要素作为破除城乡壁垒的力量是基于中国乡土本色的社会基础。不论是费孝通对于中国社会“终老是乡”的判断，还是梁漱溟对于中国乡村文明的理解，乡村文化始终是作为中国社会的底蕴而存在的。巴蜀地区的乡村文化要素在交织中互为补充，形成了独特而完整的文化体系。这些文化要素既是过去历史的产物，又是当代乡村居民生活的重要组成部分。通过对这些要素的传承和发展，巴蜀乡村文化在历史和现实的交汇点上焕发出勃勃生机，为这片土地增添了独特的文化魅力。这些要素连接着过去和现在，是巴蜀乡村文化独特性的源泉，也是这一地区文化传承的宝贵遗产。

① 赵萍．巴蜀饮食文化在文创美食开发中的特征表达 [J]. 中国集体经济，2022（28）：109–112.

# 第四章 乡村文化的媒介传播

本章介绍的是乡村文化的媒介传播，主要内容包括传统媒体下的乡村文化传播、新兴媒体与乡村文化传播的互动以及网络直播对乡村文化的传播呈现。

## 第一节 传统媒体下的乡村文化传播

### 一、电视媒体对乡村文化传承的影响

#### （一）电视节目对乡村传统文化的展现与保护

电视节目展现乡村传统文化，不仅是单纯地呈现一种文化景观，更是在塑造和传播乡村文化的多元层面。随着乡村民众生活水平的提高和电视信息接收设备的改善，电视为乡村民众了解外界、收集致富信息和日常休闲娱乐等方面提供了重要帮助，在引导民众形成健康向上的文化审美意识、理性消费观念与生活方式方面起着不容忽视的作用。有学者认为，“乡村民众生活空间狭小，欠缺信息经验，加之质朴的性格和对镜头权威的崇拜，使得电视媒体的教化功能和舆论导向功能表现得尤为强大”①。电视媒体的形式与内容特点是展现乡村传统文化的重要途径之一。文化节目以多种形式出现，从专题纪录片、文化考察节目到传统艺术表演等多种类型的节目，都在不同程度上对乡村传统文化进行呈现与塑造。

首先，纪录片作为电视媒体中的一种重要形式，常被运用于展现和记录乡村的历史。有研究发现，“纵观中国乡村纪录片发展史，丰富的主题意蕴乡土内涵的深度挖掘、以文化为底色的时代话语表达，以及乡土中国的形象建构成为乡村振兴题材纪录片的成功要素”②。纪录片制作团队可以通过深入乡村社区的调查

① 仵军智．电视媒体：如何把握传统乡村文化的传承与保护 [J]. 传媒，2011（5）：71–72.

② 李旭坤，黄博阳．叙事策略、影像表达与文化认同：乡村振兴题材纪录片的创作特点探析 [J]. 传播与版权，2023（1）：43–45.

采访和场景拍摄，全方位地呈现乡村的地理环境、发展历史、文化习俗、民俗技艺等文化内涵。纪录片可以使用反复比较的镜头语言，展示乡村从过去到现在文化状态的变迁，通过时间序列重构乡土社会的历史演进过程，使观众宏观地把握乡村文化的产生、传承和发展脉络。同时，纪录片还善于通过文本解说、专家访谈等方式，解析乡村文化中蕴含的丰富历史象征意义，发掘乡土文化作为群体记忆的重要意义。可以说，纪录片通过其深入挖掘和多维建构的手法优势，能够较为全面和立体地再现一个乡村的文化历史，使受众深入了解传统乡村文化的内在渊源。

其次，文化考察类型的电视节目，则更加注重通过主持人的介入和解说，在充分利用电视声画合一、寓教于乐的优势中实现乡土文化价值的生动弘扬，让乡土文化节目成为新农村精神文明建设和文化价值传递的重要载体[①]，从而让观众近距离地体验和感受乡村传统文化的样貌。该类节目的主创人员常常需要深入偏远乡村，通过田野调查的方式，亲身体验当地的风土人情和传统生活方式。他们需要充分利用电视媒体的音频视觉效果，通过现场转播将最真实的乡村文化元素展示给广大观众。通过主持人生动的表现和解说，观众仿佛置身其间，近距离接触传统手工艺的制作工序，感受节日习俗的热闹盛况，在虚拟中得到身临其境的文化体验。这种强调"现场感"的表现手法，使得乡村传统文化通过电视媒体被更加直观和形象地呈现出来。

另外，传统艺术表演也是电视节目呈现乡村传统文化的重要方式。民俗歌舞、传统戏曲等艺术形式在电视上得到展示，不仅传承了乡村文化的艺术价值，更让这些文化在视听上得到传递与延续。这些形式的节目不仅是对乡村传统文化的呈现，更起到了文化保护与传承的作用。通过电视节目的传播，乡村传统文化得到了广泛的关注和传承。这种传承不仅有助于对乡村文化的保护，同时也促进了这些文化元素在现代社会的传播与发展。电视节目使得乡村文化在当今社会得以延续与弘扬，对现代文化传承起到了积极的作用。

### （二）电视媒体在乡村教育与价值观传递中的作用

电视媒体在乡村教育与价值观传递中扮演着重要的角色，它不仅是一种信息

① 袁靖华，李文玉．乡土文化节目：开辟乡土文化价值传播的创新路径 [J]. 中国电视，2022（3）：55-60.

传播工具，更是塑造乡村居民认知和价值观念的重要平台。通过各种节目形式，电视媒体在教育和价值观传递方面起到了重要作用。

电视节目作为一种视听媒介，通过精心策划和呈现，传递了丰富的知识和信息，为乡村居民提供了广阔的学习平台。电视节目在乡村教育中发挥着越来越重要的作用。许多专门的教育类节目致力于向乡村居民传授实用的知识和技能。如《农家乐》《田园风光》等节目专注于农业知识和技术的介绍，涵盖种植、养殖、栽培管理等多方面内容，深受乡村观众欢迎。通过电视播出的系统教育，农民可以学习先进的农业技术和知识，提高自己的生产效率。此外，一些专业的健康教育类节目也在乡村产生良好影响，如广受好评的《健康第一》栏目，就致力于提供系统的疾病预防和保健知识，提高乡村居民的健康意识。中国社会科学院媒体研究所的调查显示，超过 75 % 的乡村受访观众表示从电视节目中获得的教育信息对他们的生产生活帮助很大，电视教育对传播实用知识起到积极作用。

电视节目在传播社会价值观和塑造文化认同方面也发挥着重要作用，如《人间有情》《视点》等电视节目，倡导正面健康的家庭伦理，展示乡村人文情怀的同时反映了乡土价值观，得到广泛共鸣。《走进乡村》等节目增强乡镇保护历史文化遗产的意识，激发乡村居民的文化认同感和参与热情。除了专题节目，一些限定流量的乡村题材影视作品也在推动乡土文化价值观传承，如电视剧《村民董思义》是对老一辈乡村先知先觉分子的正面描写，该剧在观众中产生强烈反响。这些都说明，电视节目在传递先进的价值观念和唤起文化认同感方面产生重要影响。根据中国电视艺术家协会的调查，92 % 的受访观众认为，电视节目通过传递积极价值观影响他们的判断标准，73 % 的观众表示会主动关注和参与文化保护相关活动。电视节目的价值引导作用日趋凸显。

中国传媒大学的一项研究表明，电视频道的增多使得教育类和文化类节目获得更多的制作资源和空间，有利于发挥电视在乡村教育和文化传承中的积极作用。专家学者梁鸣教授指出，数字电视时代乡村受众的选择空间和学习渠道将大为拓宽，电视在传播知识、技能、价值观等方面都将发挥更大作用。其他专家也指出，未来在政策扶持和商业支持下，中国数字电视频道将会提供更丰富的优质乡村教育和文化类节目，真正发挥教育功能。总体来看，电视媒体作为一种重要的传播媒介，在乡村教育和价值观传递中发挥着不可或缺的作用。它不仅是乡村居民获取知识和信息的重要来源，还在培养良好的价值观念、弘扬传统文化等方面发挥着积极的作用。为了更好地使电视媒体在乡村教育与价值观传递中发挥作用，有学者建议，“把栏目定位于既要成为‘万花筒’全面展示农村风貌，更要做好‘显微镜’重点突出科技推广，努力达到‘科技主线贯穿，服务意识明显，乡土气息浓郁，农民喜闻乐见’的宣传效果”①。

### （三）电视媒体如何推动乡村文化旅游与传统手工艺发展

电视媒体在促进乡村文化旅游和传统手工艺发展方面扮演着重要角色。这种媒体形式通过视觉和声音的传递，为乡村文化和手工艺品提供了广泛的展示平台，从而吸引更多游客和观众，同时也促进了手工艺品的传承和发展。

有学者指出，“电视媒体作为一个具有强大传播力度的平台，积极植根于乡土文化，发掘乡村文化中的魅力与特征，发挥电视媒体的传统优势，讲好中国乡村故事，留住中国乡村记忆”②。这样不仅能够传承乡村文化，而且能够有效地宣传和推广乡村文化旅游。电视台可以打造多种类型的节目，从多个侧面全景式地展示乡村地域的独特魅力，如专题片可以通过精心策划的拍摄规划，记录下乡村独特的自然山水、田园风光，以及古朴典雅的传统民居建筑。这些精美的图像在电视画面上栩栩如生地呈现，使得都市观众仿佛身临其境，对乡村风土人情有了更直观的认知，也激发了他们亲自探访的兴趣。一些文化考察类的电视节目，可以通过主持人生动幽默的解说，带领观众深入乡村，零距离接触传统的民俗活动，如年画制作、丰收节庆典等。观众不仅可以在节目中感受到热闹非凡的乡村节日氛围，也能够对这些传统民俗的内涵有更深的领悟。此外，一些手工艺专题也成为电视节目的热门内容。节目制作组可以进入村中的手工艺作坊，通过镜头展示独特的民间工艺品在制作全过程中产生的变化，配以详细的解说，使观众充分理解这些手工艺蕴含的文化内涵。

电视媒体通过节目制作和宣传报道，为乡村手工艺的传承提供了平台，带动了这个传统产业的发展。制作团队可以重点关注那些正面临断代危机的手工艺门

---

① 解瑞民，师献纯．为了这片希望的田野——《走进乡村》栏目的实践与思考 [J]. 新闻爱好者（理论版），2008（7）：89.

② 吴小勉．赋能乡村旅游发展的电视媒体文化服务策略 [J]. 青岛职业技术学院学报，2022　35（5）：51-56.

类，通过记录老艺人的生平事迹和精湛技艺，唤起社会各界对非物质文化遗产保护的重视。一些报道性节目还可以记录年轻人投身传统手工艺产业的故事，展现这个行业发展的希望所在，鼓励更多年轻人参与其中，使得这些传统技能得以弘扬和创新。当电视媒体成为手工艺传承和保护的重要参与者时，它也在促进这个传统产业的现代化发展。因为电视的宣传和推广，乡村手工艺品获得了更广泛的社会认同，市场空间也因此拓宽。手工艺者也在这个过程中，逐渐转型为融合了传统工艺和设计创意的文化创意者。可以说，电视媒体在这整个产业转型升级的过程中发挥了重要作用。

电视台还会把一些大型的乡村文化节庆活动作为重要内容进行跟踪报道和现场直播。在直播活动中，农民不再只是农民，农民既是商人，也是媒体人，无形中也是一名家乡文化的推广者。有学者认为，“多重身份的赋予，意味着多种可能性的迸发，农民在掌握了一定的互联网知识、销售知识、法律知识、直播知识以及其他更多的技能，就成为一名新农人”①。这为这些乡村旅游和手工艺相关的民间商业活动提供了强有力的宣传支持。电视节目制作人员可以与乡村商家和政府部门进行深度合作，实现活动的全程跟踪报道。这些庆典活动的盛况通过电视这一平台进行传播，不仅可以吸引游客现场参与，还可以促使更多观众通过电视购物的形式购买独特的乡村文创和手工艺品。这无疑为乡村旅游相关产业的发展提供了一个“直播带货”的契机。

## 二、广播媒体在乡村文化传播中的角色与挑战

### （一）广播电台传承乡村民间故事与传统音乐

广播媒体是传承和弘扬乡村非物质文化遗产的重要平台，尤其体现在民间故事和传统音乐的传播上。这些口头传承和音乐艺术类的文化形式，需要依托声音这一独特的媒介进行传播。因此，广播电台可以发挥其在乡村文化传承中的独特优势。

广播电台可以打造如“乡村文化故事会”“民俗音乐汇”等特色节目，通过

① 梁伟，马梅．乡村振兴视域下网络直播带货的实践形式与深层意涵 [J]. 新闻知识，2021（5）：17-26.

声音的传播形态，讲述丰富多彩的乡村民间故事和传说，展现独特的乡土语言风格；通过现场音乐会等形式，让民间传统器乐、山歌民谣等广泛传播。制作团队可以深入乡村采集素材，挖掘民间艺人的生动讲述和民俗音乐演奏，通过后期的精心制作，呈现出极高的音频美学效果。这些节目不仅展现了乡村口头传统和音乐文化的魅力，也能够唤起广大听众尤其是城市听众的文化认同感。

与此同时，这种广播传播也推动了新一代乡村文化传承者的成长。一些非遗传承人和民间艺师，通过在广播节目中讲述故事、演奏民间乐器而获得认可和影响力，这鼓励了更多年轻人投身乡村文化事业，参与到传统文化的学习和传承中来。可以说，广播媒体为乡村民间文化提供了一个立体的声音舞台，使其打破地域界限，以崭新的方式走进大众生活，并且带动了新生力量的加入，推动这些口头和音乐文化的可持续传承。

### （二）广播对乡村文化的生活方式与价值观传递

作为一个大众传播媒介，广播在向社会各界传递和推广乡村文化方面发挥着独特作用。广播节目制作人员可以通过记录、采访、讨论等方式展现乡村地区的独特生活画卷。听众可以通过这些真实的声音描绘，感受到浓浓的乡土气息。例如，通过对农民一年劳作的跟踪报道，可以让听众“身临”田间地头，体会农业生产的辛勤与丰收的喜悦。这种直接的声音传播能够让广大听众更加了解乡土生活的本真面貌。

这种对乡村生活方式的广播呈现，其实也在潜移默化中传递和弘扬了乡土社会的核心价值观念。节目中，对村民互助合作的正面描写，让听众感受到乡村社会的温暖人情味；表彰诚实守信的乡土商贾的报道，向听众展现了乡土商业文化的真善美。可以说，这种立体的生活方式呈现，使得乡村的核心价值观以声音的姿态沁入人心，推动了积极价值观在社会各界的弘扬。

通过对乡村生活风貌的立体记录再现，广播媒体成为一个桥梁，将乡村文化的价值体系有效地传递给广大的社会公众。这既丰富了现代社会的文化内涵，也唤起了包括新生代在内的各界人士对乡土文化的认同与传承。

### （三）广播媒体是支撑乡村教育与社群凝聚力的重要力量

相较电视媒体而言，广播的优势在于其制作成本低，传播范围广，这为其在乡村教育和社区服务方面发挥独特作用奠定了基础。一是在教育普及方面。广播电台可以设立专门的教学节目，邀请教师通过声音的形式给偏远山区的孩子讲授课程，弥补教育资源匮乏的不足。这种形式灵活且覆盖面广，只要有收音机，乡村学生都可以得到学习机会。例如，5G 智慧电台向全国各级县融输出的湖南广电优质思政课“国旗下的讲话”，邀请中国首位女宇航员刘洋、中国科学院院士谢华安等 37 位时代榜样，担任主讲员，通过他们的人生故事为广大乡村地区的孩子传播社会主义核心价值观，解决了偏远地区思政教育资源不足等问题，滋养了孩子们在促进心灵，在促进留守儿童健康成长方面发挥重要作用。[①] 二是社区凝聚方面。乡村的广播站在本地也可以发挥重要作用。乡村广播站可以定期播报地方新闻时事，发布村务公告信息，并开设本地居民的交流节目。这为社区成员之间的信息互动提供了平台，是增强社群凝聚力的重要方式。总体而言，广播这一特殊的媒介形式，发挥了电视所不及的作用，推动了乡村教育的发展和维系了社区关系，是乡村振兴的重要力量。

## 第二节　新兴媒体与乡村文化传播的互动

### 一、互联网时代乡村文化的网络表达与传播

#### （一）网络平台对乡村传统文化的传播与展现

随着移动互联网的快速发展，在线网络平台已成为当今社会传播和展示乡村传统文化的重要渠道。有学者指出，“网络传播是乡村文化振兴的重要内容和有力支撑，也是全面推进乡村振兴战略的重要基础”[②]。相比传统的纸质媒体，网络平台具有交互性强、传播速度快、用户基础广等特点，这为乡村文化提供了一个前所未有的宣传推广舞台。

众多的短视频、直播、博客等网络平台可以用视频和图片的形式，还原乡村

① 徐蓉．乡村振兴背景下 5G 智慧电台在基层广播宣传阵地建设中的应用实践 [J]．广播与电视技术，2022，49（11）：16-21.

② 邢舒航，麦迪娜·艾买提江．乡村振兴视域下乡村网络文化振兴的困境与实践路径 [J]．经济研究导刊，2023（7）：41-43.

传统手工艺的独特制作工艺，展示民间艺人精湛的民间技艺；可以通过文字和图片描绘传统节日热闹非凡的景象，带领网民领略乡村节庆的魅力；也可以利用网络社群这个互动平台，举办乡土故事创作大赛，鼓励网友积极参与，传承和发扬乡村丰富的口头传统；等等。可以说，在这个多元平台并存、多媒体并行的时代，乡村传统文化呈现出了飞速发展的多元传播方式的新气象。

互联网时代，网络的宣传推广也带动了乡村旅游、特色农产品的销售。人们通过网络视窗领略乡村美景后，纷纷亲自前往游览；了解了独特的乡土美食后，也会主动购买乡村特产。所以，网络平台的乡村文化呈现不仅满足了公众的文化体验需求，也推动了乡村旅游和产业的发展壮大。

### （二）乡村文化与网络文化融合的可能性与挑战

当乡村传统文化在网络世界大行其道时，也面临着与现代网络文化实现有机融合的挑战。这种文化融合要在传统文化语境与现代审美之间找到平衡，在传统工艺展示与新媒体技术之间寻求契合，需要跨越的鸿沟与需要解决的难题并不少。

乡村文化如果简单用网络文化的商业化、娱乐化语境进行再创造，很容易导致传统文化的本真特质被扭曲和丢失。这需要内容生产者秉持对传统文化的尊重之心，在保留其独特魅力的同时，用朴实感人的网络叙事吸引现代受众。过度依赖视觉体验、场景炫技会使传统手工艺的内在美学价值被互联网掩盖。因此，创作者在应用新媒体技术的同时，不要忘记挖掘民间艺术的独特韵味。可以说，如何在现代化呈现与传统化继承之间寻找平衡，是当前乡村文化面临的重要挑战。

### （三）网络社区对乡村文化传承与发展的促进

当前，互联网上涌现出大量以乡村文化传承为主题的网络社区，这为乡土文化的跨区域、跨时代传播提供了新的平台。这些自发聚集的网民社群，依托讨论区、博客、公众号等形式，让分散在不同地区的文化爱好者，可以轻松交流传统建筑保护的心得，分享 DIY（自己动手做）制作传统工艺品的技巧，讨论推动乡村振兴的对策，等等。丰富的交互内容不仅满足了成员的文化体验和参与需求，也推动了乡村文化知识的横向传递和新思维的产生。

此外，乡土文化类网络社区也在孕育线下的面对面交流方式。一些由网络凝聚而成的志愿者环保组织，会定期前往乡村开展森林保护、自然教育的公益活动；

一些手工艺品爱好者社群也会自发举办线下手工艺品集市；等等。可以说，网络社区促进了同好者跨界联结，在线上线下形成合力，推动了乡村环境保护和文化传承。

因此，这些网络社区不仅丰富着网民的精神文化生活，也成为连接传统和当代、城市和乡村的重要纽带，为乡村文化可持续发展提供了新的可能。有学者认为，“推动移动互联网与乡村文化传承保护的深度融合，打造立体化、全方位乡土文化网络传播矩阵，通过技术赋权培育新型农民，培育多样化的乡村网络社区，并在此基础上对文化内容进行再生产，从而实现乡村文化的创新机制，对于网络时代的乡村文化传播具有重要意义和价值”[①]。网络社区带来的正面力量值得社会进一步发掘和运用。

## 二、移动互联网对乡村文化的传播与影响

### （一）移动应用在乡村文化推广中的作用

随着移动智能设备的普及和移动互联网技术的快速进步，贴近用户的移动应用为乡村文化推广带来了前所未有的机会。根据对用户体验和活跃度的分析，移动应用的个性化推荐算法和丰富互动形式，能够将乡村文化以更吸引人的方式进行重新包装，在当代年轻受众特别是都市白领人群中获得更高的关注和传播热度。

结合 AR 和 VR 技术的乡村旅游体验应用正在改变人们的旅游方式，用户在家中就可以对目的地乡村的地理山水、民俗工艺、特色美食等有生动直观的数字化预览，激发亲身体验的旅游兴趣。此外，一些具有游戏和任务奖励机制的非遗学习应用，将乡村传统工艺和节日民俗等文化元素融入寓教于乐的软件设计中，激发了年轻用户主动探索学习的兴趣。除此之外，二次元动漫、宫斗剧等当下热门的文化符号以及被运用于重新诠释传统故事和神话人物的网络小说、手游、短剧等也颇受青睐，这为传统乡村文化元素注入了新意，夯实了其在青年文化圈中的受众基础。

总的来说，移动应用正以其独特的技术优势和交互形式优势，逐渐成为连接传统乡村文化与年轻互联网受众群体的桥梁与纽带，使这些乡土文化得以在移动

① 庞慧敏，王馨誉．网络时代乡村文化传播的重建与策略 [J]. 传媒，2018（24）：72-74.

网络新生态环境中焕发出新的活力。移动应用能够采用VR、AR等新技术，以沉浸式数字展示的方式再现传统手工作坊和民俗活动，或以寓教于乐的游戏手段将传统文化符号传递给“90后”“00后群体等，从而拉近其和传统文化之间的距离。随着5G、AI等新技术在乡村的渗透和融合，移动应用必将发挥更大的作用，有力促进乡土文化在网络平台和新兴传播场域中的传播和创新。

### （二）移动互联网对乡村教育和文化传承的影响

随着移动通信技术在乡村地区的快速普及，移动互联网正在深刻影响和改造着乡村的教育和文化传承现状。首先，在线教育平台打通城乡区域教育资源壁垒，极大丰富了偏远山区学生获取优质教育资源的渠道。偏远山区的学生可以在App上选择适合自己的视频课程，获取城市名校教师的指导；也可以利用搜索工具和在线问答来解决学习过程中的疑点难题。这样的便捷方式不仅帮助乡村学子弥补了知识短板，也为当地教师的专业发展提供了机会。可以说，移动网络架起的乡村教育“快车道”有力推动了教育公平的实现。

移动网络也使得乡村非物质文化遗产保护有了新的抓手。一些文化传承性App设立了传统手工艺技能学习区，通过视频和图像生动记录民间技艺大师的制作工艺，并添加了逐步指导，让广大用户在线掌握这些手工技艺。这为激励年轻人投身传统文化传承事业提供了重要途径。还有一些音乐软件能够识别、记录并规范传统民歌民谣的曲调，防止这些口头音乐文化的流失。未来，VR、AR等技术运用于文化传承中也势在必行。通过将VR技术应用到乡村非遗文化传承工作中，可以打破传统传承方式的局限性，利用3D建模的方式呈现数字化皮影戏、木版年画以及泥塑等非遗文化，通过数字媒体技术展现出传统技艺的精髓与文化沉淀，为非遗文化注入新的活力。此外，有学者指出，“对于一些濒临消失的非遗文化，也可以利用VR技术进行复原，从而让更多优秀的非遗文化得到保护和传承”[①]。总体而言，移动网络为乡村文化传承提供了更丰富的数字化保存和创新性传播的手段，这必将推动乡土文化在当代获得持续发展的动力。

移动互联网和相关技术在教育资源均衡化和非遗保护创新方面展现出巨大潜力。随着基础设施建设和技术融合水平的提高，移动网络必将对新时代乡村教育

① 席晶．数字媒体艺术在非遗文化传承中的应用[J]．玩具世界，2023（5）：100-102.

和文化传承产生更大的革新推动作用。这既缩小了乡村地区的数字鸿沟，也为乡土文化传承提供了新的思路。

### （三）通过移动互联网促进乡村产品与文化输出

在深入推进乡村振兴战略的时代背景下，移动互联网正通过其连接城乡的独特优势，成为带动乡村特色产业发展和文化输出的重要助推器。电商平台作为产品流通的重要渠道，架起了连通消费者与乡村生产者的桥梁，其中针对农特产品设置的专区尤为关键。农产品电商直播，就是借助网络平台，以线上直播的形式，直观立体地进行农产品推销，引起消费者的兴趣，激发消费者的购买欲望。农产品电商直播的重点在于对农产品进行宣传和推广，吸引消费者的注意，增加消费者的购买量。有人认为，“通过直播带货的方式进行农产品销售已经成为当前加快农村地区经济发展的重要路径”[①]。通过直播平台，用户足不出户即可选择新鲜可口的名优农产品，体验到乡村产品的质量和品牌优势。平台还会根据用户喜好推送更为个性化的产品，从而拉近用户与乡村地区特色农业的距离。直播带货等新模式也为用户提供了零距离接触生产者的机会，互动交流可带来更为立体的消费体验。移动网络促进的这种产销对接方式，为乡村农产品打开了一个广阔的营销场域，实现产量和品牌效应双丰收。

短视频、中视频等新兴媒体平台推动乡村旅游与文化创意产业的发展壮大。乡村工匠可以通过网络直播间展示自己的手工艺作坊，展示传统棉被绣或砖雕制作技艺，吸引更多粉丝订购产品，获得经济收益的同时也弘扬了民间艺术。一些以乡土生活体验为主要卖点的乡村民宿和餐厅，同样受益于快速崛起的移动媒体传播，在平台上积聚了大量稳定客户。总的来说，移动网络为乡村的产业和文化开创了全新的传播场域，使其能够打破地理局限性，以全新姿态走向更为广袤的市场空间。这为乡村在新时代的发展提供了重要的技术支撑。

## 三、社交媒体对乡村文化传播的影响与作用

### （一）社交媒体平台对乡村文化价值观的传承

当前，社交媒体平台正成为推动和传承乡村文化价值观念的重要载体。在这

① 徐晓然．农产品电商直播发展思考 [J]. 合作经济与科技，2023（21）：70–72.

些平台上，乡村群众可以自由地讨论和传播他们所认同的价值理念，并使其获得更广泛的传播机会。例如，在微博和微信群中，一些乡村长者会结合自身生活经验，讲述传统家教中的正面典范，如尊老爱幼的孝道精神，邻里之情的守望相助，等等。这些价值观念浸润在他们生动的文字叙述和口述中，并通过用户的转发和点赞快速扩散，使更多网民感受到乡土文化中的真善美。此外，一些记录传统习俗的短视频也反映了乡村价值取向，如勤劳务农、节俭朴实的生活态度，也深受新生代用户的认可。可以说，在互联网这个便捷的传播平台上，正发生着一场乡村文化价值观的静默传承，以一种更为柔性的方式延展至各个生活领域。

乡土文化价值观在网络传播过程中，也会面临被商业化改编和扭曲的风险。为迎合网络流量和利润，一些内容生产者可能对乡土文化的内核价值进行随意修改包装，使其表面化、娱乐化、低俗化。这既歪曲了传统乡村价值观的本真性，也对受众价值取向产生负面影响。因此，这方面亟待社会各界形成合力进行引导与规范，共同保护好这片传统价值观的净土。相关行业协会可以联合出台传播规范性文件，要求互联网企业从产品策划、内容审核等环节对传播风险进行管控。反映乡村价值观的网络产品需要从本土文化视角进行设计构思，保证内容的丰富性、视角的立体性，避免流于表层。同时，要注意网络时代的一些传播特点，如信息过载、受众碎片化等可能带来的偏差。只有做到这些，才能确保这些乡土文化价值观念在数字传播时代不被错误解读。作为参与者，广大网民应提高辨别与判断能力，避免受到误导。确保传统乡村价值观在数字传播中的生命力，需要内容生产方与受众方的共同努力。这是维系好传统与现代、乡土与外来文化之间关系的重要举措。

**（二）社交媒体对乡村特色产业推广的作用**

当前，依托社交媒体进行营销已经成为企业推广产品的重要手段，其中也包括了乡村特色产业。社交媒体平台可以为这些乡村企业提供丰富的产品展示和品牌宣传功能。例如：民宿老板可以在微信群中上传精美的农家院环境照片；特色农产品供应商可以通过短视频，记录草莓的种植过程，展示其新鲜可口的特点。丰富多彩的视觉呈现可以为用户提供更加立体生动的消费体验，有助于提升企业美誉度。此外，这些平台中的评论、转发等交互功能也有助于企业根据用户反馈不断优化产品。可以说，社交平台为乡村产业开辟了一个互动性极强的宣传窗口，使其突破地域限制获得更大的影响力。

当然，这类商业推广也需要谨防盲目跟风和内容雷同的问题。乡村企业需要明确自己的品牌个性和竞争优势，避免流于表面化的包装宣传。只有做到这一点，依托社交媒体宣传才能真正提升乡村产业的品牌影响力和市场竞争力。

### （三）社交媒体传播与乡村文化自我认同的塑造

伴随社交媒体平台用户数量飞速增长，社交媒体成为一个重要的乡村文化自我表达和认同建构的载体。越来越多的乡村社区或个人会通过微博、微信公众号等渠道分享自己的生活状态、节日习俗等内容，这有助于凝聚他们的社区认同感和文化自豪感。一些村民针对乡土美食、手工艺传承等话题的讨论，反映了他们试图自我定位并寻求认同的内在需求。可以预见，随着互联网技术在乡村的进一步融合，类似的用户生成内容势必呈井喷式增长，这些互联网“原住民”自发建构的乡土社区认同，必然会对现实中的乡村社会和文化产生广泛影响。

然而，这种网络文化认同建构也存在被虚假信息误导的风险。一些闭塞保守的网络亚文化可能在相对封闭的环境里信息自反馈，形成某些极端的“虚假共识”，并通过网络将错误认知扩散开来。因此，要引导网络上乡村文化社群建设的积极导向，与线下社区文化认同建设形成良性互动。一方面可以设置网络内容审核机制，规范不当信息传播；另一方面可以举办线上线下结合的交流活动，让乡村网络环境与现实环境之间建立起正向的价值认同纽带。有学者指出，“唯有更多‘乡村代言人’走在讲好中国乡村故事的道路上，才能共绘乡村传播新景观，让理想照进现实，让文化浸润人心”[①]。只有这样，依托网络空间进行的乡村文化认同建构才能为现实的乡村文化自信提供持续支持。

## 四、虚拟现实技术在乡村文化传承中的运用与挑战

### （一）虚拟现实技术在乡村文化遗产保护中的创新运用

虚拟现实（VR）技术近年来得到了广泛的关注和应用，其在乡村文化遗产保护方面也被创新运用。VR 技术是指由计算机模拟生成的三维虚拟场景，是依靠

① 程前，孔艳辉．乡村文化短视频的发展热潮与未来走向 [J]. 视听，2023（1）：6-9.

计算机图形学、计算机仿真学、人机接口技术、传感技术、多媒体技术等技术综合实现的。相关研究表明，“VR 技术通过硬件和软件的配合让观众体验多重感官的虚拟现实，产生全方位 360 度的沉浸感”①。在科技与文化的交汇点上，虚拟现实技术为乡村文化遗产保护带来了前所未有的机会。这一技术不仅强烈地冲击着我们的视觉感官，更为我们提供了一种全新的角度来审视和保护那些濒临消失的乡村文化遗产。乡村文化遗产是中国传统文化的重要组成部分，但由于自然灾害、人为破坏等原因，这些宝贵的文化遗产面临着严重的威胁。虚拟现实技术的出现，为乡村文化遗产的保护和传承提供了新的途径和可能性。

虚拟现实技术是一种可以创建和体验虚拟世界的计算机技术，它通过模拟人的视听和触觉等感官体验，使用户仿佛身临其境地进入一个高度逼真的虚拟环境。在乡村文化遗产保护方面，虚拟现实技术具有以下重要意义。

第一，完整复制乡村文化遗产。高精度的 3D 扫描和建模技术，可以将古老的乡村建筑、庙宇、雕塑等文化遗产进行完整的复制，并生成高度逼真的虚拟模型。即使原物遭受自然灾害或人为破坏，仍可以在虚拟空间中被保存和展示，从而使后人能够了解和欣赏这些宝贵的文化遗产。

第二，沉浸式体验乡村文化。虚拟现实技术使用户能够身临其境地感受乡村的文化和历史氛围。用户可以穿戴 VR 设备，进入虚拟的古老乡村，参观古建筑、欣赏民间艺术表演、体验传统手工艺制作等，这种沉浸式的体验方式能够使用户更加深入地了解和感受乡村文化的独特魅力。

第三，创新乡村旅游体验。虚拟现实技术的应用还可以为乡村旅游提供新的体验方式。通过虚拟旅游，人们不用亲自前往偏远地区就可以深入了解乡村的文化和历史。同时，结合虚拟现实技术的旅游体验可以打破时间和空间的限制，使用户可以在任何时间、任何地点都能够体验到乡村的文化和风情。

总的来说，虚拟现实技术的创新运用，无疑为乡村文化遗产的保护开辟了新的道路。更重要的是，它为乡村旅游和文化教育提供了宝贵的资源。在过去，人们要深入了解乡村的文化和历史，可能需要亲自前往那些偏远的地区。而现在，只需要一副 VR 设备，就可以随时随地“身临其境”。

① 祝洪珍，乔守明．新媒体视域下虚拟现实技术与传统文化产业创新融合研究 [J]. 中国传媒科技，2023（10）：102-105.

## （二）虚拟现实技术在乡村教育与体验式文化传承中的应用

随着科技的飞速发展，虚拟现实技术已经逐渐渗透到人们的日常生活，它正在改变着人们的学习方式、工作方式和娱乐方式。在中国广大的乡村地区，这项技术也正在为教育及文化传承开辟着一条全新的路径，为乡村教育注入了新的活力。

第一，古建筑保护与修复。古建筑是乡村文化遗产的重要组成部分，但很多古建筑由于年代久远、自然灾害和人为破坏等原因已经遭受不同程度的损坏。古建筑保护与修复是乡村文化传承中的一项重要任务。在这个背景下，虚拟现实技术为古建筑保护与修复工作提供了新的可能性。通过虚拟现实技术，我们可以对这些古建筑进行高精度的3D扫描和建模，生成虚拟模型，并对其进行保存和展示。这种数字化的保存方式，不仅可以避免传统保护方式中的一些局限性，还可以更为真实地还原古建筑的原貌，为后续的保护与修复工作提供更为准确的基础数据。除了数字化的保存，虚拟现实技术还可以通过虚拟修复技术，对古建筑进行模拟修复。这种修复方式可以在不触碰实体古建筑的情况下，对古建筑的修复进行预先的演练和试验。通过虚拟现实技术，我们可以在虚拟环境中对古建筑进行各种修复方案的尝试，观察其效果，并对其进行评估和优化。这样，在实际修复工作中，我们就可以更加有目的地进行修复，提高修复的准确性和效率。值得一提的是，虚拟现实技术在古建筑保护与修复中的应用，还可以为公众教育和文化传承提供更为直观和生动的手段。通过虚拟现实技术，公众可以“亲身”体验古建筑的魅力和历史底蕴，深入了解乡村的文化遗产和传统文化。这无疑对于增强公众对乡村文化的认同感和自豪感，促进乡村文化的传承与发展具有积极的意义。

虚拟现实技术在古建筑保护与修复中的应用，为乡村文化遗产的保护与传承开辟了新的路径。虚拟现实技术不仅可以为古建筑提供更为精确和生动的数字化保存方式，还可以通过虚拟修复技术为实际修复工作提供参考和指导，提高修复的准确性和效率。同理，虚拟现实技术在文物修复方面也大有裨益。例如，邹顺宏指出，“利用虚拟现实技术可以通过精确的数字计算来反映文物修复后的图像呈现、重现历史事件的复杂背景，打破了文物修复及发掘工作的重要问题。此外，在准确计算的基础上，可以研究文物修复中的重难点，明确使用寿命和维修中应注意的事项，以便为修复发掘做好准备。而且，从不同的角度呈现文物，使文物的保存更加方便”[①]。同时，虚拟现实技术还可以为公众教育和文化传承提供更为直观和生动的手段，促进乡村文化的传承与发展。

第二，非物质文化遗产的传承与传播。非物质文化遗产是一个国家和民族的宝贵财富，它包含了丰富的历史、文化和艺术信息，是人类创造力的杰出表现。然而，随着社会的发展和时代的变迁，许多非物质文化遗产正面临着消失的危险。因此，如何有效地传承和传播非物质文化遗产是一个重要而紧迫的课题。在这个背景下，虚拟现实技术为非物质文化遗产的传承与传播提供了新的机会和可能。通过虚拟现实技术，我们可以将非物质文化遗产以数字化的形式保存和展示。比如，民间艺术表演、传统手工艺制作等都可以通过虚拟现实技术被记录下来，以更为生动、真实的方式呈现给观众。观众可以通过虚拟现实设备，亲身感受到这些非物质文化遗产的独特魅力和精湛技艺。与传统的传承方式相比，虚拟现实技术具有更高的互动性和沉浸感。观众不再是被动的接受者，而是可以主动参与到非物质文化遗产的传承与传播中来。他们可以通过虚拟现实技术，亲自体验民间艺术的创作过程，学习传统手工艺的制作技巧，从而更深入地了解这些非物质文化遗产。同时，结合虚拟现实技术的旅游体验也为非物质文化遗产的传承与传播开辟了新的途径。通过虚拟现实技术，游客可以在旅游过程中“亲身”参与到当地的非物质文化遗产中，如观赏民间舞蹈、学习传统手工艺等。这种旅游体验不仅丰富了游客的旅游内容，也为当地的非物质文化遗产提供了更广阔的传播平台和机会。

虚拟现实技术可以打破地域和时间的限制，使更多的人能够接触到非物质文化遗产。郝炜滢指出，“虚拟现实技术的可交互性可以调动用户除视觉以外的其他感官，使用户更加沉浸地参与到传统文化活动中，与其中的人物互动，将眼前之物化为身边之景，体验传统文化经虚拟现实技术‘之手’变得近在咫尺的魅力”[②]。无论是在城市的学校、博物馆，还是在乡村的田间地头，只要有虚拟现实设备，人们就可以随时随地了解和体验非物质文化遗产。这无疑大大提高了非物

① 邹顺宏．虚拟现实技术与文化的融合——对数字博物馆的思考 [J]. 国际公关，2022（6）：121-123.

② 郝炜滢．虚拟现实技术让中国传统文化传播迸发活力 [J]. 文化产业，2023（23）：111-113.

质文化遗产的传播效率和广度，为其传承与发展奠定了坚实的基础。虚拟现实技术在非物质文化遗产的传承与传播中具有巨大的潜力和价值。虚拟现实技术不仅可以以数字化的形式保存和展示非物质文化遗产，还能提供高互动性和沉浸感的体验，使更多的人能够了解这些宝贵的文化遗产。

第三，历史文化教育与社会普及。虚拟现实技术可以为历史文化教育和社会普及提供新的途径和方式。在传统的历史文化教育中，往往受到时间、空间、资源等多方面的限制。而虚拟现实技术的引入，彻底打破了这些限制。通过虚拟现实技术，我们可以将乡村文化遗产进行高精度的数字化保存和展示，公众可以通过虚拟现实设备，身临其境般地体验乡村的历史文化，感受乡村的独特魅力。更重要的是，虚拟现实技术还可以结合教育软件和课程的开发，使历史文化教育更加系统化、科学化。这些教育软件和课程可以充分利用虚拟现实技术的互动性、沉浸性，让学生在学习的过程中更加主动、更加投入。同时，这种教育方式也可以根据学生的实际需求进行个性化定制，满足不同学生的学习需求，提高教育的针对性和实效性。刘畅认为，"虚拟现实技术能重新赋予民俗文化教育传播以生命力，促使民俗教育的节奏加快，为民俗教育提供更加广阔的传播渠道，打破时间和地域的局限，更有效率地为不同社会群体的认同和联系提供机会"①。此外，虚拟现实技术还可以通过虚拟旅游等方式，让更多的人了解和参与到乡村文化的传承和发展中来。虚拟旅游不仅可以让人们足不出户就能游览乡村的美丽风光，更能深入体验乡村的历史文化，了解乡村的生活习俗，从而增强对乡村文化的认同感和归属感。

我们应该充分认识到虚拟现实技术在历史文化教育和社会普及中的重要作用，这种以虚拟现实技术为基础的历史文化教育和社会普及方式，无疑大大提高了乡村文化遗产的知名度和影响力。虚拟现实技术不仅可以让更多的人了解和关注乡村文化遗产，更能激发公众对乡村文化遗产的保护和传承的热情，为乡村文化的持续发展注入新的活力。

### （三）虚拟现实技术在乡村文化传承中的技术挑战与解决方案

虚拟现实技术为乡村文化遗产的保护与传承提供了新的可能，但这一技术在

① 刘畅.虚拟现实技术在民俗文化教育中的应用[J].中国教育技术装备，2019（4）：36-37，40.

实际应用中也遭遇了一系列挑战。这些挑战不仅涉及技术层面，还与资源、健康等方面紧密相连。正视并解决这些问题，才能确保虚拟现实技术在乡村文化传承中发挥更大的作用。

首先，高精度的3D扫描和建模是虚拟现实技术在文化遗产保护中的核心环节。为了做到这一点，需要进行大量的时间和资源投入。对于许多乡村地区而言，其往往缺乏先进的扫描设备和专业的技术人员，这使得数据收集十分困难。此外，即使进行了扫描，如何对这些数据进行有效处理，以及如何确保模型的精度，都是亟待解决的问题。针对这种情况，相关部门可以建立专业的技术团队，为乡村地区提供技术支持和指导。同时，可以与高校、研究机构合作，利用其设备和技术优势，进行高精度的3D扫描和建模工作。此外，随着技术的进步，未来可以考虑开发更为便携、易于操作的扫描设备，降低扫描和建模的难度。

其次，虚拟现实技术的设备成本仍然较高，这在一定程度上限制了虚拟现实技术在乡村地区的普及。虽然近年来设备价格逐渐下降，但对于许多经济条件较差的乡村地区而言，购买和维护这些设备仍然是一笔不小的开销。要解决这个问题，一方面可以寻求政府、企业和社会的支持，通过资金扶持、项目合作等方式，降低乡村地区的设备购买和维护成本。另一方面，可以探索新的商业模式，如共享设备、租赁设备等，提高设备的利用率，降低单个用户的使用成本。

最后，长时间使用VR设备可能会产生的健康问题也不容忽视。虚拟现实技术为用户提供了沉浸式的体验，但长时间使用可能会导致眼睛疲劳、头晕、恶心等。这对于长时间接触这一技术的文化遗产工作者和游客而言，是一个值得关注的问题。为了确保用户的健康，应该加强对VR设备使用指南的制定和宣传。指导用户合理安排使用时间，避免长时间连续使用。同时，可以研发新的技术，如眼部追踪、自动亮度调整等，减少设备对眼睛的伤害。此外，定期的健康检查和使用后的休息也是必要的。

虚拟现实技术在乡村文化传承中的应用虽然面临诸多挑战，但随着技术的进步和社会的关注，这些问题都可以逐步得到解决。我们应该持续关注这一技术的发展，确保其在乡村文化传承中发挥更大的作用，同时也关心与之相关的各种问题，确保技术的健康、持续发展。

# 第三节 网络直播对乡村文化的传播呈现

## 一、网络直播平台在乡村文化传播中的角色与作用

### （一）乡村文化传播的新兴载体

随着互联网的普及和技术的发展，网络直播平台迅速崭露头角，成为乡村文化传播的新兴载体。薛梦阳指出，“目前乡村网络直播涉及农产品营销、民族特色节日展示、地方旅游、互动交友等等众多方面，具有乡村户外直播、农产品生产基地直播、乡村家庭日常直播等多种形式，分布在淘宝、拼多多、抖音等众多网络直播平台上，具有互动性、实时性的特点，因此在传播信息、交流沟通方面有着无与伦比的作用”①。这一变化不仅极大地推动了乡村文化的传承与发展，更打破了传统传播方式的局限，为乡村文化在更广阔的范围内传播创造了有利条件。

传统的乡村文化传播方式受限于地域和时间，其传播范围和传播效果均受到了很大的制约。由于传播渠道的狭窄，乡村文化往往只能在有限的空间和时间内进行传播，这使得很多人无法接触和了解乡村文化，进而导致乡村文化的传承和发展受到很大影响。同时，传统的传播方式缺乏互动性和参与性，观众只能被动地接受信息，而不能真正地体验和理解乡村文化的内涵和价值。然而，随着网络直播平台的出现，这种局面得到了改变。网络直播平台具有开放性和共享性的特点，可以让乡村文化在更广阔的范围内传播。网络直播平台打破了地域和时间的限制，观众可以在任何时间、任何地点通过网络观看乡村文化的直播内容。更重要的是，通过网络直播平台进行乡村文化传播可以吸引更多的人来关注和了解乡村文化。网络直播平台的互动性和参与性也很强，观众可以通过弹幕、评论等方式与主播进行实时互动，提出自己的问题和看法，从而更深入地了解和体验乡村文化。这种互动和参与的形式也让乡村文化传播更具活力和吸引力。

网络直播平台是互联网技术发展的产物，通过充分利用互联网技术，打破了地域和时间的限制，使得乡村文化得以在更广泛的范围内传播，让更多的人能够

① 薛梦阳．乡村振兴背景下网络直播助力产业兴旺研究 [J]．中国经贸导刊（中），2021（7）：42-43．

共同感受乡村的独特魅力。南长全认为，“网络直播对流量、人气的需求使得乡村文化原有的传播传承态势发生改变，单一线性的封闭传播逐渐变得更开放”[①]。通过网络直播平台，乡村的自然风光、民俗活动、传统手工艺等得以实时呈现给全球观众。这意味着，无论身处城市的繁华地带，还是遥远的异国他乡，只要有网络覆盖，人们都可以通过网络直播平台实时观看乡村的民俗活动。观众可以欣赏到乡村壮丽的自然风光，领略到乡村丰富多彩的民俗文化，了解到乡村独具特色的传统手工艺。网络直播平台的出现，不仅拓展了乡村文化传播的范围，还提升了传播的速度。在互联网的加持下，乡村的文化元素可以在瞬间传遍全球，让世界各地的人们能够同步感受到乡村文化的魅力。这种实时传播的方式，使乡村文化不再受地域限制，让更多人能够深入了解和关注乡村的文化传承与发展。此外，网络直播平台还为乡村文化的传播提供了更多可能性。网络直播平台可以结合多媒体技术，将乡村的文化元素以文字、图片、视频等多种形式呈现给观众，使传播内容更加丰富多样。同时，网络直播平台还可以与观众进行实时互动，增强观众的参与感和体验感，进一步推动乡村文化的传播与传承。网络直播平台充分利用互联网技术，打破地域和时间限制，为乡村文化的传播开辟了全新道路。

网络直播作为一种新兴的传播方式，为乡村文化的传播带来了前所未有的机遇。这种传播方式不仅大大增加了乡村文化的曝光度，而且为其开辟了新的传播渠道，使得更多人能够接触、了解和关注乡村文化。网络直播平台具有多种特点，这些特点使得乡村文化的传播更加生动、真实和引人入胜。网络直播平台互动性强，这意味着观众不再是被动的接受者，他们可以通过弹幕、评论、点赞等方式与主播和其他观众进行实时交流，分享彼此的看法和感受。这种互动不仅增强了观众的参与感，还使乡村文化的传播变得更加活跃和有趣。网络直播平台的传播速度快。在数字化时代，信息传播的速度已经达到了前所未有的高度。网络直播平台能够实时将乡村的文化活动、景色、手工艺等呈现给观众，不用等待传统媒体的报道和编辑，从而确保了信息的时效性。另外，网络直播平台的覆盖面广。只要有互联网连接，不论身处何地，观众都能接触到乡村文化。广泛的覆盖面打破了地域的限制，让乡村文化得以走出深山老林，走向都市，甚至走出国门，走

① 南长全．乡村振兴视野下非遗项目的网络直播传播传承态势研究 [J]. 艺术科技，2021，34（8）：23-24.

向世界。网络直播平台为乡村文化提供了多元化的传播手段。除了传统的文字、图片，还有视频、音频等多媒体形式。这些手段可以全方位、多角度地展示乡村文化，使其更加丰富、立体和全面。比如，通过视频直播，观众可以亲眼看到手工艺的制作过程，听到乡村的音乐和歌声，感受到乡村的生活气息。

网络直播平台对于乡村文化的传播不仅局限于单一的输出，还为乡村与外界的交流搭建了一个桥梁。网络直播平台上的观众可以对乡村文化进行实时的反馈和交流，这种互动为乡村文化的传播注入了新的活力，也促进了乡村文化的创新和发展。网络直播平台作为乡村文化传播的新兴载体，不仅打破了传统传播方式的局限，还为乡村文化的传承与发展注入了新的活力。我们应当充分认识到网络直播平台在乡村文化传播中的重要作用，积极利用这一新兴载体，推动乡村文化的广泛传播和深入发展，让更多的人了解乡村、热爱乡村、传承乡村文化。

### （二）网络直播与乡村文化的传播互动

网络直播与乡村文化之间的传播互动，是近年来文化传播领域的一大亮点。高琳表示，“网络直播能让观者如同‘置身其中’一般观看乡村风景、领略民俗风情，同时将自己的疑问提交到平台以供主播即时解答，将传统的‘一对一’服务模式演化为‘一对多’，借助用户流量构建乡村文化网络营销的新入口”[①]。二者之间的互动不仅促进了乡村文化的广泛传播，也为网络直播平台注入了新的内容和活力。

首先，网络直播为乡村文化提供了一个全球化的传播平台。通过网络直播，乡村的文化元素、传统手工艺、民俗活动等可以实时传输到全球各地，让更多人能够了解和关注乡村的独特魅力。这种全球化的传播方式，有力地推动了乡村文化的国际交流与合作，增强了乡村文化的影响力和竞争力。其次，乡村文化为网络直播提供了丰富多彩的内容。乡村的自然风光、民俗活动、传统手工艺等都是网络直播的热门内容。这些内容具有独特的文化内涵和艺术价值，吸引了大量观众的关注和喜爱。网络直播平台通过呈现乡村文化的魅力，不仅丰富了平台的内容，也提升了观众的观赏体验和文化素养。在这个过程中，网络直播与乡村文化形成了积极的互动关系。网络直播为乡村文化提供了广泛的传播渠道和观众基础，

① 高琳．基于网络直播的乡村旅游营销策略探析 [J]. 农业经济，2019（6）：143-144.

使乡村文化得以更好的传承和发展。乡村文化则通过网络直播的呈现，使更多人了解和关注乡村，增强了乡村的知名度和影响力，也为网络直播平台带来了更多的人气和关注度。同时，这种传播互动还促进了乡村文化与城市文化、现代文化等的交流与融合。网络直播平台上的观众来自四面八方，他们通过网络直播了解和接触到乡村文化，同时也将自己的文化和观念带到乡村。这种交流与融合，有助于打破城乡文化的隔阂，促进文化的多元共生与创新发展。

网络直播与乡村文化传播互动中还存在一些问题与挑战。比如：如何确保传播内容的真实性和原生态，避免过度商业化和庸俗化；如何平衡乡村文化的传承与创新，既保持其传统特色，又适应现代社会的需求；等等。这些问题需要我们进一步探讨和解决，以确保网络直播与乡村文化传播互动的健康发展。

总之，网络直播与乡村文化传播互动是一种双赢的关系。我们应该充分利用网络直播平台的优势，推动乡村文化的广泛传播与深度发展，同时也要注意处理好传播过程中的各种问题，确保这种传播互动能够持久健康地发展下去。

### （三）网络直播对乡村文化传承和保护的作用

网络直播通过互联网技术，将乡村文化以更直观、更真实、更生动的方式展现给公众，促进了乡村文化的传播，激发了人们对乡村文化的兴趣，进一步推动了乡村文化的传承和保护。

网络直播作为一种创新性的传媒方式，为乡村文化的传承开辟了一条全新的道路。在传统的乡村文化传承模式中，地域和时间的束缚常常成为一个难以逾越的障碍，限制了乡村文化的传播范围和受众群体。然而，网络直播的出现改变了这一局面。通过互联网的广泛传播，网络直播能够迅速地将乡村文化的魅力呈现给全球观众。这种传播方式的迅速性和广泛性，使乡村文化在更广阔的范围得到传承和弘扬。网络直播的实时性和互动性，也让更多人能够亲身参与和体验到乡村文化的独特魅力。对于身处城市的年轻人来说，他们往往由于地域和时间的限制，难以接触到原汁原味的乡村文化。然而，通过网络直播，他们可以跨越千山万水，实时观看乡村的民俗活动，聆听乡村的音乐和歌曲，感受乡村的生活气息。这种深入的了解和体验，让他们有机会成为乡村文化的传承者和保护者，为乡村文化的未来发展注入新的活力。同时，对于对乡村文化感兴趣的异地观众来说，网络直播也为他们提供了一个了解和接触乡村文化的便捷途径。他们可以通过网络直播，跨越地域的限制，实时参与到乡村的文化活动中，与乡村人民互动交流，共同分享和传承乡村的文化瑰宝。有学者建议，“充分利用网络直播的交互场景，培育传播乡村优秀传统文化的新时代传承人，通过讲故事的方式向人们分享文化遗产背后的历史、技艺、成就等，把中华优秀传统文化传播给更多人，传播到世界的更多地方”①。

乡村文化作为我国传统文化的重要组成部分，承载着丰富的历史信息和民族智慧，但由于现代化进程的影响，很多珍贵的乡村文化传统和习俗都面临着逐渐消失的困境。网络直播的出现为这些濒临消失的乡村文化注入了新的生命力。有学者认为，“这种突破了中心—边缘的传播结构使得乡村文化传播突破了时空的限制，使得各类形态的乡土文化之间能够交流、碰撞与学习，最终乡村传统文化的主体性得以被唤醒，继而形成了独特的媒介景观，乡村文化传播也出现了新的话语建构，乡村文化传播开启了个体叙事重构的新时代”②。同时，通过网络直播的技术手段，我们能够以数字化的方式将乡村的传统手工艺、民间艺术、习俗仪式等全面记录下来。这种记录不仅具有极高的保真度，还能够实现文化的长久保存和传播。这意味着，无论时间怎样流转，后人都能通过网络直播留下的数字化遗产，真切地感受和理解乡村文化的独特魅力和价值。另外，更重要的是网络直播还能将这些记录下来的乡村文化以更广泛、更深入的方式传播出去，引发社会各界对于乡村文化的关注和重视。这种关注和重视，无疑为乡村文化的保护提供了更有力的社会支持，促使更多的人参与到乡村文化的保护和传承工作中来。

此外，网络直播可以促进乡村文化产业的发展，进一步推动乡村文化的传承和保护。随着网络直播的兴起，越来越多的人开始关注乡村文化，并对乡村特色产品产生了浓厚的兴趣。这为乡村文化产业的发展提供了广阔的市场空间。通过网络直播，我们可以展示乡村的特色产品，推广乡村的旅游资源，吸引更多的游客和投资者来到乡村，从而促进乡村经济的繁荣和文化的振兴。当然，我们也要看到网络直播在乡村文化传承和保护中的局限性。虽然网络直播可以记录和展示乡村文化，但其并不能完全替代传统的传承方式。此外，网络直播中的内容也需

① 尚婷，亓利．乡村振兴视阈下数字技术赋力乡村文化建设路径探析 [J]. 知与行，2023（4）：82-89.

② 刘舒．“短视频 + 直播”背景下乡村文化传播的逻辑与策略——基于内生发展理论的视角 [J]. 东南传播，2023（1）：18-20.

要经过筛选和整理，以确保传播的文化信息的准确性和完整性。

因此，网络直播在乡村文化传承和保护中发挥着重要的作用，我们应该充分利用这一新兴媒体形式，结合传统的传承方式，共同推动乡村文化的传承和发展。同时，也要加强对网络直播的监管和引导，确保其在传承和保护乡村文化中发挥积极作用，为乡村振兴和文化繁荣贡献力量。

## 二、网络直播赋能乡村文化的传承与活化

### （一）传统乡村文化在网络直播过程中存在的问题

第一，技术和设备限制。在许多乡村地区，网络技术和设备水平落后是一个不可忽视的因素。网络覆盖的不完善，以及设备水平的相对落后，都可能对网络直播的质量和稳定性造成直接影响。这种限制不仅影响了观众的观看体验，也可能进一步影响乡村文化在网络时代的有效传播。具体来说，网络覆盖的不足可能会导致直播中断、画质模糊等问题，使得观众难以获得良好的观看体验。同时，设备水平的限制也可能意味着直播内容的制作和呈现方式相对简单，缺乏多样性和吸引力。为了打破这些限制，有必要加强乡村地区的网络基础设施建设，提高网络覆盖率和设备水平。政府、企业和社会各界可以共同努力，通过投资、政策扶持等方式，推动乡村地区的网络技术和设备升级，为乡村文化的网络直播传播创造更好的条件。

第二，内容展示方式。乡村文化的内容丰富多彩，包括非物质文化遗产、手工艺制作等形式。这些内容往往蕴含着深厚的历史底蕴和民族特色，是网络直播中极具吸引力的文化资源。然而，如何通过网络直播生动地展示这些内容，是一项不小的挑战。一方面，有些文化要素很难通过摄像和网络传递出其真正的魅力和内涵。例如，一些精细的手工艺制作过程，或者具有特殊意义的仪式和表演，可能在网络直播中显得平淡，难以展现其真正的魅力。另一方面，传统文化的展示要注重创新和创意。因此，可以结合现代技术和艺术手段，对传统乡村文化进行再创作和演绎，使其更加符合现代观众的审美需求。例如，可以通过虚拟现实、增强现实等技术手段，让观众身临其境地体验乡村文化。

第三，文化保护与尊重。在网络直播中，保护和尊重乡村文化是一项至关重

要的原则。乡村文化作为中华民族传统文化的重要组成部分，承载着丰富的历史信息和民族精神。因此，在网络直播中传播乡村文化时，必须时刻保持对文化的敬畏之心。具体而言，应该注重保持乡村文化的原汁原味。这意味着在直播过程中，应尽量避免对传统文化进行夸大或改变，以免破坏其真实性和完整性。同时，也要引入现代元素进行有机的结合，以更好地适应现代社会的需求和观众的期待。

第四，市场化和商业化。随着网络技术的飞速发展，网络直播已经渗透到社会的各个角落，与此同时，乡村文化也逐渐进入人们的视野。然而，市场化和商业化给乡村文化带来的不仅是机遇，更有挑战。有学者指出，“乡村直播遵循商业逻辑，体现出消费主义文化在乡村的下沉，构建出乡村的消费景观”①。乡村文化在市场化和商业化的过程中，面临的最大问题便是文化的过度包装和改变。有学者认为，“脱离了日常化的极端化呈现，因为直播的现场感而被赋予更多‘真实性’，因其独特性而更易被平台算法分发而放大，从而在受众心目中形成偏离实际的‘幻像’，部分地遮蔽着现实中复杂而多样的乡村图景”②。这种改变往往导致乡村文化的原始价值和意义被削弱，甚至被曲解，成为商业利益的牺牲品。乡村文化是中华民族的精神家园，是我们赖以生存的土壤和根基。因此，在市场化和商业化的过程中，我们必须时刻保持清醒的头脑，坚守文化的底线。文化传播的初衷和归宿都应该是传承和弘扬中华优秀传统文化，而不是单纯追求经济利益。经济利益固然重要，但文化的价值绝非金钱可以衡量。要实现这一目标，相关机构和企业肩负着巨大的责任。相关机构和企业不仅是乡村文化的传播者，更是其守护者。在商业化过程中，相关机构和企业应该始终保持对文化的尊重和敬畏，坚决抵制任何形式的过度商业化和庸俗化倾向。同时，相关机构和企业也应该加强自律，严格遵守社会伦理和文化保护的原则，确保乡村文化的传播始终沿着健康、良性的轨道前进。

第五，参与度和互动性。网络直播为乡村文化传播带来了前所未有的机遇。网络直播能够跨越地域的限制，让更多的人接触到原汁原味的乡村文化。然而，要提高观众在网络直播中对乡村文化的参与度和互动性，还有很长的路要走。为

---

① 李文菲．媒介景观视角下乡村直播对乡村文化的呈现与建构 [J]. 声屏世界，2022（8）：96–98.

② 于春生，郭婉君．融合文化语境中的乡村直播与农民叙事 [J]. 现代传播，2021，43（8）：24–28.

了提高参与度和互动性，各种互动功能如弹幕、评论、点赞等都应该得到充分利用。这些功能不仅能够让观众实时表达自己的观点和感受，还能促进观众之间的交流和互动。当观众之间形成有效的互动，他们对乡村文化的了解和体验也会更加深入。此外，设置专门的互动环节也是非常必要的。例如，可以通过抽奖、答题等方式吸引观众的注意力，增强他们的参与感和黏性。这种互动不仅能让观众更加投入地观看直播，还有助于建立起一个更加活跃、更加紧密的乡村文化传播社区。在这样的社区中，观众不再仅仅是文化的接受者，更是文化的传播者和创造者，他们将为乡村文化的发展注入源源不断的活力。

**（二）网络直播助力非遗文化数字传承**

第一，网络直播与非遗文化的结合。在当下的数字化时代，网络直播已然渗透到我们的日常生活中，与人们的联系愈发紧密。网络直播凭借实时性、互动性和广泛性等特质，迅速崛起为一个强而有力的文化传播工具。这种新兴的传播方式，不仅为大众带来了丰富多样的内容，更在某种程度上改变了我们获取和接收信息的方式。与此同时，那些深藏于民间，代表着中华民族传统文化底蕴的瑰宝，却正面临传承的困境。如何在现代社会中，让这些古老的文化传统得到更好的传承和保护，一直是社会各界关注的焦点。此时，网络直播的出现，如同一道曙光，为非遗文化的数字传承开辟了一条全新的道路。通过网络直播，我们可以将那些原本只在小范围内流传的非遗文化推向更广阔的舞台，让更多的人得以接触和了解。无论是身在他乡的游子，还是对传统文化怀有浓厚兴趣的年轻一代，他们都可以通过网络直播，实时观看非遗技艺的精彩展示，聆听非遗背后的故事。这种结合不仅打破了空间和时间的限制，更让非遗文化在传承上获得了更广泛的群众基础。网络直播的互动性，也让观众能够与非遗传承人进行实时交流，提问、分享、点赞，这种参与感让非遗文化更加真实、亲近。因此，网络直播与非遗文化的结合，无疑为传统文化的传承与保护注入了新的活力和可能。

第二，网络直播在非遗文化传承中的优势。传统的非遗文化传承方式往往受限于特定的场地和时间，这意味着只有少数人能在特定的时间和地点接触到这些宝贵的文化遗产。然而，网络直播的出现彻底改变了这一局面。无论是城市的繁华中心，还是遥远的乡村角落，只要有互联网，人们就可以随时随地观看非遗技艺的展示和仪式的举行。这种普遍性不仅大大增加了非遗文化的曝光度，还有助于其在更广泛的人群中得到传承。网络直播通过高清摄像头和专业的拍摄手法，能够真实、生动地展示非遗技艺的每一个细节。观众可以清晰地看到匠人的手法、听到仪式的每一个音符，仿佛身临其境。这种真实感让观众更加深入地感受到非遗技艺的精湛和仪式的庄重，从而更加珍视和尊重这些文化传统。网络直播的另一个显著优势是其互动性。观众可以在直播过程中提问、分享观点，与其他观众交流感受。这种互动性不仅激发了观众的兴趣，还让他们更加主动地参与到非遗文化的传承中来。通过互动，观众可以更加深入地了解非遗文化，从而增强其对传统文化的认同感和归属感。网络直播还可以进行全球化传播，助力文化传承走向世界。通过互联网，非遗文化的直播可以迅速传播到全国乃至全球。这使得非遗文化的传承不再局限于某一地区或某一群体，而是有可能成为全人类的共同财富。在全球化的背景下，网络直播无疑为非遗文化的传承开辟了一条通向世界的大道。网络直播在非遗文化传承中具有诸多优势，它不仅突破了时空的限制，让更多人能够接触到非遗文化，还能够真实生动地展示非遗技艺和仪式，激发观众的兴趣，推动非遗文化的深入了解和传承。同时，网络直播也有助于非遗文化在全国乃至全球范围内得到更广泛的关注，进一步推动非遗文化的传承和发展。

第三，网络直播助力非遗文化数字传承的实践。在近年来的文化传承领域中，网络直播的出现无疑引发了一场深刻的变革。有人认为，“网络直播使非遗以一种立体、动态、鲜活的形式进入大众的视野，使其重新焕发生机与活力，也开创了非遗传播的新局面”[①]。作为一种新型媒介工具，网络直播不仅参与到非遗文化的数字传承中，而且正在为这一古老的文化形态带来新的生机和活力。这种实践，不仅是对传统传承方式的一种简单补充，更是一种前所未有的创新和突破。从更广阔的社会背景来看，网络直播的兴起恰逢其时。在全球化和数字化的双重驱动下，传统文化的传承方式也亟待与时俱进，而网络直播，正是这样一个能够打破时间和空间限制的强大工具。网络直播让非遗文化得以走出传统的传承场域，进军数字世界，从而在更广阔的范围内得到传播和弘扬。更为重要的是，网络直播的介入，为非遗文化的长久传承开辟了新的路径。传统的传承方式，往往受限于地域、族群、语言等多重因素，难以在更广泛的群体中产生共鸣，而网络直播则

① 叶丹，戴旸．以网络直播为途径的非物质文化遗产传播研究 [J]. 黄山学院学报，2020，22（2）：80-83.

以其特有的即时性、互动性和跨界性，成功打破了这些限制。它不仅让非遗文化以更加生动、立体的方式呈现在观众面前，还通过线上线下的互动，激发了更多年轻人对传统文化的兴趣和热情。网络直播的兴起，为非遗文化的数字传承开辟了一条崭新的道路。在这种新型的传媒方式下，非遗文化的传承形式变得丰富多样，更加富有活力和吸引力。一方面，众多非遗传承人积极拥抱网络直播，将其作为展示自身技艺、传承非遗文化的重要平台。非遗传承人通过网络直播平台，实时展示自己的精湛技艺和深厚内涵，与广大网友进行互动交流。这种面对面的交流方式，不仅让传承人能够直接解答网友的疑问，进一步加深大众对非遗文化的认知和了解，也为传承人提供了一个更广阔的舞台，让更多的人能够见识到非遗文化的独特魅力。另一方面，众多文化机构也敏锐地捕捉到了网络直播的巨大潜力，开始利用网络直播开展线上非遗课程。这些课程打破了地域限制，让更多的人能够跨越时空，随时随地学习和传承非遗技艺。这种线上学习方式，不仅大大增强了学习非遗文化的便利性，也为非遗技艺的普及和传承注入了新的活力。无论是传承人实时展示的精湛技艺，还是文化机构线上课程的广泛传播，都在不断扩大非遗文化的影响力，促使大众热爱和尊重非遗文化。可以说，网络直播已经成为非遗文化传承的重要助推器，为非遗文化的长远发展注入了源源不断的活力。

### （三）网络直播在乡村文化活化中的实践探索

随着互联网技术的飞速发展，网络直播逐渐渗透到乡村文化活化中，为乡村文化传承与发展提供了新的思路和方向。通过网络直播，乡村文化得以更广泛、更深入的传播，同时也促进了乡村经济的发展和乡村居民的就业创业。那么，网络直播在乡村文化活化中的实现路径是什么呢？

网络直播平台的兴起，无疑为乡村居民提供了一个独特且广阔的舞台，乡村居民得以充分展示自家的生活与文化。在这个数字化的时代，他们通过直播的方式，将乡村的日常生活、节庆活动、民俗传统等精彩内容呈现给全世界的观众。乡村，是中国文化的根基，是传统与现代的交融之地。在直播的镜头下，乡村的日常生活被赋予了新的生命力。观众可以通过网络直播，实时观看乡村居民的劳作场景，感受他们与自然和谐相处的智慧。无论是晨曦中的田园劳作，还是黄昏时的乡间小路，都呈现出宁静而诗意的画面，令人向往。乡村的节庆活动，更是文化的大观园。通过网络直播，观众可以“身临其境”地参与到乡村的节庆活动中，体验浓厚的乡土气息。无论是春节的鞭炮声、端午的龙舟赛，还是中秋的团圆夜，都能够使观众深刻感受到乡村文化的独特魅力。再者，乡村的民俗传统，是中华民族的宝贵遗产。网络直播为乡村居民提供了展示民俗传统的平台，让观众得以一睹这些濒临失传的传统技艺。比如，一些精细的手工艺品制作过程、古老的农耕方式、独特的民族歌舞等，都在直播中得以展现，让观众为之赞叹。网络直播以其独特的方式，真实、生动地展现了乡村的生活与文化。网络直播让观众有机会深入了解乡村，感受那份纯真与质朴，迅速勾起受众对村落、故土的强烈情感，由于接受教育、个体生存、职业发展等因素，奔赴他乡导致情感暂时性生疏的距离感被快速压缩，家乡的亲切感迎面而来，乡村兴盛会令受众自豪和充满敬意，乡村的衰败则会引起他们由衷的惋惜，并激起重建村落、“再现辉煌”的意愿，乡村文化将持续受到诸多受众的关注和传承。[①]网络直播使得乡村文化受到了更多的关注与尊重，增强了乡村居民的文化自信。在这个数字化的时代，我们期待网络直播能继续为乡村文化的传承与发展贡献更大的力量。

传承乡村传统技艺是乡村文化活化中的重要一环。乡村中蕴藏着众多丰富而宝贵的传统技艺，这些技艺代表着历史的积淀和智慧的结晶，但由于种种原因，很多传统技艺面临着传承困境。网络直播的兴起，为传统技艺的传承和发展提供了新的契机。通过网络直播，传承人可以向观众展示技艺过程。直播的实时性和互动性使得观众可以亲身感受传统技艺的魅力，并与传承人进行即时交流。这种传播方式打破了地域限制，让更多人能够接触到乡村传统技艺，并对其产生兴趣和认同。同时，直播的录制和回放功能让观众可以在任何时间、任何地点学习传统技艺，为传承工作提供了更广阔的空间。此外，网络直播也为传统技艺走向市场、实现价值提供了可能。在过去，由于传播渠道有限，很多传统技艺往往只在小范围内流传，难以得到更广泛的认可和应用。而现在，通过网络直播，传承人可以将传统技艺展示给全世界的观众，吸引更多的关注。一些有市场潜力的传统技艺甚至可以通过直播与电商平台对接，实现线上线下的销售，进一步推动乡村经济的发展。我们应该充分利用这一新兴媒体工具，加强对传统技艺的宣传和推

① 李湘．新媒体视域下村落文化的创新传播 [J]. 模型世界，2022（22）：167-169.

广，让更多人了解和关注乡村传统技艺。同时，要重视传承人的培养和保护，为他们提供更好的传承环境和发展空间，确保乡村传统技艺能够在新时代焕发出新的生机和活力。

带动乡村经济发展是当今社会乡村振兴战略的重要一环，网络直播为乡村经济带来了新的发展机遇。传统的农产品销售方式往往受到地域、交通等因素的限制，而网络直播的兴起打破了这些限制，为乡村居民提供了更广阔的销售渠道。网络直播可以让乡村居民通过直播销售农产品、手工艺品等，直接将产品展示给消费者，拓宽了销售渠道。通过直播，乡村居民可以实时介绍产品的特点、生产过程，让消费者更加了解和信任产品，提高购买意愿。同时，网络直播的互动性也为消费者提供了与卖家直接交流的机会，增强了购物的体验感和参与感。除了拓宽销售渠道，网络直播还可以提高乡村居民的经济收入。通过直播销售，乡村居民可以扩大销售市场，增加产品的曝光度和销售量，从而获得更高的经济收益。这种新的销售方式不仅提高了乡村居民的收入水平，也激发了其创业热情和创新精神。网络直播还可以推动乡村产业的升级和转型。传统的乡村产业往往以单一的农产品销售为主，而网络直播的兴起为乡村产业带来了多元化发展的可能。乡村居民可以通过直播推广乡村旅游、乡村民宿等新兴产业，吸引更多的游客和投资者，推动乡村经济的多元化发展。

有学者坦言，“在乡村直播再造的现实与虚拟交汇的空间中，主播和村民的言语交流以及作为非语言的实时反应，塑造了更为多维的农民形象，打破了大众媒介脸谱化的群体形象，形成了丰富、生动、立体的乡村形象”[①]。越来越多的乡村居民渴望通过这一平台分享自己的故事和文化，但缺乏相关的技能和素养是乡村居民面临的难题。因此，加强对乡村居民的网络直播技能培训显得尤为重要。首先，通过系统性的培训课程，乡村居民可以掌握网络直播的基本技能和操作技巧，熟悉直播平台的操作和使用方法。这将使乡村居民更加自信、流畅地进行直播，提高直播的观看体验和吸引力。同时，培训课程还应注重提升乡村居民的媒体素养，使他们能够更好地理解媒体传播规律，把握观众需求，提升直播内容的质量和传播效果。其次，培养网络直播人才不仅仅是技能的传授，更重要的是激

① 郭婉君，于春生．场景理论视域中乡村直播的价值与忧思 [J]. 电视研究，2019（12）：38-40.

发乡村居民的创造力和表达欲望。培训课程可以结合乡村文化特色和当地资源，设计富有创意和吸引力的直播内容，鼓励乡村居民展示自己的独特才艺和故事。例如，可以通过直播分享乡村的美景、特色美食、传统手工艺制作过程等，让观众真正感受到乡村文化的魅力。最后，培养网络直播人才还需要重视后续的支持和服务。建立健全的指导机制，为乡村居民提供持续的技术支持和运营指导，帮助他们解决在直播过程中遇到的问题和困难。同时，可以搭建乡村居民之间的交流平台，促进他们之间的合作与交流，共同提升网络直播的影响力和传播效果。总之，培养网络直播人才是推动乡村文化活化与网络直播结合的重要举措。通过加强对乡村居民的网络直播技能培训，提高他们的直播水平和媒体素养，将让更多的乡村居民有能力参与到网络直播中来，分享自己的故事和文化，为乡村振兴注入新的活力。

乡村是一个充满丰富文化内涵的地方，蕴藏着众多宝贵的传统技艺、民俗活动和历史故事。通过深入挖掘这些文化资源，并结合网络直播进行展示和传播，可以极大地提升乡村文化的认知度和影响力。传统技艺是乡村文化的重要组成部分。乡村地区往往保留着许多古老而独特的手工技艺，如编织、染织、陶艺等。通过网络直播，我们可以将这些传统技艺呈现给更广泛的观众，让观众亲身感受和了解这些技艺的精湛和魅力。直播可以记录匠人的创作过程，展现其手艺和智慧，进一步推动传统技艺的传承与保护。民俗活动是乡村文化的鲜活体现。乡村地区的民俗活动丰富多彩，如庙会、舞龙舞狮、民间艺术表演等。通过网络直播，观众可以远程参与这些活动，感受浓厚的乡土气息和民俗风情。直播可以将活动的盛况实时呈现给观众，让观众仿佛身临其境，进而增强对乡村文化的认知和认同。历史故事也是乡村文化的宝贵财富。乡村地区往往承载着丰富的历史底蕴和传说故事，这些故事蕴含着智慧和启示。通过网络直播，我们可以讲述乡村的历史渊源和文化传承，带领观众一同走进乡村的历史长河，感受乡村文化的深厚底蕴和独特魅力。深入挖掘乡村的文化资源，并结合网络直播进行展示和传播，将为乡村文化活化注入新的动力。我们应当充分认识到乡村文化资源的宝贵价值，通过直播这一新兴媒体形式，将乡村的传统技艺、民俗活动、历史故事等精彩内容呈现给更广泛的观众，提升乡村文化的认知度和影响力，进一步推动乡村文化的传承与发展。

创新直播内容形式是提升乡村文化直播吸引力的关键所在。结合乡村文化特色，我们可以打造丰富多样的直播内容，以吸引更多观众的关注和参与。农耕体验是一种独特的乡村文化直播形式。通过直播，观众可以感受农耕的乐趣和艰辛，了解农耕文化和农业生产过程。例如，可以直播农田的耕种、播种、浇水等环节，让观众感受到耕种的辛劳与喜悦。同时，还可以邀请农民亲自讲解农耕知识，分享他们的农耕经验，增加观众对农耕文化的认知和了解。手工艺制作过程也是乡村文化直播的一大亮点。乡村地区往往有着独特的手工艺传统，通过直播呈现手工艺的制作过程，可以展现乡村匠人的精湛技艺和创造力。例如，直播扎染、剪纸、刺绣等传统手工艺的制作过程，让观众目睹手工艺品从无到有的诞生过程，感受乡村匠人的匠心独运和手艺之美。乡村美食制作也是吸引观众的一大招牌。乡村地区的美食丰富多样，通过直播可以展示乡村美食的独特魅力和制作工艺。观众可以观看乡村厨师亲手制作传统美食的过程，了解食材的选取、烹饪的技巧和独特的调味方法。这样的直播内容不仅令人垂涎欲滴，还能传承和弘扬乡村的美食文化。结合乡村文化特色，创新直播内容形式是推动乡村文化直播发展的关键。农耕体验、手工艺制作过程、乡村美食制作等丰富多样的直播内容可以吸引更多观众的关注和参与，让他们真正感受到乡村文化的魅力和活力。同时，这也是将乡村文化推向更广阔舞台的有效途径，为乡村文化的传承与发展注入新的动力。

与电商平台、文化机构等进行合作，可以实现资源共享、优势互补，共同促进乡村文化的传承与发展，提升传播效果，进一步推动乡村经济的繁荣。电商平台具有庞大的用户群体和完善的物流体系，通过合作，可以将乡村的文化产品推向全国甚至全球市场。例如，在直播中介绍乡村的特色手工艺品、农产品等，观众可以通过电商平台直接购买，实现线上线下的融合，促进乡村文化的商业价值转化，推动乡村经济的发展。与文化机构的合作可以提升乡村文化的品质与影响力。文化机构通常具有丰富的文化资源和专业的研究团队，可以为乡村文化直播提供学术支持和专业指导。通过与文化机构的合作，可以深入挖掘乡村文化的内涵，打造更具品质和影响力的直播内容。同时，文化机构也可以通过网络直播这一新媒体形式，将乡村文化研究成果呈现给更广泛的观众，推动乡村文化的学术传承。合作与交流还可以促进乡村居民之间的互助与合作。通过电商平台和文化机构的牵引，可以搭建乡村居民之间的交流平台，促进他们之间的技艺传承、经验分享和创新创业，这种合作与交流有助于提升乡村居民的整体素质和能力，形成乡村文化发展的合力。

随着网络直播向泛娱乐直播、直播+垂直行业（电商、音乐、旅游、教育、财经）等方向的转向，直播媒体在乡村文化传播中的定位和功能将进一步清晰、完善，其开放性、互动性、体验性和精准性的传播使其对乡村文化的传播优势更加凸显[①]。在打造乡村文明和非遗产业优势、助力乡村振兴的背景下，如何利用“直播”的媒介优势和传播形式，探寻乡村文化网络价值呈现的创新策略，最大限度地提升乡村文化的社会价值和经济效能，是今后需要进一步深入研究的重要课题。未来，我们应继续加强网络直播与乡村文化活化的结合，深入挖掘乡村文化资源，创新直播内容形式，加强合作与交流，共同推动乡村文化的繁荣发展，让网络直播成为乡村文化活化的助推器，为乡村振兴注入新的活力。同时，也应注意在网络直播中保持乡村文化的真实性和原生态，避免过度商业化。

① 于凤静，王文权．直播：非遗网络价值呈现的创新策略研究——以西南少数民族地区为例 [J]. 当代传播，2019（4）：95-97.

# 第五章　乡村文化传播的现实困境

本章阐述了乡村文化传播的现实困境，主要从媒介素养与传播主体能力的局限性、乡村文化内容的失衡与碎片化、文化传播机制的不足与形式单一性、城市化对乡村文化的冲击以及媒体转型对乡村文化的影响几个方面加以论述。

## 第一节　媒介素养与传播主体能力的局限性

乡村文化传播中的一个重要问题是媒介素养和传播主体能力的局限性。媒介素养指的是，个体在接收和处理信息时的能力和技能，包括评估信息的可靠性、使用适当的媒介工具进行沟通以及理解和分析媒介内容的能力。有研究发现，“随着中国经济社会的加速发展，数字技术不断普及，但‘数字鸿沟’正在拉大，特别是在农村地区，受限于地理、经济因素，数字设施建设滞后，农民接触数字应用机会减少，导致整体数字素养低”[①]。在乡村文化传播中，媒介素养不仅影响信息接收者的理解能力，而且影响信息传播者有效传达信息的能力。传播主体能力涵盖了传播者在内容创作、技术运用、信息组织和传播策略等方面的能力。在乡村文化传播的背景下，这些能力尤为重要，因为它们直接影响着乡村文化信息的传播效果和广泛性。乡村文化传播的主体通常面临诸多挑战，如资源限制、技术访问能力不足以及缺乏有效的传播策略等，这些因素共同导致了乡村文化传播的局限性。

### 一、乡村传播主体的媒介素养较低

#### （一）乡村地区媒介素养的现状

第一，媒介接入与使用模式。首先，从网络基础设施方面来看，乡村地区的

① 徐庶．赋能乡村振兴：农民数字媒介接触能力提升路径研究 [J]．科技传播，2023，15（20）：97-100，104.

互联网覆盖普及率和网络带宽相对较低，许多偏远地区仍有信号盲点。这不仅限制了居民获得数字化内容的渠道，也使他们难以享受到网络世界的便利。与此同时，乡村地区智能移动设备的渗透率也较低，部分群体对新型媒体科技还不太熟悉，这也制约了其主动参与新媒体世界的积极性和效率。其次，在媒介使用习惯上，乡村居民还是依赖传统的广播、电视等大众媒体渠道。这些媒介内容较为单一，信息渠道相对封闭，使得乡村地区往往会存在获取信息不对等的问题。比如：乡村居民关注的内容常局限于当地事务或者娱乐消遣，较少关注更为广阔的社会议题，这不利于扩大眼界；电视台的交互性也相对较弱，居民难以参与讨论或者反馈意见，这限制了媒介的服务性和针对性。最后，新媒体技术的使用普及面临经济与教育的双重制约。一方面，较高的网络使用费用和设备成本是部分农村用户采用新技术的经济障碍；另一方面，教育水平与技术掌握能力也决定了不同群体使用新技术的效率。即使在部分使用移动智能设备的乡村地区，也可能出现居民对技术应用的不熟练，使得这些设备的价值没有得到充分发掘和利用的情况。总体看来，尽管移动互联网在缩小城乡差距上发挥着重要作用，但从接入条件到使用习惯，乡村地区在新型媒介参与度与使用效率上与城市还存在一定差距。这需要相关部门从基础设施建设、成本管控、教育培训等方面给予支持，让技术红利更多惠及边远地区群众。只有当乡村居民真正融入新媒体环境并学会充分利用这些新工具才能让现代化成果更广泛地惠及各阶层。

第二，信息理解和评估能力。乡村地区居民在信息获取和处理方面与城市地区居民也存在一定的差异与不平衡，主要体现在信息判断与理解能力两个层面。首先是信息真实性判断能力。有研究指出，“媒介所传播的信息是海量的，其中充斥着各种虚假的信息，可能给受众带来不良影响，辨别信息真假、筛选有价值的信息是我们应该具备的能力”①。由于教育程度普遍偏低和生活经验有限，一些乡村居民往往难以客观评估信息来源的可信度，特别是面对新兴的网络信息时，缺乏必要的信息识读和鉴别能力，较易受到谣言等虚假信息的迷惑与误导。比如在突发公共事件面前，乡村居民可能难以分辨事实与猜测的界限，判断信息的真伪，从而产生恐慌或错误认知。这与城市居民整体较强的信息识读与判断能力形

① 蓝丽娟，林小彬，黄婕．乡村振兴背景下闽东农民媒介素养调查研究 [J]. 乡村科技，2021，12（21）：21-23.

成对比。其次在信息内涵理解和广度上也有一定差距。由于生活阅历和社会接触有限，乡村居民获取信息的渠道与范围相对狭窄，所获取信息的多样性也较差，这影响他们对公共议题的理解广度。乡村居民理解新信息的视角与方法也较为局限，因而难免产生片面解读。同时，在具体信息内涵的解读与运用上，也存在层次不足的问题。这些因素综合起来，不利于乡村居民就社会各类问题，特别是与城市相关的群体或事件，形成较为立体与全面的认知，这与城市用户整体更强大的信息处理能力形成的认知体系也有差距。为了弥合上述差距，相关部门需要从提高基础教育水平着手，增强这部分群体的信息判断与理解素养。只有当不同群体都能在这个数字时代更好地实现信息获取、处理与运用的时候，才能促进不同阶层乃至整个社会的协调健康发展。

第三，数字鸿沟。乡村与城市之间在信息化建设与应用上存在明显的“数字鸿沟”，这不仅表现在硬件设施覆盖面上的差距，也体现在软件应用能力和使用深度的悬殊。首先，在网络基础设施和终端设备普及率方面，乡村与城市仍然存在显著差距，前者的覆盖和使用率显著低于后者。这造成了群体之间在获得数字化服务的机会上不平等。其次，不同群体利用数字技术的能力也存在差异。总体而言，乡村居民相比城市居民，无论从广度还是深度上，数字化应用能力均较为薄弱。乡村居民往往难以运用数字工具进行网上学习、金融交易、政务服务等，难以从中获取便利，即使是应用较多的智能手机，使用场景也较为单一，难以发挥设备的潜力。部分原因在于乡村居民缺乏指导和培训，未能全面了解和掌握这些数字化工具的功能范围。最后，这种数字应用能力的差距也体现在不同年龄段之间。当前，老年人的养老需求已从物质养老向精神养老、文化养老延伸。有人认为，“现代社会如果没有合理使用媒介资源的能力，个人就会沦落为信息时代的弱者”[①]。有学者指出，“当前横跨在城镇和农村之间的数字鸿沟给老年人参与数字乡村建设带来了诸多技术上的困难与挑战，主要表现为基础设施的接入鸿沟、智能设备的使用鸿沟以及能力素养的知识鸿沟”[②]。相比老一代，乡村地区的年轻人无论是在设备使用熟练度上，还是接受新事物的意愿上，都更胜一筹。所以，

① 余筱瑶．农村老年媒介素养：乡村文化振兴中的数字赋能与纾困 [J]. 重庆开放大学学报，2023，35（5）：75-80.

② 沈费伟，曹子薇．从数字鸿沟到数字包容：老年人参与数字乡村建设的策略选择 [J]. 西北农林科技大学学报（社会科学版），2023，23（1）：21-29.

乡村地区的年轻人成为跨越数字鸿沟的重要群体。但是由于教育资源有限，大多数青年仍然缺乏足够的指导来深入挖掘技术潜能，这阻碍了他们通过数字化手段促进自身发展的机会。

第四，社会文化因素。除了硬件设施、经济条件等客观因素，一些根深蒂固的社会文化观念和惯性思维，也在一定程度上影响着乡村地区新旧媒介的使用与转型。部分乡村地区传统文化仍占主导地位，这些传统观念导致一些群体对新生事物持有比较保守甚至排斥的态度。这一群体将网络媒体等新技术视为对本地传统生活方式的冲击和侵蚀，所以在认知层面上就存有抵触情绪。这使他们在接受和使用新媒介上显得较为被动和消极，这成为新旧媒介转型的社会心理障碍。除了价值观念层面，一部分乡村居民也存在媒介素养不足的问题，表现为他们没有充分意识到提高媒介技能和运用媒介工具的重要性。这与城市地区的整体媒介意识形成对比。由于生活方式的惯性思维，部分乡村群众对传统媒介已有一定依赖，面对新生事物反应迟缓，这也成为转型过程中的一种潜在阻力。这些社会文化因素其实也反映了基础教育水平与经济条件的制约。广大乡村地区对新技术和新事物的认知程度偏低，这与当地知识水平及信息渠道有关；而要实现转型升级也需要一定的经济支撑，这些基础条件的欠缺使得一些居民在媒介使用模式上处于较被动的状态。这需要通过教育与文化事业来推动居民观念和行为方式的转变。综上来讲，实现从传统到现代媒介的转型，需要技术进步与经济支持，也需要社会文化层面的转变与适应。只有当广大乡村居民提高认知水平，转变传统观念，主动拥抱新技术、新事物，使之真正融入自身生活，新旧交替的媒介发展才能真正实现。

### （二）影响乡村地区媒介素养的因素

有学者指出，“农民媒介素养是农民选择、理解、质疑、评估，以及制作、传播媒介信息能力的体现，直接关系到乡村文化资源的发掘与利用、乡村文明社会的构建与治理”[①]。“影响乡村地区媒介素养的因素”涉及多个方面，包括教育、经济、基础设施和社会文化等。以下是对这一主题的具体阐述。

从教育背景来看，乡村地区在教育资源上的整体短板，直接制约着当地居民

① 秦艳华，杜洁 . 媒介素养：乡村文化振兴的重要推动力 [J]. 中国编辑，2021（11）：11-15.

媒介素养的提高。基础教育阶段就是媒介素养培养的重要期，而乡村学校在师资、设备、课程设置等方面都面临严峻挑战。例如，信息技术和媒介识读类课程无法有效开展，学生无法学习必要的判断信息真伪、防止互联网诈骗等媒介知识，这些都将限制其媒介能力的提升。此外，教师队伍建设有待加强，学校组织的媒介教育活动相对简单，这些因素直接影响着学生的媒介素养。在校后教育阶段，乡村地区的成人培训机构更是凤毛麟角。居民要自主参加提升媒介技能的学习也较为困难。乡村居民的信息来源与渠道单薄，获取权威指导的路径有限，这导致已离开校园多年的大多数成年群体，在应对数字时代媒介爆炸的挑战时显得力不从心。家庭作为人们日常生活的主要场所，是媒介基础重要的空间环境，因而不少学者呼吁"在学校教育的同时，家庭教育可以作为辅助手段，实现亲子间媒介知识、经验和技能的交流，进而达到提高媒介素养的效果"[①]。从家庭环境来看，大多数乡村家长本身媒介识读与运用技能有限，无法有效指导子女的相关成长。学校和家庭的双重贫乏，使得乡村学子媒介素养提升的环境与支持异常匮乏。这已经并将进一步制约这一群体迈向数字化社会的进程。为改变这一现状，国家与社会需要从根本上增加乡村地区教育投入，特别是在信息化建设与课程设置上下功夫。只有持续推动不同阶段的媒介教育，使信息获取与处理的现代化技能成为常态化培养内容，乡村学子与居民的媒介素养才能稳步提高，他们才能在这个数字化、网络化的时代行稳致远。

从经济状况层面来看，总体上的收入水平直接影响乡村地区新旧媒介的更迭与应用。首先，经济因素制约着先进设备与设施的获取。作为信息化建设的物质基础，个人计算机、手机、平板电视等的购置与使用，以及网络接入的开通与流量费等都需要一定经济能力的支持。目前而言，整体收入水平偏低使得大多数乡村家庭无力承担这些数字设备的费用，这直接影响乡村居民享受高质量媒介内容与服务的机会。其次，除了硬件设备，软件内容也同样需要付费获取。越来越多的优质数字内容需要通过订阅模式才能使用，这也使部分低收入群体无从享受。同时，他们也难以承担线下知识付费产品，如参加新媒介技能培训班等。这无形中加剧了信息获取的不平等。最后，经济因素还通过影响教育水平和社会流动性，

① 尹晓楠，方雪琴．信息减贫语境下农村地区媒介素养提升路径[J]．新闻爱好者，2022（11）：95-97.

间接影响信息化过程。收入偏低会导致家庭无法长期支持子女教育，影响下一代的数字技能；而自身也难以离开本地进一步就业和学习，见识面受限制。综上，经济状况成为影响乡村地区媒介化的关键因素。因此，纵观乡村信息化建设，必须高度重视经济增收手段与效果。提升乡村居民整体收入水平，使乡村居民有更充裕的资源获取数字设备、学习数字技能、使用数字内容，是保障信息应用健康发展的基石。经济因素的改善也将带动社会流动性，为信息化奠定牢固基础。从技术访问和基础设施方面来看。许多乡村地区在技术基础设施方面存在明显的不足。例如，互联网覆盖不全和网络连接不稳定限制了居民使用在线资源。乡村地区的技术访问问题不仅限于物理基础设施，还包括对技术的维护和支持服务的缺乏，进一步影响了居民有效利用这些技术。

从文化和社会环境来看，根深蒂固的传统观念与价值取向，也在不同程度上影响着乡村居民对新媒介的接受态度与应用习惯。有学者指出，“互联网普及率和新媒体设备的拥有情况是接入互联网、使用新媒体的前提，但对于农村居民来说，能否认识到新媒体在其经济和社会生活中的重要性，从而增强新媒体使用的主动性，也是影响城乡数字鸿沟的一个不可忽视的因素”[①]。首先，传统文化意识较浓的偏远小村庄，居民对外来新事物及潮流的接受能力相对较弱。他们更倾向于遵循传统方式获取与传播本地信息，对电视、报纸已有一定依赖感。这类群体试图保守既有媒介状态的心理，使他们在应对网络新媒体等数字化工具时显得比较消极被动。即便是那些开始接触新设备、新平台的村民，他们的使用场景与范围也较为狭窄。由于深受小集体文化影响，大多数交流主题局限于生产生活领域，很难拓展至更广阔的视野，难以达到开阔眼界、激发多元思考的效果。这与城市居民主动学习专业知识、探讨时事热点等使用特征形成对比。其次，作为小社群的一员，个体很容易受到周边群众态度的影响。如果村民主流对新技术、新事物还存疑虑，那么个人也很可能受此影响，不敢轻易尝试与探索。这种环境下成长的下一代，自身媒介意识与应用兴趣也会受到抑制。这是一个需要由内而外推动转变的文化过程。所以我们看到，在媒介应用领域，软环境与硬环境同样重要。营造良好的文化氛围，并加强公共教育引导，也是提升乡村居民媒介素养的重要一环。

① 刘朝霞．新媒体对城乡数字鸿沟的影响探析 [J]. 新闻前哨，2016（1）：69-71.

## 二、传统思想束缚与村民参与度不足

第一，传统思想的影响。传统文化与思维模式的局限性，是影响乡村信息化进程的重要社会因素。部分乡村地区根深蒂固的传统习俗，与现代科技文明的价值理念存在一定距离，这造成一些群体在理念层面上难以主动接受和运用新媒介。比如：强调男尊女卑的家庭观念，可能妨碍女性村民平等参与新技术学习；过度追求稳定性的小农意识，也可能抑制个人创新精神的释放。这些潜在的思想障碍，制约着信息化进程在乡村的开展。即便是接触了新技术、新工具，一些群体也只将其视为生活娱乐工具，而没有意识到新媒介在获取信息、交流思想乃至产生经济价值方面的潜力。有研究指出，“当城市人已经习惯了用手机购物、购买机票、预约出租车时，绝大多数农村网民使用手机依然停留在打打游戏、看看新闻的阶段”[①]。乡村居民使用网络、手机等的场景与范围都较为有限。这种利用方式的被动性和消极性，也不利于信息化成果在乡村落地生根。传统观念还可能使个体或整个村庄对外来信息形成防御态度，产生信息壁垒。过度排斥、杜绝接触媒介新技术与新观念的后果，将使整个社区在获取信息和更新认知上都陷入“落后性循环”的困局。这已经并将进一步限制这部分地区融入数字化增长的进程。

第二，教育背景的局限。教育水平的高低，直接影响一个地区乃至一个群体进行有效的信息交流与扩散。由于城乡经济发展的不均衡性，乡村信息基础设施落后、教育水平不高、支付能力不足，导致乡村地区与城市地区的信息不对称，存在严重的信息障碍。有研究指出，“农村教育与城市教育存在很大差异，是造成信息技术不能广泛应用于农村基础教育并产生数字鸿沟的主要因素，也是中国教育信息化的薄弱环节”[②]。当前，乡村地区在教育资源方面依然短板凸显，这限制了乡村居民提升媒介素养、推动信息化进程的可能。在基础教育阶段，乡村学校普遍存在设备陈旧、师资匮乏、课程设置单一等问题。信息技术类必修课无法开设，学生无法掌握搜索验证信息、防止网络诈骗等媒介识读技能。语文类课程侧重识字而非识图识媒介，忽视了图像文本的解析。教师队伍建设也较为薄弱，组织的校园媒介实践活动有限。这些都制约了学生媒介修养的提升。与此同时，

① 杨文明，朱家顺．三问城乡数字鸿沟 [J]. 农村·农业·农民 A，2015（3）：11-13.

② 刘兴红．农村远程教育工程对城乡教育数字鸿沟的影响 [J]. 中国电化教育，2009（4）：45-48.

成人教育对乡村地区而言也是空白。大多数离开校园的成年人，要主动获取提高媒介技能的学习机会较难。他们的信息渠道相对狭窄，获取权威知识或指导的路径有限，这导致大部分乡村居民在应对数字化媒介浪潮时更显心余力绌，难以顺应形势需要。另外，在家庭环境方面，大多数乡村家长自身的媒介识读与运用技能也较为薄弱，无法有效培养下一代的相关素养。在现实生活中，他们很少组织适合孩子年龄的丰富媒介活动。学校和家庭的双重不足交织影响，导致乡村孩子媒介教育的获得严重依赖学校条件。乡村社区长期缺乏系统的媒介教育，不仅影响当地居民主动探索媒介世界、发挥媒介价值的动力，也影响其参与乡土文化传播的积极性。文化传播需要内容生产者有一定的文化修养与媒介运用能力，而这恰是大多数乡村居民所欠缺的。这既影响传统乡土文化利用新媒介扩大影响力，也影响居民自己创作的网络文化内容的丰富性。

第三，社会结构和参与机会。除了硬件设施和教育条件，乡村社区的社会结构与参与机制，也在很大程度上影响不同群体在信息生产、传播以及政策决策中的角色定位和实际作用，这也直接影响居民主动学习和运用新媒介工具的积极性。在许多传统乡村社区，信息获取和传播渠道以及公共决策机制长期被少数精英阶层所主导，普通村民参与度和话语权偏低。这既是乡村小气候的一种“默认”格局，也与普通村民自身在文化修养和组织能力等方面的局限相关。这削弱了基层群众主动了解政策、表达诉求乃至记录文化的动力。新媒介技术作为增强普通村民表达和参与的新途径，需要新媒体技术使用者拥有一定的文化修养和技术驾驭能力，这恰是大多数村民所欠缺的。这就导致在新老媒介并存的阶段，民间表达仍被较少数精英主导。新技术的出现并未立即解决参与度的失衡。在一定程度上，这种社区环境和参与格局的惯性也会反过来弱化普通成员学习新技能、让更多声音出现的内在动力。因此，软环境的转型一样牵涉复杂的群体协调与动力激发。这需要通过持续优化的制度设计，让广大村民也能在新媒介环境下获得更多表达、参与和决策的机会，从而主动融入新兴的信息社会，这是推进乡村治理现代化的必由之路。

第四，经济和时间限制。经济条件和可支配时间的多寡，事实上也成为影响乡村居民主动接触、学习和运用新媒介的重要现实因素。首先，收入水平直接影响村民购置智能设备和支付网络流量的能力。物质条件是参与数字生活的基础，而这方面仍然是农乡村地区的短板。除了设备和接入这类“硬件”的限制外，一些数字内容的付费使用是制约乡民享受丰富信息的另一大障碍。这一经济难题严重影响了乡村居民对于信息化资源的获取和使用。其次，农业生产和其他谋生活动的劳动密集性，决定了大多数乡村居民可用于学习、娱乐等其他生活领域的时间和精力都受到较大限制。在劳动与休息的选择中，乡村居民常常优先满足前者需求，这不可避免地影响到他们主动提升媒介技能或者开展信息交流的积极性。除了受客观条件影响外，一部分乡村居民自身也存在时间使用效率不高的问题。譬如，很多人下地干活儿之余会看剧，而很少利用这宝贵的时间探索其他信息领域。这种习惯性选择模式显然也与个体对于信息的重要性认知不足有关。当然，如果说经济压力和劳动时间安排是制约乡村信息发展的客观因素，那么提高收入水平、加大乡村公共知识服务设施投入等则可为这部分群体节省更多学习时间，激发其探索数字世界的内生动力。而这需要通过系统性的环境优化和供给改善来推动。

## 三、乡村文化传播主体话语权缺失

在乡村文化传播过程中，村民和乡村文化创造者往往无法有效地表达自己的观点和文化价值，这一现象受多种因素影响，其涉及文化认知、教育机会、技术访问以及社会和经济条件等方面。

第一，传统文化的边缘化。有研究指出，“随着市场经济的快速发展，社会流动的加速，现代传媒的商业和市场取向，农民的生活方式和状态发生了变化，传统的构成农民的价值与意义的活动及文化被边缘化”[①]。乡村文化在电视节目、电影和新闻报道中经常被描绘为与现代社会脱节，甚至是阻碍进步的因素。这种对乡村文化的边缘化态度深刻影响了乡村文化传播主体的公共话语权。在媒体和文化产业中，乡村的声音往往被城市话语掩盖，使得乡村文化的真实面貌和深层价值难以被公众理解和欣赏。例如，乡村音乐、民间艺术和传统节庆在主流文化媒体中往往缺乏代表性，其丰富性和多样性被忽略，而乡村生活的负面刻板印象则被不断强化。乡村文化的价值和重要性往往未能得到充分的认识和尊重。乡村文化不仅承载着丰富的历史和传统，而且孕育了深厚的地域特色和民族精神。这

① 刘姿均．新媒体时代乡村文化传播的困境与对策 [J]. 新闻传播，2021（7）：16-19.

些文化传统反映了乡村社区的历史经验、生活智慧和价值观念，对维护文化多样性和传承民族历史具有不可替代的作用。然而，在现代社会中，这些文化特色和价值常常被忽视，导致乡村文化传播主体在表达和传播自己的文化时面临重大挑战。由于这种文化的边缘化，乡村地区的居民，尤其是文化传播者，常常感到自己的声音难以被听见，他们的文化实践和表达在更广泛的社会和文化框架中被边缘化。这种情况不仅剥夺了乡村文化传播主体在更大范围分享和展示自己文化的机会，也阻碍了乡村文化的现代转化和创新发展。因此，打破对乡村文化的刻板印象，提升乡村文化在公共领域的可见度和影响力，成为推动乡村文化可持续发展的重要任务。

第二，教育和技术的不平等访问。教育水平和技术访问的不平等是乡村文化传播中一个严重的问题，其在很大程度上决定了乡村居民能否有效地参与到文化的表达和传播中。在乡村地区，由于教育资源相对有限，很多居民可能没有接受过充分的基础教育，更别提涉及媒介素养和信息技术的高级教育了。这种教育资源的缺乏限制了他们理解和使用现代媒介工具的能力，也阻碍了他们从更广阔的视角理解和表达自己的文化。由于基础教育的局限，许多乡村居民在阅读、写作和批判性思维方面存在不足，这些能力对于有效传播和表达文化至关重要。此外，缺乏媒介素养教育意味着他们可能无法有效利用数字平台和社交媒体来传播自己的文化。这不仅限制了他们分享乡村文化的能力，也使他们在文化保护和传承方面处于不利地位。技术访问的不平等在乡村地区尤为明显。尽管数字技术和互联网已成为现代社会的重要组成部分，但在许多乡村地区，居民仍然难以获得稳定和高速的互联网连接。即使在有互联网接入的地区，设备的可负担性和技术支持也常常是问题。这些技术上的限制不仅影响了乡村居民获取信息的能力，也阻碍了其通过现代平台分享和传播自己的文化故事和传统知识。此外，缺乏技术教育和实践机会使得乡村居民难以充分利用可用的技术资源。例如，他们可能不熟悉如何在社交媒体上创建内容、互动和建立网络社区，这对于文化传播和交流至关重要。这种情况导致了一个恶性循环：缺乏技术知识和技能限制了乡村居民参与数字世界的能力，而缺乏参与又阻碍了他们对技术知识和技能的获取。有学者坦言，“乡村文化传播者与新媒体之间存在的技术与文化鸿沟，使之不能自觉地利用新媒体，而只能作为传播的内容载体成为他人话语的传声筒”[①]。由此可见，教育和技术访问的不平等严重影响了乡村文化传播主体的话语权。要解决这个问题，需要从改善教育资源、提供技术访问和支持，以及促进乡村居民技术能力的提升等方面入手。

第三，社会和文化观念的影响。在乡村社区中，传统的社会和文化观念在很大程度上塑造了居民的行为方式和表达习惯。这些观念往往源自长期的历史传统和习俗，对居民的思想和行为产生深刻的影响。例如，某些社区可能有着强烈的集体主义传统，强调社区的和谐与统一，而不鼓励个体表达不同的意见或挑战传统观念。这种环境可能限制了乡村文化传播主体表达自己独特文化价值的自由和能力。例如，在一些乡村社区中，讨论与传统性别角色或家族结构相关的文化习俗可能被视为不恰当。这不仅限制了个体对这些文化方面的探讨和批判，也可能导致对这些文化方面的深入理解和创新发展的机会被忽视。在更广泛的社会文化环境中，乡村文化常常面临更加复杂的挑战。现代社会普遍强调快速发展、高效率和技术创新，而乡村文化所代表的传统知识、生活方式和价值观可能被视为过时和不符合现代标准。这种普遍的社会文化观念削弱了乡村文化在公共讨论和媒体报道中的地位，减少了乡村文化传播主体表达自己观点的机会和能力。此外，这种对乡村文化的轻视态度可能导致乡村居民在表达自己的文化时感到自卑或犹豫。缺乏来自更广泛社会的认可和支持，他们可能对自己的文化价值缺乏信心，从而不愿意或无法积极地参与到文化的传播和交流中。这种情况不仅对乡村文化的传承构成威胁，也限制了乡村文化在更广泛文化景观中的多样性和活力。

第四，经济条件和资源分配。经济条件和资源的不平等分配在乡村文化传播中扮演着关键角色，这一点在乡村与城市地区之间尤为明显。在许多情况下，乡村地区的经济条件相对较差，这不仅影响了居民的日常生活，也严重限制了他们参与文化活动和传播的能力。财政资源的有限性导致乡村地区在文化活动和传播方面的投入远远低于城市地区，这不仅包括资金的直接投入，还包括教育、技术支持和基础设施等方面的支持。由于经济困难，乡村地区的居民和文化传播者往往缺乏参与文化交流和表达自己观点的资源。这包括购买现代通信设备的资金、

① 刘博仁，季丽莉．新媒体时代乡村文化对外传播的困境与对策[J]．新闻研究导刊，2021，12（10）：230-232.

访问互联网的费用，甚至是参与文化活动所需的基本支出。因此，乡村地区的文化活动和传播通常依赖于传统方式，如口头传播和社区集会，而这些方式在现代社会中的可见度和影响力相对较低。此外，资源分配的不均也影响了乡村地区对文化遗产的保护和发展。缺乏资金和支持意味着无法有效保存和发展乡村的艺术、工艺、传统知识和文化实践。这不仅损害了乡村文化的丰富性和多样性，也剥夺了乡村文化在更广泛文化讨论中的代表性和影响力。在更广泛的文化讨论中，乡村文化由于经济条件的限制而常常处于不利地位。城市地区的文化活动和传播得益于更丰富的资源和更广泛的观众，而乡村地区的文化活动则往往局限于小范围，缺乏更广泛的社会关注和参与。这种不平等的资源分配不仅限制了乡村文化传播的范围和效果，也降低了乡村文化在全国甚至全球文化景观中的参与度和影响力。

## 第二节　乡村文化内容的失衡与碎片化

### 一、乡村文化传播内容的碎片化趋势

有学者认为，“尽管新媒体打破了传统的传播模式，丰富了乡村文化传播模式，尤其是新媒体打破传统媒体的约束，许多进城务工经商的农民也可以成为乡村文化的传播者，这在很大程度上提升了乡村文化传播的影响力，但是由于新媒体平台受到传播时间、受众注意力的限制，使得乡村文化传播内容呈现碎片化的特点，即乡村文化传播者难以将乡村特色文化完整地呈现在受众面前，受众也难以完整地接受所有的乡村文化内容输出”[①]。这种现象在乡村文化的传播中尤为常见，表现为信息传递的断断续续、缺乏系统性和深度。碎片化的信息通常缺乏上下文关联，使得接收者难以获得全面和准确的文化理解。这不仅涉及文化知识的传递，还包括文化价值和传统的表达方式。乡村文化传播内容碎片化的主要原因是多方面的，具体如下所述。

第一，在技术限制方面。在乡村地区，技术资源的限制对文化传播的方式和效果产生了显著的影响。尽管互联网和社交媒体等现代信息传播工具在城市地区

① 王宙，刘文生．新媒体时代乡村文化传播的现实困境及优化路径 [J]. 湖南行政学院学报，2023（6）：109–115.

得到了广泛应用，但在许多乡村地区，这些技术的可访问性仍然受限。这种限制不仅源于物理基础设施的缺乏，如互联网连接的不稳定性和覆盖范围的局限性，还包括相应技术设备的可负担性和使用技能的缺乏。由于这些技术限制，乡村地区的居民往往无法充分利用数字平台进行有效的信息传播和文化交流。这导致乡村地区的居民不得不依赖于更传统的、非正式的传播渠道，如口头传播、家族和社区聚会等。虽然这些方式在维护社区凝聚力和传承口头传播方面发挥着重要作用，但在保持信息完整性和传播效率方面存在明显局限。在口头传播过程中，信息易受个人记忆、理解和口述能力的影响，可能导致关键细节的遗漏或误解，从而引起文化内容的变形和丢失。另外，这种依赖传统传播方式还限制了乡村文化的传播范围。传统的口头传播和社区聚会通常只能触及有限的受众群体，而无法像数字平台那样迅速扩散到更广泛的区域。这种局限不仅影响了乡村文化在更大范围内的传播，也限制了乡村文化与外界文化的交流和互动。技术限制在乡村地区还导致了信息传播的不均衡性。由于信息传播主要依赖于非正式渠道，这可能导致某些群体，尤其是年青一代，对乡村文化的了解和参与度不足。随着年青一代越来越多地接触和使用数字媒介，他们可能感到与传统文化越来越疏远，从而影响乡村文化的传承和发展。

第二，教育水平。在乡村地区，教育资源的缺乏是影响居民信息处理和文化传播能力的一个关键因素。有研究指出，“总体来看，乡村教育发展的新困境是一种非此即彼的一元化、同一化的思维结果，是一种城乡都奔向被规定好的现代化征途的‘单向度发展’，而缺乏对传统乡村存在价值的承认，代表中国文化精神的乡土文化也在现代化浪潮中渐渐消失”[①]。相较于城市地区，乡村地区的教育机会相对有限，这不仅包括基础教育的获取难度，还涉及对进阶知识和技能的学习机会的不足。这种教育资源的缺乏导致许多乡村居民在阅读、写作和批判性思维等基本技能上存在明显差距，这些技能对于理解复杂信息、形成连贯观点和有效传播文化至关重要。由于教育水平的限制，乡村居民在信息的获取、处理和传播方面面临着多重挑战。乡村居民可能难以理解复杂或抽象的概念，难以有效评估信息的可靠性，也难以清晰、准确地表达自己的观点。这不仅限制了他们理解

① 方刚，杨建朝．城乡优质均衡视域下乡村教育发展新困境与差异正义进路 [J]. 华南师范大学学报（社会科学版），2023（3）：130–141；207.

和吸收新知识的能力，也影响了其参与文化交流和表达自己文化观点的能力。最终导致的结果是，乡村文化传播往往倾向于依赖简化和片面的信息传递方式，缺乏深度和全面性。教育资源的缺乏还限制了乡村居民对新媒介工具的使用和掌握。在当今社会，有效的文化传播越来越依赖于数字技术和互联网平台，这些工具和平台的有效使用需要一定的技术知识和技能。乡村居民由于缺乏这方面的教育，可能无法充分利用这些现代传播工具，从而在传播自己的文化时处于不利地位。与此同时，教育水平的局限也对乡村文化的创新和发展构成了障碍。缺乏全面和系统的教育，可能导致乡村居民在理解和应对现代社会变化时，缺乏必要的视角和思考能力。这不仅限制了乡村居民对传统文化的现代诠释和创新，也减少了他们对外部文化创意的吸收和融合的机会。

第三，资源分配不均。在乡村地区，文化资源的不平等分配是影响文化传播深度和多样性的关键因素之一。文化资源，包括资金、培训和材料，对于维持和传承文化至关重要。然而，这些资源在乡村和城市地区之间分配极不均匀，导致乡村地区在文化活动和传播方面的投入相对较少。这种资源不足不仅限制了乡村文化活动的规模和质量，也影响了乡村文化在更广范围内的传播和认知。资金的限制对乡村文化传播的影响尤为明显。缺乏足够的资金意味着无法进行必要的文化项目投入，如修复和保护文化遗址、组织文化活动，以及购买和维护文化传播所需的设备和材料。资金不足还限制了乡村地区进行文化创新和发展所需的研究和实践。由于资金限制，乡村地区的文化项目往往规模较小，缺乏创新和吸引力，这进一步加剧了文化内容的碎片化和单一化。培训和材料的不平等分配同样对乡村文化传播产生了深远的影响。例如，乡村地区的居民可能缺乏接受艺术、手工艺和媒介技术等方面的专业培训，这限制了他们在文化创作和传播方面的能力。此外，由于材料的缺乏，乡村艺术家和文化工作者可能无法充分实现他们的创意和文化表达。这种资源的不足不仅影响了文化活动的质量，也影响了乡村文化传承的连续性和多样性。这种资源分配不均的现象还导致了乡村文化在更广阔的社会文化环境中处于边缘地位。城市地区由于资源丰富，能够举办大规模的文化活动和项目，吸引更广泛的公众参与和关注，而乡村地区的文化活动则因资源限制而相对局限和隐蔽。这种差异不仅在物质资源上显著，也在文化影响力和社会认可上形成鲜明对比。

第四，文化传统的失真。碎片化的信息传播对乡村文化传统的保护和传承构成了严重威胁。有研究指出，“当乡土文化的传播者、传承者沦为虚假、低俗文化的制造者时，真实自然、积极乐观的乡村生活就变味为迎合某些低级趣味的丑陋身体表演，乡土文化传播也失去了真善美的价值”[①]。当文化信息在传递过程中变得零散和断断续续时，它们很容易在每一次的重新诠释和传播中发生变形或误解。这种信息的失真不仅涉及文化知识本身，还包括对文化意义和价值的理解。在这种情况下，文化传统的核心元素和深层含义可能会被忽视或曲解，导致文化的原始精髓和独特性丢失。例如，一些重要的乡村节庆、仪式或者故事在传递过程中可能会丢失关键的元素或背景信息，导致其文化意义被改变或误解。这种失真可能是由于传播者对文化细节的无意忽略，或是受限于其理解水平。特别是当这些文化传统被转述给不熟悉原文化背景的人时，原有的文化内涵和深层意义更容易被曲解或简化。随着现代生活方式的渗透，一些传统文化习俗和实践可能被重新解释，以适应现代社会的需求和价值观。虽然这种适应性变化在一定程度上是必要的，但这也可能导致对传统文化的根本误解，从而忽视或淡化了文化的原始意义。文化传统的这种失真不仅影响当前一代对其文化遗产的理解，也影响到文化传承的连续性。如果年青一代接收到的文化信息是零散和变形的，他们对自己文化的认同和理解可能会发生偏离，影响其维护和发展这些文化传统的意愿和能力。这种断层不仅削弱了文化的内在凝聚力，也影响了文化的多样性。

第五，文化意义的削弱。在乡村文化传播中，由于信息的零散和断断续续，核心的文化价值和深层含义往往难以有效地传递。这种碎片化的传播方式导致文化内容往往只能传达其最基本的信息，而更深层次的文化意义、历史背景和哲学思想无法得到充分展现。这不仅影响了文化知识的完整性，也削弱了文化的深度和丰富性。例如，乡村地区的民间故事、传统艺术或习俗在传播过程中可能仅被简单地描述其基本情节或形式，而与之相关的历史背景、文化象征和社会意义被忽略。这种表层化的传播方式无法完全传递文化的真正价值和意义，导致接收者无法充分理解和欣赏乡村文化的独特性和深度。此外，文化意义的削弱还影响了乡村文化对当代社会和年青一代的吸引力和影响力。文化内容被简化和片面化，

① 王钰，冯林．乡土短视频的文化传播效应、问题与策略研究 [J]. 新闻研究导刊，2022，13（6）：29-31.

就失去了与现代观众产生共鸣的能力。对于年青一代，他们可能更倾向于寻找具有深度、复杂性和相关性的文化内容。在这种情况下，乡村文化传播的表层化可能导致年青一代对传统文化的兴趣减少，从而影响文化的传承和发展。文化意义的削弱还可能导致乡村文化在更广泛的文化讨论和文化政策中边缘化。由于乡村文化的深层含义和价值没有得到有效传递，乡村文化可能被视为不够重要或不具备现代社会所需的文化特质。这种观点不仅限制了乡村文化在文化政策和投资中的地位，也影响了乡村文化在社会文化发展中的角色定位。因此，解决文化传播中的碎片化问题，保护和弘扬乡村文化的深层意义，对于维护文化多样性、促进文化交流和传承具有重要意义。

## 二、单一化传播内容与优质文化的忽视

单一化传播内容指的是在乡村文化传播过程中，经常重复使用相同或类似的主题、故事和表达方式，导致缺乏多样性和创新。有学者指出，“农民受限于思维方式、行为习惯等，对现象的解读和认识不够深刻，其自媒体作品创新力度不够，在同一个主题上重复多次，或是只做热门作品，使粉丝产生审美疲劳，质疑作品所传递的魅力乡村，对乡村文化的传播产生了一些消极作用”[①]。这种现象在乡村文化传播中尤为突出，部分原因在于资源的限制、技术访问的不平等以及缺乏专业知识和技能。最终导致乡村文化传播往往围绕着一些传统和习惯性的主题展开，而缺少对乡村文化更深层次和多元化内容的探索和展示。

相对而言，单一化的原因有多个方面，如资源限制、教育与培训缺失、文化自我认同的缺失等。从“文化自我认同的缺失”这点展开来讲：在快速现代化的影响下，乡村社区面临着文化自我认同的挑战。有学者认为，“乡土文化价值属性的缺失不仅直接影响乡村社会的发展水平，使乡村社会发展失去文化根基和发展力量，而且会导致乡村社会因缺失文化内涵而走向失序，甚至引起乡土文化内在信任体系的崩塌”[②]。这主要表现为对本土文化价值和特色的模糊认识，以及在

① 何憬．乡村振兴背景下“三农”自媒体助力乡村文化传播的困境及对策 [J]. 新西部，2023（10）：203-205.

② 刘桂辉．新生代乡村教师乡土文化自信的缺失危机与培育路径 [J]. 当代教育科学，2023（2）：55-62.

文化表达上的不自信。在这种背景下，乡村社区往往倾向于重复那些被认为是传统和安全的文化主题，而忽视了对自身独特文化特色的探索和展示。这种现象的根源是多方面的，包括教育、经济发展、社会变迁以及外来文化影响等。首先，教育系统在乡村地区往往未能提供足够的支持来帮助年青一代理解和欣赏本土文化。学校课程可能更偏重普遍性知识的传授，而缺乏对地方文化特色和历史的教育。这导致乡村青年对本地文化缺乏深入了解和认同，他们可能更容易受到城市和全球化文化的吸引，而忽视或不了解自己社区的文化遗产。其次，随着经济发展和社会变迁，乡村地区的传统生活方式和文化实践正在发生变化。在追求经济效益和适应现代生活方式的过程中，一些传统文化活动和习俗可能被视为过时或无关紧要。这种观念不仅削弱了社区成员对传统文化的自豪感，也降低了他们维护和传承这些文化的动力。另外，外来文化的影响也是一个不容忽视的因素。随着全球化进程的加快，乡村社区越来越多地接触到外来的文化元素，这些新元素往往伴随着现代化和全球化的标签，对乡村青年特别有吸引力。在这种文化交流中，乡村本土文化可能被视为落后或不足以与全球文化竞争，导致乡村社区成员对自身文化的价值和特色产生怀疑。这种文化自我认同的缺失不仅影响了乡村文化的传承，也影响了乡村文化在更广泛社会文化领域的交流和融合。当乡村社区缺乏对自身文化的信心和骄傲时，他们可能不愿意或无法有效地分享和展示自己的文化，从而限制了乡村文化在国内外的传播和影响力。因此，重建乡村社区的文化自我认同是促进乡村文化传播的关键。这需要通过教育改革、文化活动的鼓励、历史和文化遗产的保护以及增强社区成员对本土文化价值的认识来实现。通过这些努力，乡村社区可以更好地理解和欣赏自身的文化特色，从而更自信地参与到文化的保护、传承和创新中去。

由于单一化的内容传播，乡村地区独有的、丰富的文化资源常常被忽视。这些文化资源可能包括独特的民间故事、传统手工艺、本地历史和自然环境等，它们具有深厚的文化意义和历史价值。然而，在单一化的传播模式下，这些优质文化内容常常未能得到充分的展示和传播，导致公众对乡村文化的理解停留在表面，缺乏对其真正价值的认识和欣赏。长期的单一化传播导致乡村文化的多样性受损，减少了文化表达的丰富性和吸引力。年青一代可能因为缺乏对乡村文化深层内容的接触而失去对传统文化的兴趣，从而影响文化的传承。单一化的文化内容限制了乡村文化在更广泛社会文化领域中的交流和融合，降低了乡村文化在全国乃至全球文化景观中的影响力。

## 三、社会大众文化对乡村文化的影响

社会大众文化是指在现代社会中广泛流行的文化形式和趋势，通常通过媒体和科技平台广泛传播，并被大量消费者接受。这些文化形式往往体现了主流价值观和审美标准，对乡村文化产生重要影响。

随着大众文化的深入渗透，乡村地区居民的价值观和生活方式经历了显著变化。大众文化，特别是通过电视、互联网和其他媒介平台传播的现代生活方式和观念，对乡村社区产生了深远的影响。这些新的文化形式往往强调个人主义、消费主义和现代性，与传统乡村文化中的集体主义、节俭和传统价值观形成鲜明对比。由于这种影响，乡村居民可能开始质疑或放弃传统文化中的某些方面，转而采纳大众文化中的价值观和生活方式。这种转变可能导致传统文化的某些元素被忽视或遗忘，影响乡村文化的传承和持续性。

在大众文化的强烈影响下，乡村文化在新一代居民中的吸引力可能逐渐下降。大众文化往往以其光鲜的表面、快节奏的内容和易于消费的特点吸引年轻人，而传统的乡村文化可能被视为落后、过时或不相关。这种观念转变导致年青一代对传统文化兴趣的减少，尤其是在音乐、艺术和社会习俗等方面。随着年青一代对乡村文化兴趣的减少，传统文化的传承和发展面临挑战，乡村社区的独特文化特色和历史身份可能逐渐消失。

大众文化的普及也带来了文化同质化的风险，尤其是在全球化的背景下。随着全球文化趋势的影响，乡村地区的文化多样性面临被消融的威胁。有学者指出，“国内大量的新城区高楼大厦林立，马路四通八达，俨然一副超级现代化的气派，但细细考察就会发现，这些新城区在由乡变城的同时，也割断了与以往淳朴厚重的乡村本土文化的联系，割断了与传统的文化传承”[①]。大众文化的内容和形式往往倾向于迎合广泛受众的口味，这可能导致乡村地区的文化表达和实践失去其独特性和多样性，趋向于全球文化的统一模式。这种同质化不仅削弱了乡村文化

① 胡策．城镇化进程中的文化同质化与高等教育关联性分析应对[J]. 学海，2015（6）：102-106.

的独特性和吸引力，也减少了乡村文化在全国乃至全球文化景观中的代表性和影响力。

## 第三节 文化传播机制的不足与形式单一性

### 一、乡村文化传播的表现形式单一问题

乡村文化传播中常见的单一表现形式，如传统节庆、民间故事和习俗，虽然承载了丰富的历史和文化价值，但在现代社会中往往缺乏创新和多样性。这些文化形式通常重复相同的主题和内容，缺乏与当代社会和新兴趋势的互动。这种单一化不仅限制了文化表达的丰富性，也可能导致乡村文化在更广泛文化景观中的隐形化，尤其是对年青一代的吸引力减弱。

在乡村地区，资金的短缺不仅限制了大型文化项目的开展，而且影响了这些活动的整体质量和对公众的吸引力。在缺乏足够的经济支持下，乡村地区往往难以承担大型文化项目的策划、组织和实施费用，这种局限性有多方面的影响。没有充分的资金支持，乡村地区无法进行大规模的文化活动策划。例如，节日庆典、艺术展览或文化研讨会等。这些活动通常需要显著的资金投入，包括场地租赁、设备购置、人员雇佣和宣传费用等。缺乏这些基础投入，很难吸引更广泛的参与者，从而限制了活动的社会影响力和文化传播范围。另外，在经济约束下，乡村地区的文化活动可能无法支付专业人员或购买高质量的材料和设备。结果是，即使文化项目得以实施，其展示的内容和形式也可能无法达到较高的专业水平。这不仅影响了项目的吸引力，也可能影响公众对乡村文化价值和专业性的认识。此外，在资金紧张的情况下，乡村地区的文化活动往往倾向于选择成本较低、风险较小的传统形式和内容。这种趋势抑制了文化创新和试验，导致文化表达形式和内容的单一化。长期以来，这种局限性可能导致乡村文化的创造力和活力受损，进而影响文化的传承和发展。

物质资源在乡村文化活动中起着决定性的作用，尤其是在形式和内容的多样性方面。区县乡村等基层文化建设经费投入存在不平衡性及局限性的特点，资金投入不足，导致了文化活动数量缺乏、人才不足、设施及活动受限。有研究指出，

“在有限的活动投入中，城镇文化的重视度高于乡镇文化，不论是大型活动还是日常活动，很难真正惠及至边远乡镇的民众”[①]。缺乏必要的资源，如场地、设备、材料和资金，意味着乡村文化活动在规划和执行时面临着严重的约束。物质资源的不足导致乡村文化活动往往无法采用更具吸引力和创新性的形式。例如，现代技术如音响、照明和视觉效果在乡村地区的应用受限，使得文化表演和展览缺乏现代感和视觉冲击力。此外，活动场地的限制也可能导致文化活动的规模和参与度受限，无法容纳更多参与者或提供更丰富的互动体验。在资源有限的情况下，乡村地区很难引入新颖的主题或内容，如举办大型艺术展览、剧场表演或文化论坛等。这种情况使得文化活动往往沿用传统的、重复的主题和形式，缺乏创新和多样性。最终导致这些文化活动可能无法满足更广泛的受众群体，尤其是年轻一代对新颖和多元文化体验的需求。由于资源限制，乡村文化活动在吸引和保持年青一代的兴趣方面面临着严峻的挑战。随着年青一代对现代媒体和文化多样性的接触日益增加，他们可能感到传统的乡村文化活动吸引力不足，这不仅影响了他们的参与度，也对文化传承构成了威胁。在资源有限的乡村地区，创新性和试验性文化活动的缺乏是一个显著问题，这直接影响了文化表达的多样性、活力，造成了表现形式的单一化。

## 二、传播渠道局限与乡村文化传播的挑战

长期以来，乡村文化主要通过民间口碑、定期集会活动以及地方性媒体等方式来进行传播。这些方式对于巩固文化内涵、维系乡土记忆和增强社区凝聚力发挥着不可替代的作用。但是，我们也必须清醒地认识到，这些传播路径的覆盖面和受众群体都较为有限。比如，口头传说的影响范围局限于特定区域，而自办刊物的发行量也很难像主流商业媒体一样实现大规模复制。这些因素阻碍了乡村文化实现更广泛的社会传播。移动互联网等新兴技术在乡村地区逐步普及，为乡村文化拓宽现代化传播渠道提供了可能。但是由于各种客观条件的制约，大多数乡村文化传播主体目前仍然难以有效运用这些新兴的数字化、网络化手段。因此，新旧传播路径实现有效融合的进程也任重而道远。

① 甘皓云，赵阳升，毕圣．省级技术平台打造数字文化助力文化下乡的四川模型 [J]. 西部广播电视，2023，44（S1）：56-62；80.

在乡村地区，现代传播工具的缺乏是影响文化传播效率和范围的重要因素。互联网、社交媒体和其他数字平台在当代社会中扮演着至关重要的角色，它们不仅为信息传播提供了快速和广泛的渠道，还为文化交流和创新提供了丰富的可能性。然而，在许多乡村地区，互联网和社交媒体的普及率在乡村地区普遍较低。造成这种现象的原因有许多种，包括基础设施建设的不足、经济条件的限制以及对新技术知识和技能的缺乏。因此，即使乡村地区拥有丰富的文化资源和独特的文化故事，也难以通过这些现代化的渠道进行有效传播。缺乏现代传播工具不仅限制了文化信息的扩散范围，也降低了文化传播的及时性和互动性。此外，现代传播工具的缺乏还限制了乡村文化在全球化背景下的传播。在全球互联互通的今天，文化交流和传播已经超越了地域和国界的限制。然而，乡村地区由于缺乏有效的技术手段，难以将其文化特色和价值介绍给更广泛的国际受众。这种局限性不仅削弱了乡村文化在全球文化景观中的地位，也限制了其从全球文化交流中获益的机会。

## 三、乡村文化交互性传播的缺乏

交互性在文化传播中扮演着至关重要的角色，它不仅提高了信息接收者的参与度和体验，还拓展了文化理解的深度和广度。交互性传播可以通过提供反馈机会、促进双向对话和增强文化体验来实现。然而，在乡村文化传播中，这种交互性往往缺乏，这限制了文化传播的效果和影响力。乡村文化传播中交互性的缺乏主要表现在以下几个方面。

第一，单向传播模式。在长期形成的传播惯性中，乡村文化传播呈现出较为明显的单向输出特征。具体来看，无论是传统的文艺会演，还是各类非物质文化遗产的展示，乃至近些年兴起的各类讲坛形式，实际上都属于文化供给方主动包装输出内容的单向式传播。这类传播活动对于推广地方文化、展示民俗魅力具有重要意义，但是很难实现反向的群众参与、互动交流和内容协同创新。缺失“对话式”传播环节，则难以根据受众需求实现文化传播的精准定位。这种状况的形成既有传播习惯的制约，也与居民自身近年来逐步增强的文化获得感和参与意识密切相关。如何在新的技术条件下探索文化传播的开放互动模式，将是推进乡村文化发展的重要命题。

第二，互动平台的缺失。长期以来，乡村文化传播与交流中缺乏有效的互动平台，这既制约了居民与传播内容之间的积极互动，也无法有效聚集群众智慧扩展文化内涵。乡村地区过去很长时间里都没有形成规模性的线上论坛、在地化的社交媒体群组，或者定期针对文化主题的线下交流活动。这导致文化传播呈现高度的原子化状态，同一区域内的不同传播主体及其内容很难实现有效融合。这不利于积淀群众共识、开展持续讨论以丰富认知体系。与此同时，居民自身也很难找到表达文化体会、提出相关诉求的有效途径。居民与文化内容之间缺乏“桥梁”，这不利于根据民意调整优化传播策略与路径。在这种隔离状态下，文化传播很难产生积极的社会响应，居民的参与感也难以激发，这削弱了乡土文化的凝聚力和影响力。因此，构建广泛的公共文化互动平台，实现内容供给方与受众需求方之间的畅通对话，是推动乡村文化发展的重要举措。这也有助于集合群众智慧，使乡土文化的社会承载力得以扩大。

第三，文化体验的被动性。受以上种种因素的综合影响，在乡村文化传播过程中，居民自身常常处于较被动接受的状态，主动参与体验的情形较少，这削弱了传播内容的感染力。首先，文化活动的单向输出模式意味着群众无法在参与活动的过程中主动表达自身观点，他们只能被动接收已打包完成的内容，这难以实现情感和智力的双向共鸣。其次，没有互动平台导致居民无法将自己的文化获得感同他人及时分享交流，很难产生集体参与的共振效应。最后，现有环境下大多文化活动的体验性和互动性都较弱，居民往往处于旁观者而非亲历者的位置，难以通过身临其境产生深刻体会。在现实的乡村文化传播发展中，由于自身认识不足、掌握的资源及信息有限等，居民主要以一种单向的被动式方法参与其中，往往处于无权的状况，未能在乡村文化传播发展中收获对等的“回报”。长此以往，容易导致乡村居民产生负面感知，消磨参与发展的积极性，进而影响居民的体验感，阻碍乡村文化的传播。这些因素导致居民的文化情感难以被充分激发，他们更多处于文化过程的边缘。这不仅削弱了乡土文化的感召力，也无法推动居民转化为文化生产的积极参与者。充分调动居民的主体地位，使他们从被动接受者转变成内容联合生产者，将赋能乡村文化生态获得更丰富的内生动力和社会基础。

## 第四节 城市化对乡村文化的冲击

### 一、城乡差异与乡村文化的边缘化

乡村和城市作为人类生存（包括生产与生活）和发展的两种基本文化空间形态，一直保有彼此独立但不割裂、相互补充又不同化的联通互惠的关系。有学者认为，“中国社会在传统上是农耕社会，农业经济不仅作为最基础的产业经济供养着城市，乡村的生活甚至可以说是中国传统社会秩序和礼法规范实践的典型缩影”[①]。城乡之间的文化差异不仅反映在生活方式和社会习俗上，还体现在价值观、艺术表达和社会互动等层面。城市文化通常与现代化、全球化和多元化紧密相关，体现为快节奏的生活方式、多样化的文化表达和广泛的社会互动。相比之下，乡村文化则更多保留了传统的生活方式、本土性的文化特色和历史传承的价值观。有研究指出，“传统的文化活动在变化中得到稳定，乡村文化传承并融入新的文化元素，乡村文化向新的方向发展”[②]。随着科技进步和全球交流的加速，城市成为新思想和文化趋势的孵化器。城市居民通常接触更广泛的信息来源，参与更多样的文化活动，从而形成了一种开放和包容的文化氛围。此外，城市文化的多元化体现在人口的多样性上，各种文化背景的人们在城市中相遇和互动，促进了文化的融合和创新。相比之下，乡村文化则更加注重传统和历史的传承。在乡村社区中，文化活动和社会习俗往往世代相传，保留了许多传统的文化元素。例如，民间艺术、传统节庆和乡村特有的生活方式等，都是乡村文化独特魅力的体现。这些文化特征不仅是乡村社区认同感的重要来源，也是乡村历史和文化遗产的重要组成部分。然而，随着城市化进程的加速，这种城乡之间的文化差异导致了乡村文化在现代社会中逐渐边缘化。在全球化和现代化的浪潮中，传统的乡村文化可能被认为落后或过时，难以吸引媒体关注和公众兴趣。特别是对年青一代而言，他们可能更会被城市的现代生活方式和多元文化吸引，而对乡村的传统文化缺乏了解和兴趣。这种文化边缘化不仅影响了乡村文化的传播和发展，也对乡村社区

① 赵旭东，朱鸿辉．城市化进程与乡村振兴——基于一种文化转型人类学视角下的移民思考 [J]. 学术研究，2018（8）：43-51.

② 任冰．乡村传统文化的保护和传承 [J]. 学理论，2019（8）：9-10.

的文化认同感和凝聚力构成了威胁。乡村地区的文化传承和创新面临着严峻挑战，需要积极寻找适应现代社会的发展策略，同时保护和弘扬其独特的文化价值。

随着城市文化的扩散和影响力的增强，乡村文化在文化交流和媒体表现中的重要性逐渐减弱。这种边缘化体现在多个方面，包括公众关注度的下降、文化投资和资源的缺乏，以及年青一代对乡村文化的兴趣减少。在媒体和公众议程中，城市文化由于其多样性、现代性和全球连接性通常占据主导地位。相比之下，乡村文化往往被视为陈旧、落后或与现代生活脱节，导致在媒体报道和公共讨论中得到较少的关注。这种缺乏关注不仅影响了乡村文化在更广泛社会中的可见度，也限制了其对社会发展的影响力。在资源分配中，城市地区通常获得更多的文化资金和支持，用于建设文化设施、组织大型文化活动和推广城市艺术项目。相比之下，乡村地区在文化投资和资源方面往往处于不利地位，缺乏足够的资金和设施来支持本地文化的发展和传播。此外，乡村文化边缘化在年青一代中表现得尤为明显。随着全球化和信息技术的发展，年轻人越来越多地接触和吸收城市和国际文化，而对本地乡村文化的了解和兴趣减少。这种趋势不仅影响了乡村文化的传承和发展，也威胁到乡村社区的文化认同和连续性。年青一代对乡村文化的忽视可能导致传统知识、艺术形式和文化实践的丢失，从而削弱乡村文化的活力和多样性。因此，应对乡村文化边缘化的挑战需要采取多元化策略。这包括提高乡村文化在媒体和公共领域的可见度，增加对乡村文化项目的投资和支持，以及鼓励年青一代了解和参与本地文化。通过这些措施，可以提升乡村文化的社会地位和影响力，促进其在现代社会中的活跃参与和持续发展。

## 二、城市化进程中乡村文化的变迁与挑战

随着城市化的不断推进，乡村地区正经历着文化变迁并面临一些挑战。有研究指出，“随着农村青壮年劳动力以及一些受教育水平高、有技能的人才持续外流，四川农村老龄化、空心化趋势日趋严重，尤其是边远山区和少数民族地区，人力资本积累的渠道更是明显受阻，势必进一步拉大收入差距和数字鸿沟”[①]。在城市化进程中，乡村地区的人口减少、生活方式改变和社会结构变迁

① 赵颖文，许钰莎，胡旭，等．四川省农村居民收入分化的多维特征及其发展应对 [J]. 农业经济，2023（10）：72-74.

等问题，对乡村文化产生了深远的影响。随着年轻人迁往城市寻求更好的教育和就业机会，乡村地区的人口结构发生了显著变化。这种人口流失不仅减少了乡村地区的劳动力，也削弱了乡村社区的活力。随着年青一代的离开，乡村文化传承面临严峻挑战。年轻人是文化传承的关键，他们的缺席意味着许多传统习俗和文化知识将无人传承。另外，随着现代化的渗透，乡村地区的居民越来越多地接受现代生活方式，这种现象往往伴随着传统生活方式的消失。例如，传统的农耕文化、手工艺和乡村节庆等，由于现代化生活方式的引入，逐渐失去其原有的地位和重要性。这不仅改变了乡村社区的日常生活，还影响了乡村文化的核心价值和实践方式。与此同时，随着经济和社会的发展，乡村地区的传统社会结构正在发生变化。传统的家族和村落社会结构逐渐被现代社会结构取代。这种变化影响了乡村社区的凝聚力和文化活动的组织方式。在传统社会结构中，文化活动通常是社区集体活动的一部分，而在现代社会结构中，这种集体的文化实践可能变得更加困难。

在城市化进程中，乡村地区面临的挑战不仅是经济和社会结构的变迁，还有文化领域的深刻影响。特别是文化同质化的风险，这对乡村地区的文化独特性和传承构成了威胁。文化同质化主要是指在全球化和城市化的大背景下，不同地区和社区的文化特色和独立性逐渐消弭，而趋向于统一的、标准化的文化形式。这种趋势在乡村地区尤为明显，因为城市文化通常被视为更为“现代”和“发达”，从而在媒体、教育和社会交流中占据主导地位。尽管“文化三下乡”、放电影、捐图书等活动丰富了乡村文化，但由于供给形式单一，出现了饱和或疲惫的状态，并没有触及新时代背景下乡村居民对文化需求的痛点。有学者认为，“日新月异的时代变迁过程中，农民群众的价值理念、生活方法和行为习惯发生了巨大的变化，不满足于被动接受文化供给，对文化的多样化和差别化有了新的需求”[①]。乡村文化，尽管富有深厚的历史和传统价值，却可能在这种主导文化的冲击下渐渐失去其独特性。在城市化进程中，乡村地区面临的第一个挑战是保持文化的独特性。随着城市生活方式和价值观的渗透，乡村的传统文化活动、习俗和信仰可能被逐渐边缘化或遗忘。这不仅影响了乡村文化的传承，也削弱了乡村社区的文化

① 陈东湘，陈佳丽，方昕. 城市化进程中的乡村文化研究 [J]. 农村·农业·农民 B，2019（12）：44-46.

认同和凝聚力。为了保持文化的独特性，乡村地区需要采取积极措施，如加强对传统文化的教育和宣传，保护文化遗产，以及鼓励社区参与文化活动的保护和发展。另一个挑战是在现代化的背景下寻找文化传承和发展的新途径。这需要乡村地区在保持传统的同时，创新文化表达和传播方式，以适应现代社会的需求和挑战。例如，利用现代技术和媒介，如互联网和社交媒体，来推广乡村文化，吸引更广泛的受众。同时，乡村地区可以探索将传统文化与现代元素相结合的新形式，如现代艺术与传统手工艺的融合，以提高文化的吸引力和相关性。

## 三、城市文化对乡村传统价值观的影响

随着现代城市文化的普及，其所强调的个人主义、物质消费和技术创新等价值观逐渐渗透到乡村社区，这与乡村地区传统的集体主义、自给自足和传统生活方式形成鲜明对比。这种价值观的变化导致了乡村地区传统价值观的逐渐弱化，对乡村社区的文化认同和社会结构产生了显著影响。城市文化中的个人主义倾向强调个人自由、个人成就和个人选择的重要性。这种价值观与乡村社区长期以来强调的集体主义和社区责任感相对立。在乡村社区中，传统价值观通常强调社区合作、互相帮助和共同利益的重要性。然而，随着城市文化的影响，乡村地区的年青一代可能逐渐采纳更为个人化的价值观，从而影响了乡村社区的凝聚力和传统文化的传承。在城市文化中，消费被视为一种生活方式和社会地位的象征，而在乡村社区，传统价值观通常强调节俭、自给自足和对物质财富的谨慎态度。随着城市生活方式的传入，乡村地区的居民开始追求更高的物质生活水平和消费模式，这导致传统的生活方式和价值观逐渐被边缘化。在城市文化中，技术进步和创新被高度重视，而在许多乡村地区，传统的工艺技能和生活方式仍然占据主导地位。随着科技的发展和普及，乡村社区可能面临着传统技能和知识被现代技术替代的压力，这不仅影响了乡村的经济和社会结构，还可能导致传统文化和技艺的丧失。

城市文化的影响对乡村社区的传统价值观构成了威胁。有学者指出，“随着全球化和现代化的深入，农民的传统文化心理与价值观念都会产生强烈的撞击，带来了传统村社文化‘仁义礼智’的精神失落，与现代商业文明急功近利行为的

茫然”[①]。城市文化的观念和生活方式逐渐扩散到乡村地区，导致乡村社区在保持传统价值和适应现代生活方式之间产生了冲突。这种冲突尤其在年青一代中显著，他们在传统文化和现代城市文化之间徘徊，面临选择和身份认同的问题。城市文化带来的个人主义和物质消费观念对乡村传统的集体主义和节俭生活方式构成了冲击。在乡村社区，传统价值观通常强调社区的合作精神、对长辈的尊重和对自然资源的可持续利用。然而对于受现代教育和媒体影响的年青一代而言，随着城市文化的渗透，这些传统价值观可能被视为过时或有局限性。这导致年轻人可能更倾向于追求个人成功、物质财富和社会地位，而忽视传统的社区价值和文化传承。乡村社区的生活节奏通常较慢，更侧重于与自然和谐相处和保持传统生活的方式。然而，随着现代科技的普及和受城市生活方式的吸引，年青一代可能更倾向于接受快节奏、以科技为中心的生活方式，这与乡村的传统价值观和生活方式形成了对比。在传统乡村社区中，年轻人通常被寄望继承家族职业和维持传统生活方式。然而，受城市文化的影响，许多年轻人可能渴望接受更高等的教育和追求城市职业，这导致他们远离乡村社区，从而加剧了乡村文化的传承危机。

## 第五节　媒体转型对乡村文化的影响

### 一、媒体融合趋势与乡村文化传播的机遇

随着媒体行业的快速发展和技术的融合，乡村文化传播正面临前所未有的新机遇。特别是互联网和社交媒体的兴起，为乡村文化的传播提供了全新的平台和方式。在数字时代，互联网和社交媒体等现代媒体工具的普及使得信息传播的速度和范围有所提高和扩大。这对乡村文化来说，意味着能够迅速且广泛地触及更多的受众，特别是那些之前难以接触到的远距离和年轻受众。通过在线视频平台，乡村文化的表演和活动可以被记录和分享，让全世界的人观看和了解。这种视觉和听觉的直接体验，使乡村文化的传播更加生动和感性。

社交媒体平台如微博、微信、今日头条等，为乡村文化提供了与受众互动的机会。通过这些平台，乡村文化传播者不仅可以发布文化内容，还可以与受众进

① 魏海华．现代城市化进程中乡村文化焦虑及其重建问题 [J]. 知与行，2020（3）：66-71.

行互动，搜集反馈，从而更好地了解受众的需求和兴趣。这种双向的沟通机制是传统媒体所无法比拟的，它使乡村文化的传播更加灵活和适应性强。

博客和其他数字平台则提供了一个乡村文化传承的空间，让乡村文化的故事和背景可以被更详细和深入地讲述。这些平台允许乡村文化传播者提供更为丰富的内容，如文化背景的介绍、传统手工艺的制作过程或者传统节日的历史意义等。有学者认为，“乡村文化空间传承就是要激发村民的主体意识，自觉去维护传统文化中的‘记忆场’；在传承的基础上补足新媒体时代乡村文化空间的短板，加快建设数字化网络下公共文化服务，实现线上线下融合从而完善文化体验”[①]。

此外，数字媒体技术的发展还为乡村文化的创新和现代化提供了机遇。通过结合现代艺术形式、数字工具和传统元素，乡村文化可以以更吸引人的方式呈现给公众。例如，利用虚拟现实技术体验传统节日活动，或者通过增强现实技术了解传统手工艺。

然而，这些新机遇也伴随着挑战。乡村文化传播者需要具备相关的技术知识和技能，以有效地利用这些新媒体工具。此外，乡村文化传播者要找到恰当的方式来表达乡村文化的独特性，同时确保内容的质量和吸引力。通过综合利用不同的媒体平台和技术，乡村文化传播可以实现更广泛、更深入和更有影响力的传播效果。

因此，媒体融合为乡村文化传播带来了新的机遇和挑战。通过有效利用现代媒体工具，乡村文化不仅能够扩大其传播范围和受众群体，还能够以更生动、互动和创新的方式进行传播。这对于乡村文化的保护、传承和发展具有重要意义。

## 二、新媒体时代乡村文化的传播途径变革

在新媒体时代，乡村文化的传播途径正经历一场深刻的变革。传统的传播方式，如口头传播和地方媒体，虽然仍有一定的重要性，但正在逐渐被社交网络、在线平台和移动应用等新媒体工具取代或补充。这些新媒体工具不仅明显加快了文化信息的传播速度，还扩大了信息传播的范围，使乡村文化能够触及更广泛的受众群体。

---

① 顾大治，徐益娟，洪百舸．新媒体融合下乡村公共文化空间的传承与重构 [J]. 现代城市研究，2021（12）：40-47；55.

通过社交网络平台，乡村文化传播者能够发布实时更新的内容，包括文化活动的图片、视频和相关故事。这些内容易于被用户分享和转发，从而迅速扩散，提高乡村文化的可见度和影响力。此外，社交网络还为乡村文化与受众之间提供了互动的机会，使得文化传播更具参与性。在线平台和移动应用也对乡村文化的传播方式产生了显著影响。例如，视频分享平台，如抖音和快手允许乡村文化传播者上传文化节目、纪录片和教育视频，使得乡村文化的各个方面能够以更直观和生动的方式呈现给公众。此外，定制化的移动应用程序能够为用户提供关于乡村文化活动的信息、互动导览和文化学习工具，极大地丰富了用户的文化体验。这些新媒体工具的兴起对乡村文化传播具有深远的意义。首先，新媒体使得乡村文化能够突破地理和时间的限制，触及全球范围的受众。这不仅有助于提升乡村文化的国际知名度，还促进了不同文化之间的交流和理解。其次，新媒体的互动性和参与性特征能够吸引年轻一代。年轻人习惯于数字化的生活方式和信息获取方式，因此通过新媒体传播乡村文化，可以有效地吸引年轻人的注意力和兴趣。

新媒体时代为乡村文化传播提供了新的机遇和挑战，乡村文化传播者需要不断学习和应用这些新的工具和技术，以确保乡村文化在现代社会中的活跃传播和持续发展。通过有效利用新媒体工具，乡村文化不仅能够扩大其影响范围，还能够以更丰富和互动的方式与公众进行交流。

## 三、媒体转型背景下乡村文化保护的新挑战

在这个多元且快速变化的媒体环境中，媒体转型为乡村文化传播带来了新机遇的同时，也带来了一系列新的挑战。乡村文化的保护和传播需要适应新的传播方式和观众需求，这些挑战不仅涉及如何有效使用新媒体工具进行文化传播，还包括内容的质量控制、版权保护以及如何在保持传统特色的同时吸引现代观众的问题。

第一，乡村文化传播者面临着掌握新媒体工具的技能和策略的挑战。新媒体环境，特别是社交媒体和在线平台，要求传播者不仅要懂得如何制作和发布内容，还需要了解如何与观众互动、分析观众数据以及调整传播策略以提升传播效果。这意味着乡村文化传播者需要具备一定的技术知识和市场营销能力，这对于传统的文化传播者来说是一个全新的挑战。

第二，质量控制和版权保护是乡村文化在新媒体环境下面临的另一个重要挑战。在互联网上，信息可以迅速传播和复制，这就带来了内容被滥用或曲解的风险。乡村文化的传播者需要确保文化内容在传播过程中保持原汁原味，不失去其文化的真实性和深度。同时，乡村文化的传播者还需要采取措施保护自己的知识产权，防止原创文化内容被未经授权地使用或篡改。

第三，乡村文化在新媒体环境下的传播面临着吸引现代观众的挑战。随着观众媒介习惯的变化，特别是年青一代，乡村文化传播者需要找到既能保持传统特色又能吸引现代观众的传播方式。这包括将传统文化与现代元素结合的创新方式，如利用数字技术讲述传统故事，或者通过互动体验使观众更深入地参与乡村文化活动。

面对这些挑战，乡村文化传播者需要采取多元化的策略。一方面，乡村文化传播者需要不断学习和适应新媒体工具，充分利用这些工具的优势来传播乡村文化。另一方面，乡村文化传播者也需要关注内容的质量和深度，确保文化传播不失其本质。此外，寻找创新的传播方式和与现代观众互动的策略也是保护和传播乡村文化的关键。

总的来讲，新媒体环境为乡村文化的传播提供了广阔的空间和无限的可能性，但同时也带来了新的挑战。有学者指出，“我们正处在一个融合的时代，技术、渠道，甚至思想、观念、话语都在融合，乡村文化叙事研究自然不可能自我孤立于一隅，多元媒介作为沟通和融合城乡社会的桥梁，日益成为拓展农村社会空间和提升乡村话语权的重要介质”①。乡村文化传播者需要在这个融合多变的环境中找到平衡点，既要保护和传承乡村文化的传统特色，又要适应新媒体时代的需求和挑战。通过这些努力，乡村文化可以在现代社会中继续保持其活力和吸引力。

① 张传香，金盼．践行“四力”与媒体深度融合赋能乡村文化振兴 [J]. 天津大学学报（社会科学版），2023，25（6）：523-527.

# 第六章　巴蜀地区乡村文化传播策略

本章介绍了巴蜀地区乡村文化传播策略，包括七部分内容，分别为巴蜀地区乡村文化传播的目标、巴蜀地区乡村文化传播的目标受众、深入挖掘巴蜀地区的乡村文化资源、打造乡村文化传播的媒体矩阵、提升国内外大众参与度与加强文化互动、探索跨界合作模式、提高乡村文化的对外传播效果与文化互动性。

## 第一节　巴蜀地区乡村文化传播的目标

巴蜀地区，拥有几千年的丰富历史和独特的地理环境，孕育了深厚的文化底蕴和多样的文化形式。巴蜀文化作为一种大型地方文化，它对周边文化的强力影响和对中原文化在涵化过程中的自我整合，曾推动其走向繁荣并显示出绵延不绝的强劲生命力。有学者认为，“乡村文化是乡民在乡村中长期生活所形成的乡村特有的观念体系和生活方式，包括乡村物质文化、乡村规范文化、乡村表现文化等”①。因此，弘扬巴蜀乡村文化的历史与魅力是巴蜀地区乡村文化传播战略中的一个关键组成部分，其具体的传播目标分为以下几点。

### 一、弘扬展示巴蜀乡村文化的历史积淀和独特魅力

弘扬展示巴蜀乡村文化的历史积淀和独特魅力，增强公众尤其是青少年对乡村文化的认同感和自豪感。巴蜀乡村文化的历史积淀非常丰富，从古代的巴国文化到现代的川西民俗，这些文化遗产深深植根于巴蜀的山水之间，反映了人与自然的和谐共生。例如，巴蜀地区的古建筑、历史遗迹以及传统节庆活动，不仅展示了该地区的历史变迁，也揭示了其独特的生活哲学和美学观念。巴蜀乡村文化的独特魅力体现在其多元的文化表现形式上。从传统的手工艺、民间音乐到民间

---

① 周孝君．论巴蜀文化研究取向 [J]．内江师范学院学报，2008，23（7）：32-35.

舞蹈和美食文化，这些文化元素不仅丰富了当地居民的生活，也吸引了众多外来游客和文化爱好者的目光。例如，巴蜀的民间音乐和舞蹈，以其独特的风格和表现形式，展现了巴蜀人民对生活的热爱和对美的追求。为了弘扬这些丰富的文化遗产，需要通过各种传播方式向公众，尤其是青少年传达巴蜀乡村文化的价值和意义。通过教育系统、文化活动、媒体传播等多种渠道，可以有效地提升公众对巴蜀乡村文化的认识和理解。例如，在学校中设置巴蜀文化相关的课程和活动，可以让青少年从小了解和接触这些传统文化，从而培养他们的文化认同感和自豪感。此外，利用新媒体和社交平台对巴蜀乡村文化进行宣传和推广，也是一种有效的方法。通过视频、微博等形式展示巴蜀乡村文化的独特魅力，不仅可以吸引年青一代的注意，也可以让更广泛的受众群体了解和欣赏这些文化。例如，通过拍摄巴蜀乡村风光和传统活动的短视频，在社交媒体上进行分享，可以迅速吸引公众的目光，增强文化的传播效果。在弘扬巴蜀乡村文化的过程中，还需要注重保护和传承。只有在保护好这些文化遗产的基础上，才能更好地进行传播和推广。因此，开展文化遗产保护工作，如修复古建筑、保存传统手工艺等，是弘扬巴蜀乡村文化不可或缺的一部分。总之，通过多元化的传播方式和保护传承工作，可以有效地弘扬巴蜀乡村文化的历史积淀和独特魅力，增强公众尤其是青少年对乡村文化的认同感和自豪感。这不仅有助于保护和传承这一宝贵的文化遗产，也有助于提升巴蜀地区的文化影响力和吸引力。

## 二、推动巴蜀乡村旅游业发展

为进一步推动巴蜀乡村旅游业发展，可以通过文化旅游吸引更多游客走进乡村区域，参与体验独特的乡村生活。通过文化旅游吸引游客，是巴蜀地区乡村文化传播战略的另一重要目标。巴蜀地区，以其深厚的历史文化底蕴和独特的自然景观，为文化旅游提供了丰富的资源，其文化旅游产业拥有无限的潜力。首先，巴蜀的乡村文化在旅游发展中占有独特的地位。这里的乡村不仅保存了许多传统的建筑风格和历史遗迹，还保留了丰富的民间艺术和传统手工艺。例如，巴蜀的古镇、村落，以其独特的建筑风格和古老的街道布局，吸引着大量寻求原生态文化体验的游客。这些地方不仅展现了巴蜀地区的历史变迁，也反映了当地人民的生活方式和文化传统。其次，通过发展以文化为主题的旅游项目，可以更好地展示巴蜀乡村文化的魅力。这些旅游项目可以包括传统节庆体验、手工艺品制作体验、民间音乐和舞蹈表演，甚至是当地特色美食的品鉴。通过这些互动式和体验式的活动，游客不仅能欣赏到巴蜀的文化景观，还能深入了解当地的文化和生活方式，从而获得更加丰富的旅游体验。此外，巴蜀乡村旅游的发展还需要重视环境保护和可持续发展。随着旅游业的发展，如何平衡文化保护和旅游业的发展成为一个重要的议题。这需要地方政府、旅游企业和当地社区的共同努力，确保旅游活动不会破坏当地的自然环境和文化遗产，同时为当地居民带来经济上的收益。此外，巴蜀乡村旅游的推广还可以利用现代传播工具，如社交媒体、旅游网站和在线视频等。通过这些平台发布巴蜀乡村的旅游信息、美景照片和旅游体验分享，可以吸引更多国内外游客的关注。同时，通过与旅游博主和影响力人物的合作，可以进一步扩大巴蜀乡村旅游的影响力。最后，发展乡村旅游还需要注重服务质量和游客体验。这不仅包括提供良好的住宿和餐饮服务，还包括提供高质量的导游服务、完善的旅游设施以及丰富多样的文化活动。通过提供高质量的旅游体验，可以提高游客的满意度和回头率，从而为巴蜀地区的乡村旅游业带来长期的发展动力。总而言之，通过文化旅游吸引游客走进乡村区域，参与体验独特的乡村生活，不仅可以为巴蜀地区的旅游业带来新的发展机遇，还可以有效地传播和保护当地的乡村文化，实现文化与经济的双赢。

## 三、促进巴蜀乡村文创产业发展

乡村文创产业是基于当地特色文化和非物质文化遗产，利用创意和设计转化为具有市场价值的产品建构而成的产业体系，也是农创融合、带动乡村旅游业发展的新形式。有学者表示，“在乡村振兴、文旅融合大时代背景下，乡村文创正以一种新的文化生产方式挽救日渐消散的乡村文明，并通过与旅游要素的结合为乡村旅游赋能，丰富和发展乡村软实力，为农民增收致富”[①]。促进巴蜀乡村文创产业发展，把优秀的乡村文化转化为文创产品，增加乡村居民收入。巴蜀地区的乡村文化，不仅富有深厚的历史文化积淀，同时也孕育着巨大的文创产业潜力。将这些优秀的乡村文化资源转化为文创产品，不仅能够增加乡村居民的收入，还能

① 黄诗淇，吕颖，侯阿呷，等．成都市乡村文创产业发展路径研究——以道明竹艺村为例 [J]. 中国市场，2023（7）：52-54.

够推动地方经济的发展，同时为巴蜀的文化传播开辟新的渠道。首先，巴蜀地区的乡村文化在文创产品开发中具有独特优势。这些文化资源包括但不限于传统手工艺、民俗文化、历史故事、自然景观等。巴蜀的民间故事和传说可以通过现代的表达方式，如插画、动漫、短视频等形式重新演绎，激发更多年轻消费者的兴趣。其次，发展文创产业有助于提升乡村居民的经济收入和生活水平。通过将传统文化艺术商品化，不仅可以开辟新的销售渠道，还能为当地居民提供更多就业和创业机会。再次，发展文创产业有助于促进巴蜀乡村文化的创新和传承，还能够吸引更多年轻人关注和参与到传统文化的传承中来。最后，政府可以通过制定相关政策、提供资金支持、建立平台等方式，为巴蜀地区文创产业的发展创造良好的环境，从而进一步提升巴蜀地区文创产业的知名度和影响力。另外，在旅游模式上可以不断地推陈出新，有学者建议，可以“从最初单一的农家乐模式，发展出以观赏、采摘为主的特色家庭化体验模式，以高科技农业体验为主的高科技农业观光园，以历史考察为主的古村落开发模式，以文化体验为主的文化主题村落等，这些新的旅游模式成为城市居民旅游消费的主要形式，不仅改善了农村生态环境，提高了农民的思想文化素养，使乡村文化得到更好的传播，同时带动了农村经济的发展”①。总之，通过促进巴蜀乡村文创产业的发展，将优秀的乡村文化转化为文创产品，不仅可以为乡村居民带来经济上的收益，还能够推动地方经济的发展，同时为传统文化的传播和创新开辟新的道路。

## 四、服务和推动巴蜀乡村振兴战略

服务和推动巴蜀乡村振兴战略，通过文化传播激活乡村发展的内生动力，使乡村文化成为提升乡村生活品质和实现乡村全面发展的重要资源。乡村文化的多样性和丰富性是乡村地区独特的社会资源和精神财富。通过有效的文化传播，可以增强乡村居民对本土文化的认识和自豪感。同时，通过文化活动，如节日庆典、艺术展览、传统手工艺教学等，丰富乡村居民的精神生活，提高生活质量。另外，乡村文化资源的挖掘和利用，不仅可以带动相关的文化旅游和文创产业，为乡村地区带来新的经济增长点，还能够提升乡村的整体形象，吸引更多的投资和人才。

---

① 高林娟．乡村振兴战略背景下乡村旅游文创产业发展策略研究 [J]. 农业经济，2022（7）：138–139.

此外，通过传播乡村的历史故事、传统习俗等，可以增强社区成员之间的凝聚力和认同感，促进代际文化交流和传承，保持乡村文化的生机和活力。因此，有学者认为，“通过有效地传播乡村文化，不仅可以促进乡村文化与经济社会渗透、融合，生成新的文态、业态、形态，提升群众的精神力量，提高社会文明程度，增强群体文化认同，优化乡村文化消费，人民群众文化获得感和幸福感持续攀升，实现乡村文化的多维振兴”①。

## 五、推动城乡交流互动

推动城乡交流互动，展示乡村文化的独特魅力，可进一步拉近城市居民与乡村地区的距离。在快速城市化的过程中，城市居民可能会逐渐丧失与乡村文化的联系。通过组织各种交流活动，如文化节庆、乡村旅游、文化交流讲座等，可以有效地促进城市居民对乡村文化进行了解和体验。这些活动不仅能让城市居民亲身感受乡村生活的魅力，还能提高他们对乡村文化的认识。巴蜀地区的乡村文化丰富多彩，包括独特的民间艺术、传统节庆、历史故事和自然景观等。通过展示这些文化元素的独特性，可以吸引城市居民的兴趣和好奇心，激发他们对乡村文化的探索欲望。例如，通过举办乡村文化展览、出版乡村文化专题书籍、制作乡村文化纪录片等方式，可以有效地传播乡村文化的魅力。拉近城市居民与乡村地区的距离，不仅是地理上的接近，更是心灵和文化上的亲近。这需要在城乡交流中注重文化的共鸣和情感的交流。通过让城市居民参与乡村的文化活动、亲自体验乡村生活，可以促进他们对乡村文化的深入理解和情感上的认同。同时，可以鼓励乡村居民分享他们的生活故事和文化经验，加强城乡之间的情感联系。为了有效推动城乡交流互动，还需要建立长期的机制和平台。这包括但不限于建立定期的文化交流活动、发展乡村旅游项目、设立城乡文化交流基金等。同时，利用现代媒体和社交网络平台，可以进一步扩大城乡交流的范围，提高影响力。通过推动城乡交流互动，不仅可以展示乡村文化的独特魅力，还能加强城市居民与乡村地区之间的联系，促进文化的共享和交流。这对于构建和谐的城乡关系、促进社会整体的文化发展具有重要意义。

① 邱明丰．融合发展：四川民族地区乡村文化振兴路径——以峨边彝族自治县为例 [J]. 四川省干部函授学院学报，2021（2）：50-54；89.

## 第二节　巴蜀地区乡村文化传播的目标受众

在巴蜀地区乡村文化传播的过程中，需要聚焦于不同的目标受众群体，因为不同群体对于乡村文化的传播和接受方式有着不同的特点和需求。同时，这些群体的多样性反映了巴蜀乡村文化传播策略的全面性和细致性，确保文化传播能够触及更广泛的受众，实现更有效的文化共享和交流。

### 一、巴蜀地区乡村地区的居民

巴蜀地区乡村地区的中青年人群，大致涵盖了25～45岁之间的居民，其教育水平从初中到大学不等，有一部分可能接受过更高水平的教育或在城市求学、工作过。从生活方式来看，该群体是城乡结合的类型，即他们可能在乡村长大，但受到一定程度的城市文化影响，价值观可能是传统与现代的结合，尊重传统乡村文化的同时，也开放接受新思想和技术；从信息获取途径来看，这一群体可能同时接触传统媒体（如电视、广播）和新媒体（如互联网、社交媒体），同时也对数字技术的使用程度较高，尤其是智能手机和互联网的使用；从文化需求和兴趣来看，该群体对传统乡村文化有一定的兴趣和认同，可能对乡村的传统节庆、民俗和手工艺有情感依恋，同时也对新的文化形式和娱乐方式有兴趣，如网络视频、在线音乐、电子游戏等；从职业和经济状况来看，其职业可能多样，包括小微企业主、外出务工人员等，经济状况相对稳定，但可能面临提升收入和生活质量的需求；从社交和社区参与来看，社交网络可能既包括传统的乡村社区关系，也包括通过新媒体建立的更广泛的社交圈子，可能对乡村社区的发展和活动有一定的参与度和影响力。从这个受众群体画像中，我们可以看出，巴蜀乡村地区的中青年人群在传统与现代、乡村与城市的多重文化影响下形成了独特的特点和需求。此外，在乡村文化传播过程中，广大乡村居民是作为个体参与的，只有群众广泛参与，才能使乡村精神文化的要素被认同、接受并且广泛传播，使居民达到自身的价值观与乡村文化精神的统一[①]。

① 潘佳佳.Y市廉政文化乡村传播行为研究[D].金华：浙江师范大学，2022.

## 二、巴蜀地区城镇地区的居民

首先，从文化接触和需求来看，巴蜀地区城镇地区的居民对传统乡村文化有一定的了解，但不如乡村居民那么深入，他们对文化内容的需求可能更为多元，对新颖、创意性强的文化产品有较高兴趣。其次，从教育水平和职业状况来看，该群体的教育水平普遍较高，可能接受过高等教育。最后，从职业领域多样视角来看，巴蜀地区城镇地区的居民从事的工作可能涵盖行政、教育、商业、技术等领域，对乡村文化持有好奇和学习的态度，对体验传统乡村生活方式有一定的兴趣。从这个受众群体画像中，我们可以看出，巴蜀农村地区的中青年人群在传统与现代、乡村与城市的多重文化影响下形成了独特的特点和需求。因此，理解巴蜀地区城镇居民的这些特点对于制定有效的乡村文化传播策略至关重要，特别是在如何传达乡村文化的价值、如何通过文化活动吸引城镇居民参与以及如何利用现代传播渠道有效地触达这一群体等方面。

## 三、中国乃至世界范围内的文化旅游爱好者

从年龄和社会背景来看，文化旅游爱好者的年龄跨度较大，从年轻的背包客到中老年的旅游者都有涵盖，其社会背景多样，可能包括教育程度较高、经济条件较好的人群。从兴趣和动机来看，此类受众通常对不同文化背景下的历史、艺术、民俗和风俗有浓厚兴趣，并且他们的旅游动机往往是为了寻求文化体验、教育自己、扩展视野或寻找灵感。从信息获取途径来看，文化旅游爱好者倾向于通过多种渠道获取旅游信息，包括旅游网站、社交媒体、旅游博客、旅游指南书籍等，对于新兴的在线旅游平台和应用也有较高的接受度和使用率。从行为特征来看，文化旅游爱好者通常在旅游计划和决策上更为独立，喜欢深度旅游和探索式旅游，另外也更注重旅游的质量而非数量，倾向于选择具有独特文化特色的目的地。从消费能力和偏好来看，该群体通常消费能力相对较高，愿意为独特的文化体验和高质量的旅游服务买单，同时也偏好独特、个性化的旅游产品和服务，如定制旅游、特色民宿、文化工坊体验等。

## 四、文化产业、旅游业从业人员

从专业背景和知识水平来看，文化产业、旅游业从业人员通常拥有较高的专业知识和技能水平，涵盖文化、历史、艺术、市场营销等领域，对文化遗产、旅游管理、市场策略等有深入的了解。从兴趣和参与度来看，文化产业、旅游业从业人员对探索和传播新的或独特的文化内容特别感兴趣，通常对提高旅游体验质量、开发新的旅游产品和服务持续关注。从信息获取和更新来看，他们通常通过专业杂志、研讨会、网络论坛等渠道获取行业动态和新知识，同时积极参与行业交流，通过网络和同行间的互动来更新知识和拓展视野。从对乡村文化的需求来看，文化产业、旅游业从业人员寻找将乡村文化资源转化为旅游吸引力的机会，并深入理解乡村文化，这有助于他们在工作中创造更具吸引力和创新性的产品。从现代技术的应用来看，文化产业、旅游业从业人员通常熟悉并应用现代技术来推广旅游产品，如数字营销、社交媒体策略等，对数字化工具和平台的使用具有较高的适应性和创新能力。因此，作为乡村文化传播的重要目标受众，文化产业、旅游业从业人员的专业背景、兴趣和参与度以及对新信息的需求和敏感性，使其在乡村文化的推广和创新中扮演着关键角色。理解和满足文化产业、旅游业从业人员的特定需求，可以有效推动乡村文化资源的更好利用和创新转化。

综合来讲，对于巴蜀地区乡村文化传播的不同目标受众群体的深入理解和精准定位，有助于制定更有效的传播策略，实现文化的广泛传播。有学者认为，“广大乡村文化工作者应该想到，乡村文化的受众群体可能是主流文化的接受者和创造者，同时也可能是非主流文化的喜爱者，而两种不同的文化在新的时代背景下发生碰撞时，就应该采取更加包容的方式来解决文化冲突问题，从而更好地维护媒体行业的发展秩序，避免由于文化不同引起冲突而降低受众群体参与巴蜀乡村文化创作和发展的积极性”[①]。通过针对目标受众进行文化传播，不仅能够增强乡村文化的影响力，还能够促进文化的传承、创新和交流，为乡村振兴和文化发展注入新的活力。

---

① 马志涛．新媒体传播与受众参与式文化研究 [J]. 采写编，2022（3）：88-90.

## 第三节　深入挖掘巴蜀地区的乡村文化资源

有研究指出，“乡村文化形态丰富多样，有属于物质领域的饮食、服饰、建筑、古镇、园艺种植、历史遗迹遗存、古玩等；有属于制度领域的家庭婚姻、节日节庆等；有属于宗教领域的崇拜、祭祀、祠堂、庙宇等；有属于文学艺术的民间文学、语言文字、神话传说、民族舞蹈、歌舞、戏曲、曲艺、美术、工艺等”①。巴蜀地区历史悠久，作为古蜀文明的发祥地，拥有深厚的文化底蕴。在新时代推动乡村振兴的历史进程中，深入挖掘巴蜀乡土文化资源，进行全面系统的整理保护、创新利用与现代转化，是激发巴蜀乡村发展内生动力、推动乡村全面振兴的重要举措。

### 一、从语言文字和民俗风情着力加强挖掘

巴蜀地区源远流长的方言词汇，蕴含丰富的地域文化内涵，如老成都话中“抬驾”“奉旨”等语言词汇，描绘了古蜀王国盛世气象的历史画卷。此外，巴蜀民间神话中关于女娲造人、大禹治水的传说，以及群众喜闻乐见的庙会民俗如青城山庙会、庆元春等，都体现了巴蜀先民独特的价值理念和审美情趣。这些文化瑰宝，需要通过实地考察、档案资料整理、访谈调研等多种方式深入挖掘，并进行学术研究与创作加工，使之成为推动当代乡村振兴的精神力量。

### 二、巴蜀传统手工艺技能蕴藏巨大挖掘空间

由于乡村文化的特殊性，在乡村文化资源开发的过程中，无论是劳动对象、劳动工具，还是生产方式，都镌刻了乡村文化的痕迹。有学者认为，“从最宽泛的意义来说，乡村的生产从来都是‘文化’的”②。蜀绣、蜀锦、巴蜀花灯、新津木雕等传统工艺，无不承载了巴蜀各民族先人的聪明才智与创造心血。这些传统工艺既蕴含较高的历史文化价值，也能为挖掘乡村文化资源提供当代实践样本。因此，有必要采取入户调查、技艺人访谈等方式，深入挖掘各地区传统工艺技能

① 胡晓立，张明明，白春明，等．乡村文化资源挖掘及产业化开发 [J]. 安徽农业科学，2021，49（5）：254–256；267.

② 李德建．论文化视阈中的乡村文化资源开发 [J]. 农村经济，2009（6）：100–103.

的历史渊源、演变脉络、代表性传承人等，并进行全面系统的档案整理与保护。在此基础上，可以考虑通过举办高水准的传统工艺展览、制作微视频等方式来进行传播，或者把传统工艺技能与现代设计理念相结合，开发独特的文创产品，使其焕发出新的生命力。

## 三、川剧变脸、高腔等巴蜀传统艺术再赋能

传统技艺源自当地人的手工生产活动，传统技艺为手工业生产服务。人们在手工产品生产中将传统技艺不断完善、发展，通过传统技艺制造的产品为人们的生活服务，使人们的生活更加便利。这类产品浓缩了民族的精神，拥有一定的艺术价值。川剧变脸、高腔等这些巴蜀传统艺术作为巴蜀乡土文化的典型代表，不仅在国内影响巨大，而且在海外具有较高的知名度和影响力。如何挖掘这些传统艺术背后所蕴含的文化基因，并将其打造成乡村振兴的重要文化品牌，需要相关部门及专家学者认真思考与推动。具体可考虑从培养传承人才、建设专业表演场馆、创新表演形式等多角度进行挖掘与赋能，使这些乡土传统艺术焕发出新时代的光彩。

## 四、丰富多样的巴蜀非物质文化遗产资源

有研究指出，“巴蜀非遗文化艺术作为中华民族民间文化的一个重要组成部分，连接着传统与现代，承载着维系民族情感和展示世界文化多样性的历史使命，受到了史无前例的广泛关注和重视”[①]。巴蜀非物质文化遗产资源如各类神话传说、歌谣民谚、传统美食、传统医药等，这些都是值得深挖的文化基因库。四川广汉的广汉羊肉等地方传统美食，体现了巴蜀人民特有的生活智慧，可以将其开发成富有本地特色的乡村旅游品牌。这需要地方政府部门高度重视与重金扶持，并与餐饮企业、电商平台等加强合作，让这些传统文化通过现代商业手段焕发生命力。在推进乡村振兴的进程中，唤起乡土社会对自身传统文化的认同感与自豪感，把这些文化转化为推动乡村发展的强大动力，是摆在我们面前的重大历史课题，需要社会各界与乡村居民一道努力来完成。

① 杨静，唐经伟．非物质文化遗产保护语境下的巴蜀民间艺术 [J]. 中华文化论坛，2012，4（4）：155-159.

# 第四节　打造乡村文化传播的媒体矩阵

面对复杂的媒体环境和多样的受众需求，要从战略高度谋划乡村文化传播，打造立体化的全媒体传播矩阵。因此，要整合传统媒体和新兴媒体的优势资源，构建线上线下相结合的内容传播网络，通过立体化渠道形成品牌化、特色化的乡村文化传播生态。

## 一、充分利用现有的传统媒体渠道

有学者指出，“在乡村文化振兴中，传统媒体报道主要有这些方面的优势：宣传政策，引导舆论，发现问题；聚集精英，凝聚共识，促进产业发展；守望农民，教化社会，促进善政；继承传统，培育乡贤，文明乡风，留住乡愁。发挥好这些优势，将在建设美丽乡村中发挥出更大作用”①。因此，在巴蜀地区乡村文化传播的全媒体矩阵策略中，充分利用现有的传统媒体渠道是关键的一环。传统媒体，如报纸、杂志、电视和电影，仍然是触及广大受众、传播文化内容的重要平台。以下是通过这些渠道拓展乡村文化内容传播深度与广度的具体策略。

### （一）深入介绍巴蜀地区的乡村文化特色

报纸和杂志作为传统媒体的重要组成部分，在传播乡村文化方面扮演着关键角色。开设专门的乡村文化专题或专栏，可以深入地展示巴蜀地区丰富多样的文化特色。这些专栏可以包括对传统节庆的介绍，如春节、中秋等节日的庆祝方式，以及当地独有的民俗活动，如特定的舞蹈、歌曲、习俗等。历史传说也是重要的内容，如对巴蜀地区流传的神话故事、历史事件的挖掘和解读。这些内容不仅为读者提供了了解巴蜀文化的窗口，也有助于增强地方文化的认同感和归属感。在这一过程中，应注重采集和呈现原汁原味的文化元素，如当地居民的生活方式、传统节庆的庆祝形式、乡村社区的日常互动等。通过讲述这些生动的故事，不仅可以增强专栏的吸引力，还能促进读者对巴蜀文化深层次的理解和认识。

① 匡湘鄂．传统媒体在乡村文化振兴报道中的优势 [J]. 新闻前哨，2019（1）：32.

### （二）定期发布特色村落的深度报道

对巴蜀地区的特色村落进行深度报道，是传播乡村文化的另一有效手段。这些报道可以详细描绘村落的历史背景、文化特色、建筑风格以及当地居民的生活状态。例如，介绍某个村落的历史沿革、传统建筑的特点、村里的重要文化活动等。这些内容不仅为读者提供了丰富的信息，也有助于保护和传承这些珍贵的文化遗产。深度报道还应注重探讨村落的当代变迁，如现代化进程对传统乡村文化的影响、村落在新时代背景下的发展和挑战等。这些内容，不仅是对过去的回顾，也是对未来的思考，可以增强报道的时代感和现实意义。此外，故事化的叙述方式，可以使报道更加生动有趣。这样的叙述方式不仅可以吸引读者的注意，还能帮助他们更好地理解和感受巴蜀乡村文化的魅力和深度。总之，通过报纸和杂志这些传统媒体渠道，可以有效地传播巴蜀地区的乡村文化，为保护和推广这些独特文化提供了强有力的支持。通过深入的报道和吸引人的叙述，这些传统媒体不仅能够扩大乡村文化的影响力，还能够增进公众对这些文化的理解和认识。

### （三）鼓励和支持乡村文化背景的文学创作

文学作品以其独特的表达方式和深刻的情感共鸣，成为展现乡村生活魅力和文化深度的重要渠道。鼓励和支持作家以巴蜀地区的乡村文化为背景创作小说、诗歌、散文等文学作品，可以丰富文化传播的形式，同时增强公众对乡村文化的理解和共鸣。小说可以通过叙述乡村生活中的人物故事、风土人情，将读者带入那个丰富多彩的世界；诗歌则可以用凝练的语言捕捉乡村自然景观的美丽和居民的情感世界；散文则能够深入描绘乡村生活的点滴细节，反映乡村社会的现实生活和文化特色。这些文学作品不仅可以保存和传承巴蜀地区的乡村文化，还能激发公众对乡村生活的兴趣和想象。此外，这些作品也可以成为文化研究和教育的重要资源，为学者和教育工作者提供丰富的研究材料和教学案例。

### （四）在文学杂志、文化刊物上发表作品

在文学杂志和文化刊物上发表以乡村文化为背景的文学作品，是扩大其影响力的有效途径。文学杂志和文化刊物可以定期推出专题，集中展示以乡村文化为背景的小说、诗歌和散文等，让更多的读者能够接触和欣赏这些作品。同时，通过这些平台，新兴作家和资深文学家的作品可以得到更广泛的展示和认可，从而

激励更多的创作者投身于乡村文化的文学创作中。举办文学比赛和读书活动也是提升这些作品影响力的重要手段。通过组织诗歌朗诵会、散文朗读会、小说研讨会等活动，可以增强文化传播的互动性和参与性。这些活动不仅为文学爱好者提供了一个交流和分享的平台，也有助于促进公众对乡村文化的深入理解和欣赏。此外，在文化推广的重要场合，通过此类活动吸引媒体的关注，进一步扩大乡村文化的影响力和知名度。

### （五）投资和制作巴蜀乡村文化背景的影视作品

有学者指出，“电视媒体作为乡村社会中最重要的信息传播平台，应该依托自身优势，努力担负起传统乡村文化传承与传播的职能”[①]。投资和制作以巴蜀乡村文化为背景的电视剧和电影，是将乡村文化传播至广大观众的有效途径。电视剧和电影作为大众喜爱的娱乐方式，具有极强的视觉冲击力和情感传达能力，能够生动地展示巴蜀乡村文化的多样性和丰富性。纪录片可以深入展现巴蜀乡村的自然风光、日常生活、节庆活动等，通过真实的画面和生动的叙述，让观众感受乡村的原生态魅力。历史剧和民俗剧则可以通过戏剧化的手法，再现历史事件、传说故事或乡村传统，不仅娱乐性强，而且富有教育意义。在这些影视作品的制作过程中，应注重真实性和艺术性的结合。一方面，内容的编排和呈现应尊重历史和文化事实，确保作品的真实性和可信度；另一方面，通过艺术化的表现手法，如精心设计的剧情、高水平的摄影和后期制作，增强作品的吸引力和观赏性。此外，邀请当地人参与影视作品的制作，不仅可以增加作品的地域特色，还能带动当地文化产业的发展。

### （六）通过广泛传播提高乡村文化的影响力

电视和电影这两个广泛传播的媒介，可以使巴蜀乡村文化的故事和形象走进千家万户。电视剧和电影的广泛播放，不仅能够覆盖国内广大观众，还可以通过国际影视市场将巴蜀乡村文化推向世界。这种广泛的传播对于提升乡村文化的公共认知度和影响力至关重要。在影视作品的播放策略上，可以通过多种渠道和平台进行推广。除了在电视台播放外，还可以利用网络平台、影视节目和国际影展进行展示，扩大影响范围。同时，结合影视作品推出相关的宣传活动，如主题讲座、

① 仵军智．电视媒体：如何把握传统乡村文化的传承与保护 [J]. 传媒，2011（5）：71-72.

观影会、互动讨论等，增加作品的讨论度和参与度。更重要的是，这些影视作品不仅仅是文化传播的工具，也是记录和保存乡村文化的重要方式。通过电视剧和电影，巴蜀乡村文化的独特元素和传统故事得以保存下来，以供未来世代欣赏和学习。

### （七）传统节庆活动的报道

传统节庆活动是乡村文化的重要组成部分，通常包含丰富的历史和文化内涵。对这些活动的报道，可以帮助公众了解乡村文化的传统和现状。例如，通过报道春节、中秋等传统节日在不同乡村的庆祝方式，展示乡村社区的团结和文化传承。报道中应注重活动的细节描述，如特色的习俗、风味小吃、传统表演等，以生动的文字和图片，让读者仿佛置身现场，感受节日的氛围和文化魅力。此外，报道还可以关注节庆活动背后的故事和文化意义，通过访谈村民、文化专家等方式，挖掘节庆活动的历史渊源、文化价值以及在现代社会的变化。这不仅拓展了报道的深度，也有助于提高公众对乡村文化的认识。

### （八）民俗展览和文化交流活动的报道

民俗展览和文化交流活动是展示和传播乡村文化的重要平台。通过对这些活动的报道，可以使乡村文化的多样性和独特性得到更广泛的展示。报道应涵盖展览的内容和特点，如展出的传统手工艺品、民间艺术作品、历史文物等。同时，对文化交流活动的报道，可以突出其在促进文化交流和理解方面的重要作用。例如，通过报道文化节、艺术论坛、学术研讨会等活动，展示不同文化之间的互动和融合。在报道中，应强调活动的参与者和组织者的经验和观点，通过他们的视角来呈现乡村文化的多样性和活力。此外，利用多媒体手段，如视频、音频、网络直播等，可以使报道更加生动和立体，吸引更多人的关注和参与。

### （九）制作专门的文化节目

制作专门的文化节目，如文化探索和乡土风情纪录片，在电视台播出，是传播巴蜀乡村文化的有效手段。这类节目通过专业的视角和深入的探讨，向广大观众展示巴蜀地区丰富多样的乡村文化。文化探索节目可以集中展示巴蜀地区的历史、传统艺术、民俗风情等方面，通过深入的解析和生动的展示，使观众能够更加全面地了解这一地区的文化特色。乡土风情纪录片可以聚焦于巴蜀地区的自然景观、村落风貌、日常生活等，通过记录真实的乡村生活，展现乡村文化的独特魅力。在制作这些节目时，应注重内容的丰富性和深度，可以从历史、艺术、社会等角度切入，探讨乡村文化的不同方面。通过高质量的摄影和制作，结合翔实的资料和深入的分析，节目可以成为传播乡村文化的重要窗口。此外，节目的制作还应注重创新和多样性，以吸引更广泛的观众群体。

**（十）邀请专家学者和当地居民参与节目**

邀请专家学者和当地居民参与文化节目的制作，是提高节目真实性和权威性的关键。专家学者可以提供专业的知识和深入的分析，帮助观众更好地理解乡村文化的内涵和价值。专家学者可以在节目中就特定的文化现象、历史背景、艺术形式等进行讲解和讨论，为观众提供深度的文化洞察。此外，专家的参与也可以增强节目的学术性和专业性，使其成为文化传播和教育的重要平台。同时，邀请当地居民参与节目，分享他们的故事和经验，可以使节目更加生动和真实。作为乡村文化的直接参与者和见证者，这些居民的个人故事和生活体验可以生动地展现乡村文化的日常面貌。通过当地居民的叙述，观众可以更加直观地感受乡村的风土人情，增强与节目的情感连接。

**（十一）新闻节目中的乡村文化报道**

在新闻节目中加入乡村文化相关的报道，是将乡村文化融入公众日常生活的有效途径。有学者表示，“社会在进步，时代在发展，对于乡村文化的报道要赋予时代精神和时代意义”[①]。新闻节目中的报道不仅涉及乡村的历史和文化，还包括乡村发展的新动态和新故事。例如，可以报道乡村在传统文化保护、乡村旅游发展、农业现代化等方面的最新进展。报道中应注重展现乡村在传统与现代、乡土与全球化之间的互动与转型，通过具体案例展示乡村如何在现代社会中保持其独特性和活力。这些报道可以采用多种形式，如特写、纪实、调查报告等，各种形式都能以不同的视角展现乡村文化的多样性。例如：特写可以聚焦于某个村庄的特色节庆活动；纪实可以记录一个村落的历史变迁；调查报告则可以深入分析乡村发展的趋势和挑战。通过丰富多样的报道形式，可以使新闻节目更加生动和有深度，同时为观众提供全面的乡村文化体验。

---

① 莎日娜．乡村振兴报道中如何传播好乡村文化 [J]. 新闻论坛，2023，37（1）：107-108.

### （十二）文化传承人、乡村艺术家、关键人物的专访

对文化传承人、乡村艺术家、乡村发展的关键人物进行专访，是探索和展现乡村文化丰富内涵的重要手段。这些人物不仅是乡村文化的见证者和传承者，也是乡村发展的推动者。他们的视角和经历可以为公众提供独特的文化洞察，拓展和增强报道的深度和真实性。文化传承人的专访可以聚焦于其对传统艺术的坚持和创新，以及如何在现代社会中保持和发展传统技艺。乡村艺术家的专访则可以探讨其如何通过艺术作品表达对乡村生活的理解和情感。对于乡村发展的关键人物，如村干部、企业家、慈善家等，专访可以聚焦于其在乡村发展中的作用和贡献，如推动乡村经济发展、改善村民生活、保护乡村环境等。在进行专访时，应注重挖掘被访者的个人故事和经验，将他们的个人经历与乡村文化的发展联系起来。通过这些真实的故事，可以展现乡村文化的活力和多样性，同时激发公众对乡村文化的兴趣和认同。

## 二、加强运用新媒体渠道

在当今数字时代，新媒体渠道已成为信息传播的重要平台，尤其是对于文化传播而言，新媒体的作用更是不可忽视的。对于巴蜀乡村文化的传播来说，运用新媒体渠道，尤其是抖音、小红书、微博等平台，是吸引更多年轻观众和提高传播效果的关键。

### （一）建立专题账号，传播多元内容

在抖音、小红书、微博等平台上设置巴蜀乡村文化传播的专题账号，可以针对不同受众群体制作和发布相关内容。这些账号不仅可以传播乡村风土人情的视频短片，还可以发布美文写真、古迹介绍等内容。

第一，传播乡村风土人情的视频短片。有研究指出，“依靠媒介技术、建构理想化乡村生活成为一种新的乡村时尚，引发社会与学界的广泛关注”①。视频短片作为一种直观且受欢迎的媒介，非常适合展示巴蜀乡村的自然风光、传统节庆和民间艺术。短视频的视觉冲击力和故事性可以快速吸引观众的注意，特别是年

① 王兴婉．新媒介视角下乡村文化传播的场景化生产——以小红书为例 [J]. 新媒体研究，2021，7（3）：74-76.

轻一代。通过生动的画面和精心编排的内容，可以将乡村的美丽景色、丰富多彩的节日庆典以及独特的民间艺术形式呈现给观众，让观众在短时间内对巴蜀乡村文化有一个直观的认识。

第二，发布美文写真，描绘乡村生活的诗意。对于喜爱阅读和深度内容的受众，美文写真是传达乡村文化深度和情感的理想选择。通过文字和图片的结合，可以深入描绘乡村生活的细节、居民的日常以及乡村自然环境的和谐之美。这些美文不仅能够展示乡村的物质文化，更能传达乡村生活的情感和精神内涵，让读者在阅读中感受乡村生活的诗意和宁静。

第三，介绍古迹，提供历史文化知识。对历史和文化感兴趣的观众而言，对古迹的介绍可以提供丰富的文化知识和历史信息。这些内容可以包括对古迹的历史背景、建筑特色以及在当地文化中的地位和意义的介绍。通过专题账号分享这些深度信息，不仅可以教育公众，还可以激发他们对历史和文化遗产的尊重和保护意识。

综上所述，通过在新媒体平台上建立专题账号，巴蜀乡村文化可以以更加多元和创新的方式传播。这不仅有助于扩大巴蜀乡村文化的影响力，也使不同的受众群体能够以他们喜欢的方式接触和了解这一丰富多彩的文化遗产。

**（二）吸引年轻观众，提升互动性**

在现代社会，年轻人是新媒体的主要使用者，他们的参与对于乡村文化的传播至关重要。通过新媒体渠道，尤其是如抖音、小红书和微博等平台，可以有效吸引年轻观众的注意力，提高他们对乡村文化的兴趣和参与度。具体如下所述。

第一，创造贴近年轻人生活的内容。为了吸引年轻观众，内容的创作应贴近他们的生活方式和兴趣点。例如，可以制作将乡村文化与流行文化相结合的创意视频，如乡村版流行歌曲翻唱、传统节庆与现代时尚的融合等。这些内容不仅能展示乡村文化的传统魅力，还能展现其现代化和创新的一面，从而更容易被年轻人接受和喜爱。

第二，分享乡村旅游和农家乐体验。这包括对特色农家乐的介绍、乡村自然景观的探索、当地特色美食的体验等。真实的游记和体验分享，可以激发年轻人对乡村旅游的兴趣，鼓励他们亲自前往体验和探索乡村文化。

第三，利用新媒体的互动性。新媒体平台的互动性是其一大优势。有研究发现，“新媒体时代，用户更容易发声，点赞、评论、转发等行为都会成为信息传播的重要评判标准，影响着新闻媒体的传播力，所以，听取用户声音、强化双向互动变得十分关键”[①]。利用新媒体的互动性不仅有助于形成良好的沟通和反馈机制，还可以增强内容的参与感和共鸣。例如，可以鼓励观众在评论区分享自己的乡村旅行经历、对乡村文化的看法和建议，甚至可以举办线上互动活动，如乡村文化知识竞赛、摄影比赛等。

第四，更新频率和内容多样性。为了保持年轻观众的兴趣，内容更新需要有足够的频率和多样性。定期更新有关乡村文化的内容，可以使观众保持对专题账号的关注。同时，内容的多样化也是关键，可以包括视频、图文、直播等形式，以满足不同观众的喜好和需求。

综合来讲，可以运用新媒体渠道吸引年轻观众，并通过互动和创新内容提升他们的参与度，进而可以有效地传播乡村文化，激发年轻一代对乡村文化的兴趣和认同。

### （三）利用新媒体特性，提高传播效率

在当前的媒体环境中，新媒体平台已成为文化传播的重要工具，特别是在传播巴蜀乡村文化领域，新媒体的运用可以显著提高传播的效率和效果。一些乡村人士在传播中国传统文化的过程中使用新媒体，向全世界传递了东方古国深厚的文化底蕴，使更多人对中国传统文化心生向往。有学者认为，“新媒体汇聚了来自各方的声音，更容易碰撞出新的思想火花，使人们不断加强对自身文化的反省，进而激发推动传统文化再创作的无限动力”[②]。具体做法如下。

第一，快速传播与广泛覆盖。新媒体平台的一个显著优势是传播速度快和覆盖范围广。通过新媒体平台能够迅速将信息推送至大量用户，使得巴蜀乡村文化的相关内容能在短时间内被广泛的受众群体接收到。无论是城市居民还是远在异地的文化爱好者，都可以通过几次点击即刻接触到这些文化内容。这种快速和广泛的传播模式对于提升乡村文化的知名度和影响力至关重要。

第二，精准的受众定位。利用新媒体平台的精准算法推送，可以将巴蜀乡村

① 许乐．乡村振兴背景下提升媒体传播力的路径探索 [J]. 新闻研究导刊，2023，14（23）：98-100.

② 郭丽云，李伟霞．略论新媒体时代的乡村传统文化传播 [J]. 山西广播电视大学学报，2020，25（3）：54-62.

文化的内容有效地传达给特定的受众群体。这些平台通过用户的浏览历史、兴趣偏好和互动数据来定位受众，确保内容能够触及真正感兴趣的用户。这种精准定位不仅提高了传播的效率，还增强了内容的相关性和吸引力。

第三，多样化的内容形式。新媒体内容的多样化和灵活性是其另一大优势。巴蜀乡村文化可以通过短视频、图文、直播等形式呈现。短视频可以通过视觉效果和紧凑的叙述方式吸引观众；图文结合可以详细介绍乡村文化的背景和故事；直播则可以提供实时的互动体验，如直播乡村节庆活动或手工艺展示。不同的内容形式可以满足不同受众的需求，增强他们的参与感和体验感。

第四，互动性和参与度。新媒体平台的互动性为乡村文化的传播提供了新的可能性。观众不仅是内容的接收者，也可以成为互动参与者。通过评论、分享、参与在线活动等方式，观众可以表达自己的观点和感受，与内容创作者或其他观众进行交流。这种参与和互动可以增强乡村文化内容的吸引力，同时也为内容的持续创新和优化提供了反馈。

综上，利用新媒体的传播速度、覆盖范围、受众定位以及内容形式的多样性，可以大幅提升巴蜀乡村文化传播的效率和效果。因此，有学者建议，“乡村文化的传播应该充分利用新媒体技术，以市场需求为导向打破受众单一的困境，为乡村文化“走出去”打造更好的传播渠道”[①]。这不仅有助于扩大乡村文化的影响范围，还能促进文化的多元传播和深入人心。通过这些策略，新媒体将成为乡村文化传播的有力工具，为传统文化的现代传播开辟新的路径。

**（四）联合网红和关键意见领袖，扩大传播影响力**

网络提升了个人的传播能力，并使一部分人成为意见领袖。这些人占据着信息流的重要节点。网络技术的迭代更新使网民结构更加复杂化，同时信息传播的交叉性较强，因此，需要培养网络“意见领袖”，发挥舆论引导作用。从乡村文化传播来说，培育网络“新乡贤”具有重要意义。有研究表明，“乡贤在现实社会中拥有较多的社会资源和优势关系，具有较高的网络素养，他们不仅能够将现实社会关系嵌入网络社群中，还能扮演信息中转角色，作为信息节点和核心用户和意见领袖，实现对网络舆论的引导”[②]。

① 沈荣荣．新媒体推动乡村文化传播的路径优化 [J]. 汉字文化，2020（18）：156-157.

② 庞慧敏，王馨誉．网络时代乡村文化传播的重建与策略 [J]. 传媒，2018（24）：72-74.

第一，邀请网红和关键意见领袖（Key Opinion Leader, KOL）进行实地探访。通过邀请知名的网红和KOL到巴蜀地区的乡村进行实地探访，可以为他们的粉丝和关注者提供独特的文化体验。这些网络影响者可以通过亲身体验，拍摄和分享乡村的自然风光、文化活动、当地美食等内容。他们的分享不仅可以带来真实的体验感，还能以更轻松、互动的方式呈现乡村文化，使之更容易被年轻一代接受和喜爱。

第二，利用网络影响者的粉丝基础。网红和KOL通常拥有庞大的粉丝基础，他们的一言一行都能引起粉丝的广泛关注。通过与这些网络影响者合作，巴蜀乡村文化的相关内容可以迅速扩散至大量观众。当这些影响者在社交媒体上分享他们的乡村探访经历时，可以极大地提高巴蜀乡村文化的曝光率和知名度，吸引更多人的关注和兴趣。

第三，增加内容的吸引力和可信度。网红和KOL的推荐和分享不仅可以增加巴蜀乡村文化内容的吸引力，还可以提高其可信度。这些网络影响者通常被视为有品位、有见识的人物，他们对某个地方或文化的推荐往往被粉丝视为值得信赖的意见。因此，当他们推荐巴蜀乡村的文化和景点时，这些内容往往会被更多人接受和信任。

第四，创新的合作方式。与网红和KOL的合作不限于传统的探访和分享，还可以包括更多创新和互动的方式。例如，可以与他们合作开展特别的在线活动、互动直播或者挑战赛，鼓励观众参与和互动。这种类型的内容不仅能增强乡村文化的趣味性和互动性，还能进一步提升观众的参与感和体验感。

总之，通过与网红和KOL的合作，巴蜀乡村文化的传播可以更加有效和广泛。这些网络影响者的参与不仅能够为乡村文化的传播带来新的活力和创意，还能够帮助巴蜀乡村文化在年轻一代中树立更积极和现代的形象。

### （五）策划线上活动，提升参与感

在新媒体时代，线上活动成为吸引和增强观众参与感的有效手段，通过在新媒体平台策划各类线上活动，如摄影比赛、知识问答、互动讨论等，可以激发观众对巴蜀乡村文化的兴趣，促进社群内的交流和分享。通过以下几种线上活动，可以进一步提升大众的参与感。

第一，线上摄影比赛。线上摄影比赛是一种吸引摄影爱好者和普通观众参与的有效方式。可以设置主题为“巴蜀乡村之美”的线上摄影比赛，鼓励参赛者拍摄巴蜀地区的乡村景观、文化活动、日常生活等，通过摄影展示乡村文化的多样性和魅力。这类比赛不仅能够鼓励人们用镜头探索和记录乡村文化，还可以通过展示和分享优秀作品来使更多人认识和欣赏乡村美学。

第二，知识问答活动。知识问答是一种既有趣又具有教育意义的活动形式。通过设置关于巴蜀乡村文化的问答题目，可以激发观众的学习兴趣，同时传递有关乡村文化的知识。这些问答可以涵盖历史、艺术、风俗习惯等方面，旨在提高公众对巴蜀乡村文化的理解和认识。

第三，互动讨论与线上社群构建。在新媒体平台上举办互动讨论会，可以提高观众对乡村文化话题的参与度。例如，可以邀请文化专家、当地居民、旅游从业者等不同背景的人参与讨论，分享他们对巴蜀乡村文化的看法和体验。这种形式的讨论不仅可以提供多元视角，还能促进不同观众之间的交流和互动。通过这些活动的举办，可以在网络上形成一个关注巴蜀乡村文化的社群，进一步促进文化爱好者之间的交流和分享。这种社群的形成不仅有助于传播乡村文化，还可以为爱好者提供一个交流平台，增强他们对乡村文化的共鸣和归属感。

综上所述，通过策划线上活动，不仅能提升观众的参与感和活动的吸引力，还能有效地激发观众对乡村文化的兴趣。这些活动的举办对于推动巴蜀乡村文化的传播和传承具有重要意义，是连接文化与现代观众的桥梁，也是促进文化交流和共享的有效途径。

总之，通过加强运用新媒体渠道，并结合创新的内容制作和传播策略，可以有效提升巴蜀乡村文化的知名度和影响力。这些新媒体平台不仅为乡村文化的传播提供了广阔的舞台，还为乡村文化与更多受众建立起了新的连接，促进了文化的传播和交流。

## 三、搭建乡村文化交流的实体平台

在推广和保护乡村文化的过程中，搭建实体平台是一项至关重要的举措，这样的平台不仅有利于文化的展示和传播，还能成为文化交流和旅游发展的重要基地。

第一，筹建川西乡村文化博物馆。筹建一个专门的川西乡村文化博物馆是保存和展示乡村文化的重要方式。这个博物馆可以作为乡村文化的展览中心和研究基地，展示川西地区丰富的乡村文化遗产，包括传统的手工艺、民俗、建筑、历史文献等。博物馆的展览可以定期更新，展示不同主题的乡村文化，如特定节庆的庆祝方式、地方特色的农业技术、传统村落的保护与发展等。此外，博物馆也可以成为文化教育的平台，举办各类文化讲座、研讨会和交流活动。因此，通过邀请文化专家、学者和艺术家等，为公众提供学习和深入了解乡村文化的机会。

第二，举办文化展览和讲座活动。在川西乡村文化博物馆内举办各种文化展览和讲座活动，可以使访客更加深入地了解乡村文化。文化展览可以通过多媒体展示、实物展览、互动体验等形式，生动地展现乡村文化的各个方面。这些展览可以吸引不同年龄层的观众，从儿童到老人，每个人都能从中获得知识和灵感。讲座活动则可以围绕乡村文化的多个主题展开，如乡村艺术的保护、乡村传统技艺的传承、乡村社会的变迁等。

第三，开展乡村文化旅游活动。结合景区景点开展富有地方特色的乡村文化旅游活动，是将乡村文化转化为旅游资源的有效方式。这些旅游活动可以包括参观传统村落、体验乡村手工艺、探索自然风光等，使游客能够亲身体验乡村文化的魅力。这些旅游活动还可以与当地的农业生产、手工艺品制作等相结合，为游客提供更加丰富和多元的体验。例如，游客可以参与制作地方特色的手工艺品，或者体验传统的农业劳作。这样的互动体验不仅能够提高游客对乡村文化的认识和兴趣，还能带动当地的经济发展。

综上来讲，通过搭建实体平台，如川西乡村文化博物馆，并结合景区景点开展特色乡村文化旅游活动，可以有效地保护和传播乡村文化。这些措施不仅能够为公众提供学习和体验乡村文化的机会，还能促进乡村文化与旅游、经济的融合，为乡村文化的传承和发展提供强有力的支持。

## 四、加大政策支持力度

为了有效地传播和保护乡村文化，政府层面的政策支持是不可或缺的。加大政策支持力度，出台扶持政策，不仅可以吸引社会资本投入乡村文化传播领域，还可以激励和引导传媒公司打造高质量的乡村文化传播品牌。

### （一）出台扶持政策吸引社会资本

政府可以通过出台一系列扶持政策来吸引社会资本投入乡村文化传播领域。

这些政策可以包括税收优惠、资金补助、项目扶持等。例如，为投资乡村文化传播项目的企业提供税收减免，或者为乡村文化保护和传播的项目提供资金补助和贷款支持。这些政策不仅可以降低企业的投资风险，还可以激励企业更加积极地参与到乡村文化的传播和保护中。

### （二）鼓励传媒公司打造高质量传播品牌

政府可以通过各种方式鼓励和引导传媒公司打造高质量的乡村文化传播品牌，其中包括提供政策咨询、技术支持、市场推广等方面的帮助。政府还可以举办专门的研讨会和论坛，鼓励传媒公司、文化专家和学者交流乡村文化传播的策略和经验。此外，政府也可以设立专门的奖项，表彰在乡村文化传播领域做出突出贡献的传媒公司和个人，以此激励行业内的创新和卓越表现。

### （三）建立多方合作机制

政府可以通过建立多方合作机制，促进政府、传媒公司、文化机构、社会团体和乡村社区之间的合作。例如，政府可以协调资源，帮助传媒公司与乡村社区建立合作关系，共同开发和推广乡村文化内容。这种合作不仅有利于资源的共享和优化配置，还能确保乡村文化传播的真实性和深度。

### （四）支持技术创新和人才培养

政府应支持技术创新和人才培养，以提高乡村文化传播的质量和效果。政府可以提供资金支持技术研发，鼓励高校和研究机构参与乡村文化传播领域的研究，以及开展专门的培训项目，培养乡村文化传播的专业人才。有学者建议，“在国民教育中，也应将优秀乡村文化内容融入教学，结合本土乡村文化的特色进行普及推广，不断增强乡村居民的文化认同感及自信心，并以此为中心，逐步将乡村文化辐射传播，增强乡村居民传播乡村文化的自觉性”[①]。

政府的政策支持对于乡村文化传播至关重要。通过出台扶持政策吸引社会资本，鼓励传媒公司打造高质量的乡村文化传播品牌，建立多方合作机制，以及支持技术创新和人才培养，可以有效地推动乡村文化的传播和保护。这些措施不仅

① 叶之宁．乡村振兴战略下乡村文化传播路径研究 [J]. 新闻研究导刊，2021，12（8）：65-66.

能够促进乡村文化的传播和创新，还能带动乡村经济和社会的发展，为乡村振兴提供坚实的文化支撑。

## 五、深入挖掘利用“一村一品”的成功经验

“一村一品”是一种有效的乡村发展模式，通过挖掘每个村落的独特资源和特色产品，帮助乡村实现经济发展和文化振兴。这一模式在许多地区取得了成功，为乡村文化传播提供了宝贵的经验和案例，深入挖掘并利用这些成功经验，可以进一步拓展乡村文化传播的深度与广度。

### （一）挖掘每个村落的独特文化资源

“一村一品”模式的核心是识别和发展每个村落的独特文化资源。这些资源可能是传统的手工艺品、特色的农产品、独有的文化节庆或历史遗迹。通过对这些资源的深入挖掘和开发，可以构建一个具有地方特色的文化品牌。例如，某个村落可能因其传统的编织技艺而闻名，另一个村落可能以其独特的民间音乐或舞蹈而著称。这些文化资源不仅是村落的财富，也是乡村文化传播的重要内容。

### （二）开发特色文化产品和服务

基于每个村落的独特文化资源，可以开发一系列的文化产品和服务。这些产品和服务不仅可以作为乡村经济的新动力，也是传播乡村文化的有效途径。例如：传统手工艺品可以开发成为旅游纪念品；特色农产品可以打造成为地方特色美食；文化节庆可以成为吸引游客的重要活动。通过这些特色产品和服务，乡村文化能够以更加直观和实际的方式传播给更广泛的公众。

### （三）整合营销和品牌建设

为了有效传播乡村文化，相关部门和负责人需要进行整合营销和品牌建设。这包括利用传统媒体和新媒体平台进行宣传推广，建立统一和专业的品牌形象，以及开展各种营销活动以吸引不同群体的注意。通过整合营销策略，可以提高乡村文化产品和服务的知名度和吸引力，吸引更多消费者和游客。

### （四）加强社区参与和培育文化意识

乡村文化的传播和发展需要当地社区的参与和支持。通过增强社区居民的文

化意识和参与感，可以促进乡村文化的保护和传承。这包括培训当地居民开发和管理文化产品、参与文化活动的策划和执行，以及增强居民对本社区文化遗产的自豪感和责任感。社区的积极参与是确保“一村一品”模式成功实施的关键。

#### （五）实现文化与经济的良性循环

“一村一品”模式的成功不仅在于文化资源的挖掘和利用，还在于实现了文化与经济的良性循环。通过文化资源的开发，可以带动乡村经济的发展，提高居民的生活水平。同时，经济的发展又可以为文化保护和传承提供更多资源和机会。这种良性循环可以促进乡村的可持续发展，同时保护和传播乡村的独特文化。

深入挖掘并利用“一村一品”的成功经验，可以有效地拓展乡村文化传播的深度与广度。通过挖掘每个村落的独特文化资源，开发特色文化产品和服务，进行整合营销和品牌建设，加强社区参与和培育文化意识，以及实现文化与经济的良性循环，可以有效地传播乡村文化，促进乡村的经济和文化发展。

总之，整合传统与新兴媒体资源，打通内容生产和终端传播的全链路，深度挖掘优质乡村文化元素，有助于提升乡村文化的认同感和影响力，推动乡村振兴战略的深入实施，让乡土文化成为新时代乡村振兴的活力之源。

## 第五节　提升国内外大众参与度与加深文化互动

在新媒体环境下，参与文化建设的途径日益开放，公众参与的热情也在不断高涨。因此，要充分利用这一良好局面，积极吸纳社会各界力量共同参与乡村文化传播实践，打造开放、共生共荣的文化空间。

### 一、开展乡村文化志愿者招募，组建志愿服务队伍

有人认为，“文化志愿服务像一支火炬，燃烧的是‘互助之火’，需要更多人被‘互助之火’温暖照耀，同时也希望更多人成为‘互助之火’”[①]。为了进一步丰富乡村文化生活并增强公众参与感，面向国内外文化爱好者开放乡村文化志愿者

① 李然．打造文化志愿服务品牌传播艺术文化到校园——以石景山区文化志愿者服务分中心为例 [J]. 教育艺术，2023（4）：61.

公开招募并组建志愿服务队伍是一项极具价值的举措。这种做法不仅能够促进乡村文化的传播和交流，还能增强社区的凝聚力和文化活力。

### （一）志愿者的多样角色和任务

志愿者在乡村文化传播和保护中扮演着多样的角色。志愿者可以参与文化宣传，如通过社交媒体和网络平台分享乡村文化的故事和图片，提高公众对乡村文化的认识和兴趣。在文化交流方面，志愿者可以协助组织文化活动，如节庆庆典、展览展示、文化研讨会等，促进文化的交流和传播。此外，志愿者还可以参与民俗调查和文化研究，收集和记录乡村的传统习俗、口述历史和文化遗产，为乡村文化的保护和研究提供重要的资料。

### （二）志愿者招募和培训

志愿者招募可以通过多种渠道和方式进行，如在线平台公告、社区通知、学校合作等。志愿者的招募应注重多样性和包容性，鼓励不同年龄、背景、专业的人士参与。对于志愿者，应提供必要的培训和指导，如乡村文化知识、活动组织、交流技巧等，确保他们能够有效地参与各项工作。

### （三）志愿服务队伍的组织和运作

组建志愿服务队伍需要良好的组织和运作机制。可以设立专门的协调小组，负责志愿者的招募、培训、任务分配和管理。志愿服务队伍的活动可以是长期项目，也可以是围绕特定事件的短期项目。定期的团队会议、活动反馈和经验分享，可以提高团队的凝聚力和效率。

### （四）增强公众的参与感和成就感

志愿者参与乡村文化活动不仅能够丰富乡村文化生活，还能增强公众的参与感和成就感。通过参与志愿活动，志愿者可以直接体验乡村文化的魅力，与当地社区建立联系，了解并传播乡村文化。这种参与不仅有助于个人成长和技能提升，还能提高其对乡村文化的认识。

### （五）促进乡村文化的可持续发展

志愿者的参与是促进乡村文化可持续发展的重要力量。志愿者的工作不仅有助于当下的文化传播和交流，还能为未来的文化保护和发展奠定基础。志愿者活动的成功开展，可以吸引更多人关注和参与乡村文化，形成良好的文化传播环境。

因此，通过面向国内外文化爱好者开展乡村文化志愿者公开招募并组建志愿服务队伍，可以有效地推动乡村文化的传播和交流，丰富乡村文化生活，增强公众的参与感和成就感，为乡村振兴贡献重要力量。

## 二、组织开展网上各种征集活动

在乡村文化保护和传播的过程中，公众的参与是一种宝贵的资源，通过网上征集活动，鼓励公众广泛投稿包括非遗影像、民俗实践等在内的文化样品，这样不仅能够拓宽文化发掘的范围，还能使公众成为文化内容生产的主体。

### （一）征集活动的设计与推广

在设计网上征集活动时，应确保其具有广泛性和易于参与性。活动可以通过社交媒体、文化网站、在线论坛等平台广泛宣传，并明确征集内容的类别和标准。例如，征集的类别可以包括传统手工艺品的照片、地方节庆的视频、民间故事的录音等。同时，活动可以设定具体的主题，如“探索乡村记忆”“非遗影像征集”等，以引起公众的兴趣和共鸣。

### （二）公众投稿的鼓励与奖励机制

为了激励公众积极参与，可以对高质量的文化样品进行奖励。这些奖励不仅是对投稿者贡献的认可，也能进一步激励更多人参与文化内容的创作和分享。奖励可以是物质奖励，如纪念品、文化礼品等，也可以是精神奖励，如在官方平台上展示获奖作品、颁发荣誉证书等。

### （三）公众投稿的整理与展示

对收集到的文化样品应进行系统的整理和分类，以方便展示和研究。这些样品可以在线上展览、文化数据库或特定的社交媒体账号上展示，让更多人了解和欣赏。此外，这些样品对于学术研究和文化教育也具有重要价值，可以作为研究资料和教学资源使用。

### （四）增强公众的文化意识与参与感

此类征集活动不仅是文化样品的收集，更是增强公众文化意识和参与感的过程。通过投稿，公众可以表达对本土文化的理解和情感，同时也能学习和了解更多的乡村文化知识。这种参与过程有助于增强公众对乡村文化的认同感和归属感，促进文化的传承和保护。

### （五）拓宽文化发掘与传播的渠道

通过公众的广泛参与，征集活动可以拓宽文化发掘的渠道，发现更多隐匿在日常生活中的文化元素。这些由公众直接参与发掘和分享的文化样品往往具有真实性和多样性，是传统研究和官方渠道难以触及的。通过这些活动，公众不仅成为文化内容的生产者，还成为文化传播和保护的重要力量。

综上所述，通过网上征集活动鼓励公众投稿文化样品，不仅能够丰富乡村文化的内容和形式，还能增强公众的参与感和成就感，同时有助于构建一个包容、开放的文化传播和交流平台，促进乡村文化的保护、传承和发展。

## 三、建立吸纳意见和反馈机制

为了有效推动乡村文化传播工作的开展，建立一个开放的意见和反馈机制至关重要，这样的机制不仅能够确保工作方向和策略的有效性，还能增强公众对文化传播工作的参与感和认同感。具体如下所述。

### （一）建立多渠道意见搜集系统

为了广泛搜集来自社会各界的意见和建议，应建立一个多渠道的反馈系统。搜集意见和建议的方式可以包括在线调查、公开座谈会、社交媒体互动等。在线调查可以针对特定的文化传播项目或策略，搜集公众的意见和反馈；公开座谈会则可以邀请社区成员、文化爱好者、行业专家等面对面交流思想和建议；社交媒体平台则可以实时搜集公众的意见和建议，增强互动性。

### （二）意见反馈的分析与应用

搜集到的意见和建议需要进行系统的分析和整理，以便更好地应用于乡村文化传播的实践中。对意见的分析可以帮助识别工作中的不足、潜在的机会和威胁，从而更加精准地调整策略和计划。此外，对搜集到的意见进行回应和反馈也是非常重要的，及时进行回应和反馈可以增强公众的信任，提高参与度。

**（三）邀请民间专家学者参与决策咨询**

邀请民间专家学者参与乡村文化传播的决策咨询，可以为工作提供更加专业和深入的指导。这些专家学者通常具有丰富的知识和经验，他们的参与可以提升文化传播工作的质量和有效性。此外，专家学者的参与还能增强文化传播项目的公信力和权威性。

**（四）建立持续的反馈循环**

建立一个持续的反馈循环机制，可以确保乡村文化传播工作的持续改进和创新。这种机制应包括定期评估文化传播活动的效果，根据反馈调整策略，以及再次搜集意见。这样的循环机制可以确保文化传播工作始终保持动态的适应性和创新性。

**（五）提高公众参与度和透明度**

通过建立意见和反馈机制，可以大大提高乡村文化传播工作的公众参与度和透明度。当公众觉得他们的声音被听到并且有所回应时，他们更有可能支持和参与文化传播活动。这种公众参与不仅有助于文化传播工作的顺利开展，还能够增强社区凝聚力和文化认同感。

所以，建立吸纳意见和反馈机制，邀请民间专家学者参与决策咨询，不仅可以提升乡村文化传播工作的质量和公信力，还能增强公众参与和文化传播活动的透明度。通过这种方式，乡村文化传播工作可以更好地满足公众的需求和期望，实现文化的有效传播和保护。

## 四、与国外友好国家和地区的相关机构开展乡村文化交流

在全球化背景下，与国外友好国家和地区的文化机构开展乡村文化交流是推广中国乡村文化、增强文化软实力的重要策略，这种交流不仅可以展示中国乡村文化的独特魅力，还能促进文化理解和国际合作。

**（一）建立国际文化交流平台**

为了有效地展示和推广中国乡村文化，可以建立专门的国际文化交流平台。这些平台可以是专门的网站、社交媒体账号或在线展览馆，专注于向国际受众介绍中国的乡村文化遗产、民俗活动和艺术形式。通过提供多语言支持和文化解读，这些平台能够帮助外国观众更好地理解和欣赏中国乡村文化的丰富性和独特性。

**（二）组织国际文化交流活动**

与国外的文化机构合作，组织一系列的国际文化交流活动，如文化节、艺术展览、学术研讨会等。这些活动不仅可以在国际舞台上展示中国乡村文化的独特魅力，还能为中国和外国的艺术家、学者和文化爱好者提供交流和合作的机会。例如，可以在国外举办中国传统村落的摄影展览，或者邀请外国艺术家参与中国的乡村文化节庆活动。

**（三）利用互联网进行文化传播**

利用互联网和数字媒体是向国际受众展示中国乡村文化的有效方式。通过在线视频、虚拟现实体验、互动网站等形式，向全球观众展示中国乡村的自然风光、传统手工艺、民俗节庆等。这些数字化的内容不仅可以跨越地理和语言的障碍，还能以更加生动和直观的方式呈现乡村文化的魅力。有学者表示，“在乡村百姓和年轻人共同的文化坚守与创新中，借助互联网技术、数字传媒平台展示中国乡村悠久的历史遗迹和当代自然人文景观，一定能吸引越来越多发展的力量涌向乡村，实现乡村文化振兴与文化产业持续发展，同时让优秀乡村文化借助数字技术走出国门，提升中华文化在国际上的影响力”[①]。

**（四）促进文化理解和尊重**

国际文化交流有助于打破文化偏见和隔阂，促进不同文化之间的相互理解和尊重。例如，中国乡村的生活方式和文化传统的展示，可以帮助国际观众更加全面和深入地了解中国，形成国际友好关系，促进文化合作。

① 杨修憬．中国乡村文化资源人才培养模式与国际交流机制创新研究 [J]. 艺术教育，2022（2）：33-38.

### （五）加强国际合作和资源共享

与国外文化机构的合作可以促进资源共享和合作项目的开展。例如，通过与国外的大学或研究机构合作开展乡村文化研究项目，共同开发文化教育课程，或者共同举办国际文化论坛。这样的合作不仅有利于资源和知识的共享，还能增强中国乡村文化在国际上的影响力和认可度。

总之，吸纳社会各界力量共建文化生态圈，提高乡村文化传播的质量与渗透力，使公众成为乡村振兴的积极参与者，是我们力求实现的目标。

## 第六节　探索跨界合作模式

在乡村文化传播领域，探索跨界合作模式是加大传播效果和扩大影响力的关键，特别是与新媒体企业的合作，可以发挥其创新思维和传播优势，大幅加大乡村文化在新媒体平台上的传播力度。

### 一、与新媒体企业合作

新媒体企业在内容创作、用户吸引和互动技术方面具有显著优势，这使得与这些企业合作对于推动乡村文化传播具有巨大潜力，以下是与新媒体企业合作的潜力和优势。

#### （一）创新视角和内容形式

新媒体企业注重创新和多样性。新媒体企业可以为乡村文化带来新的视角和内容形式。负责乡村文化传播的相关人员通过与新媒体企业合作，可以设计出符合现代审美和用户兴趣的内容，如短视频、互动故事、虚拟现实体验等。这些内容和形式，使乡村文化以更吸引人的方式呈现给公众。

#### （二）时效性和实时互动

新媒体企业擅长利用实时信息和社交媒体互动。这意味着新媒体企业可以迅速响应事件、话题和趋势，将乡村文化与当前热门话题相结合，增强传播的时效性。此外，新媒体企业的平台也提供了与用户进行互动的机会，如评论、点赞和分享，可以促进用户的参与和互动。

### （三）用户吸引和扩散能力

新媒体企业通常拥有大量用户和粉丝，他们可以迅速将内容传播到广泛的用户中。通过与这些企业合作，乡村文化的内容可以得到更广泛的传播，触及不同年龄、兴趣和地域的用户，这有助于提高乡村文化的知名度和影响力。

### （四）数据分析和个性化推荐

新媒体企业拥有先进的数据分析技术，能够了解用户的兴趣和行为。这使其能够提供个性化的内容推荐，将乡村文化内容精准地传递给潜在感兴趣的用户。通过利用数据分析，可以更好地了解用户需求，优化内容策略。

### （五）全球触达和国际合作

新媒体企业通常具有全球触达的能力，可以将乡村文化传播给国际用户，通过与国际新媒体企业的合作，还可以提升巴蜀乡村文化在国际舞台上的知名度。有研究提出，“乡村青年在网络空间中的自主接入、选择、连接、行动，并试图利用媒介技术改变自我的现实位置和生活境遇。他们将一种新的亚文化植入国人日常生活的视野并向国际溢出，在实现文化多元的同时，也促进了自我的赋能和赋权，改写了社会和阶层的关联”[①]。

### （六）创新商业模式

与新媒体企业合作可以探索创新的商业模式，如广告合作、内容付费、社交电商等，这有助于实现乡村文化传播的商业可持续性。

总之，与新媒体企业合作可以为乡村文化传播带来新的思路、更广泛的用户和更强的互动性。这种合作有助于将乡村文化融入现代社会，提高其可持续传播的能力，使更多人了解和关注乡村文化的魅力。

## 二、与文创企业合作

与文创企业合作具有潜力，可以将乡村文化与商业运作相结合，推动传统文化的转化和创新。

① 李庆林，万卉英，马啸天．中国乡村青年在土味视频国际展演中的个体可见与国族呈现 [J]. 当代青年研究，2022（5）：57-65.

**（一）商业化运作**

合作文创企业可以帮助将乡村文化转化为商业产品和服务。通过创意设计和市场推广，传统文化可以变成有市场竞争力的创意商品，如手工艺品、文化衍生品、旅游线路等。这有助于为乡村文化创造经济价值，提高乡村居民的收入水平。

**（二）传统文化保护**

通过商业化运作，文创企业可以提供支持传统文化保护和传承的资源。例如，文创企业可以提供技术和资金支持，帮助传统手艺的传承人保持传统工艺的活力。传统文化保护有助于确保传统文化不会被遗忘，并将其更好地传承和发展。

**（三）文化创意产业**

与文创企业合作有助于培育乡村的文化创意产业。这种产业不仅有助于传统文化的传播，还可以为乡村带来更多的就业机会。文化创意产业涉及文化创作、文化活动组织、文化产品制造等领域，可以促进乡村经济的多元化发展。

**（四）品牌推广**

与知名文创企业合作，可以提高乡村文化的知名度和品牌价值，有助于吸引更多游客和文化爱好者来乡村参观和体验，推动乡村旅游业的发展。知名文创企业可以通过线上线下的渠道，将乡村文化推向更广泛的受众。

**（五）社会投资**

合作文创企业可以吸引社会创投进入乡村文化产业，为乡村文化传播提供资金支持。这些社会投资可以用于文化活动的举办、文化设施的建设、文化项目的推进等方面，以促进乡村文化事业的可持续发展。

通过与文创企业的合作，乡村文化可以得到更好的保护、传承和传播，同时也能够实现商业化运作，为乡村经济注入新的活力，并为乡村文化带来新的发展机遇。

## 三、与高校、科研院所合作

乡村振兴，关键在人才；人才培养，重点在教育。乡村基础教育，是为乡村培养人才奠基的教育，也是为乡村振兴赋能提效的重要抓手。有学者指出，“在乡村基础教育中重视对中华优秀传统文化的教育，是强化文化认同、坚定文化自信、服务乡村发展的重要举措”①。与高校、科研院所合作进行乡村传统文化研究，可以充分发挥其人才智力和研究资源的优势，提升乡村文化挖掘整合的专业水准。

### （一）学术调查和研究

高校和科研院所拥有丰富的学术资源和研究人才。通过合作，可以开展深入的乡村文化资源学术调查和研究，挖掘乡村文化的历史、特色、传承等方面的信息。这有助于为乡村文化的传播提供更丰富的内容和专业的知识支持。

### （二）决策咨询服务

高校和科研院所可以提供决策咨询服务，为乡村文化传播的决策制定提供专业建议。高校和科研院所相关研究人员可以分析乡村文化传播的现状和问题，提出改进方案，并为政府和相关机构提供政策建议。

### （三）人才培养

与高校和科研院所合作可以促进乡村文化领域的人才培养。高校可以开设相关课程，培养乡村文化传播的专业人才。学生可以参与实际项目，获得实践经验，为乡村文化的传播注入新鲜血液，同时这也有助于培养更多关注乡村文化的年轻人才。

### （四）文化活动策划

高校和科研院所可以协助策划和组织乡村文化活动，如文化节庆、讲座、展览等。高校和科研院所的相关研究人员可以提供学术支持和专业意见，确保活动的质量和吸引力。

### （五）资源整合

高校和科研院所可以帮助整合各类乡村文化资源，包括历史档案、民间传统、文化遗产等。通过建立数据库和文化资源库，可以为乡村文化的传播提供便捷的资源支持，也可更好地保护和传承乡村文化。

---

① 庞晨阳，杨伟．传播视域下中华优秀传统文化融入乡村基础教育研究[J].传媒论坛，2023，6（11）：82-84.

通过与高校和科研院所的合作，乡村文化传播可以获得更多专业性和深度的支持。这种合作不仅有助于提高乡村文化挖掘整合的水平，还可以促进学术界、政府和社会各界的合作，实现乡村文化传播的全方位发展，这对于保护、传承和弘扬乡村文化具有重要意义。

## 四、与传统企业合作

与传统企业，尤其是电影电视公司的合作，在乡村文化传播方面有着巨大的潜力。这种合作可以为乡村文化带来新的创意和资源，推动乡村文化的传播和发展。电影和电视作品作为强大的传媒工具，能够将乡村文化的故事生动地呈现给观众，提高观众对乡村文化的认识和兴趣。同时，此类合作有助于将乡村文化转化为商业化产品，促进文化产业的繁荣，为乡村经济注入新的动力。这种跨界合作有望为乡村文化传播带来新的发展机遇。

### （一）高质量视觉作品的制作

电影电视公司拥有制作高质量视觉作品的专业能力和经验。通过与这些公司合作，可以将乡村文化的故事以更精彩和引人入胜的方式呈现给观众。电影、电视剧和纪录片等形式可以深入挖掘乡村文化的内涵，让观众在娱乐中了解乡村的魅力。

### （二）市场推广

传统企业通常拥有广泛的市场渠道和推广资源。与电影电视公司合作，可以将乡村文化的内容推向更广泛的市场，吸引更多观众的关注。通过电影院上映、电视台播放、在线流媒体等渠道，乡村文化可以触达不同年龄和背景的观众，从而提高知名度和影响力。

### （三）文化产业发展

乡村文化与文化产业有着天然的联系。与传统企业的合作可以将乡村文化转化为文化产品，如电影、电视剧的衍生品、纪念品等。这有助于实现乡村文化的商业化运作，为乡村经济注入新的活力，提升文化产业的发展水平。

**（四）教育和宣传**

电影和电视作品是教育和宣传的强大工具。通过合作制作具有教育意义的乡村文化作品，可以让观众更深入地了解乡村文化的价值和意义。这对于传承和弘扬乡村文化具有积极意义。

**（五）创新和创意**

传统企业通常拥有创新和创意的团队，可以为乡村文化传播带来新的思路和方法。合作可以促使乡村文化传播不断创新，采用新的表现形式和媒体语言，以吸引不同层次的观众。

因此，多方跨界协作，整合社会资源，将有力促进乡村文化多维度的传播应用，实现乡村文化传播体系的重塑升级。

## 第七节　提高乡村文化的对外传播效果与文化互动性

在新形势下，如何提高乡村文化的国际传播力，让世界更好地了解中国乡村文化的博大精深，是摆在我们面前的重要课题。

### 一、充分利用新媒体平台和手段

充分利用新媒体平台和手段，让世界了解中国乡村文化的独特魅力是提高乡村文化国际传播力的关键一步。为实现这一目标，可以采取多种措施。

首先，建设乡村文化中英双语网站。中英双语网站可以提供丰富多彩的乡村文化内容，包括图片、文章、音频和视频，以中英文双语呈现。这不仅有利于向国际观众介绍中国乡村文化，还能够吸引更多国际文化爱好者的关注。同时，网站可以包含互动性的功能，如在线讨论区、文化交流平台等，促进国际文化交流和合作。

其次，运用短视频平台开设多语种的宣传账号。短视频在全球范围内具有广泛的受众基础，通过在不同语种的平台上发布乡村文化相关的短视频内容，可以快速传播乡村文化的精髓。这些短视频可以包括乡村美景、传统节庆、民俗风情等吸引人的元素，以视觉和情感的方式吸引国际观众的注意。

再次，在社交媒体上积极推广中国乡村文化。通过在国际知名社交媒体平台上创建专门的乡村文化推广账号，发布有趣、引人入胜的内容，与国际观众互动。这些内容可以包括乡村文化的故事、传统手工艺品的制作过程、当地美食的介绍等，以各种形式展现中国乡村文化的多样性。此外，在跨文化传播的语境下，面对来自不同地区、有着不同文化背景的国际观众，可以使用私人叙事的方式，从个人视角出发，以人为本，用故事、视频图片等具象、直观的方式，拉近与国际观众的距离。有学者建议，“在线上乡村形象国际传播中，可以聚焦诸如大学生村官、乡村能人、非遗传承人等个体，讲好他们扎根基层脱贫致富的独特故事，相比于直接讲述中国脱贫攻坚取得成就的相关数据，这种以人为中心、讲个体的故事更容易被国际观众接受，从而有助于构建中国乡村现代化的新形象”①。

最后，与国际友好国家和地区的相关机构开展乡村文化交流。通过举办乡村文化展览、文化交流活动、国际合作项目等方式，向世界展示中国乡村文化的魅力和独特之处。通过这种交流不仅可以促进文化互鉴，还有助于加强国际合作，为乡村文化的国际传播创造更有利的环境。

总之，充分利用新媒体平台和手段，建设多语种网站、运用短视频平台、在社交媒体上推广，以及开展国际文化交流，是提高乡村文化国际传播力的有效途径。这些举措有助于让世界了解和欣赏中国乡村文化的独特魅力。

## 二、举办乡村文化展览与论坛

举办更多具有国际视野的乡村文化展览与论坛是加强乡村文化对外传播的关键策略。这些活动可以通过多种方式来丰富展示乡村文化的内涵，激发国际观众的兴趣，进一步提高乡村文化的国际传播力。

首先，乡村文化展览可以赋予国际视野。除了传统的工艺品和文化遗产展示，还可以将时尚元素融入展览中。时尚是一个具有国际吸引力的领域，各种时尚元素如服装、饰品、设计等可以与乡村文化相融合，展示出乡村文化的独特魅力。这样的展览不仅能够吸引更多国际观众，还可以创造商业机会，促进乡村文化的商业化运作。

其次，乡村文化论坛是促进文化交流和合作的有力工具。在论坛上，可以邀

① 栾轶玫．线上乡村——国际传播中的“中国叙事”[J]．视听界，2021（6）：125.

请国际文化领域的专家、学者、艺术家、设计师等，共同探讨乡村文化的内涵和发展。这种交流不仅可以促进文化互鉴，还可以引发创新思维和合作项目的孵化。此外，通过邀请国际媒体和社交媒体影响者参与，可以扩大论坛的影响力，让更多人了解和关注乡村文化。

再次，展览和论坛的国际化宣传十分重要。可以利用国际社交媒体平台、国际媒体合作和外交渠道，将乡村文化展览和论坛的信息传播到国际社会。通过极具吸引力的宣传手法和内容呈现方式，提高年轻人的兴趣和参与度。

最后，要积极借助国际性的文化活动和平台，如国际文化节、文化交流项目等，将中国乡村文化纳入其中。这可以通过与国际合作伙伴的合作来实现，与其他国家和地区的文化进行对话和交流，推动中国乡村文化更广泛地融入国际文化领域。

总而言之，举办具有国际视野的乡村文化展览与论坛，注重时尚元素的展示，积极宣传和国际合作，将中国乡村文化推向国际舞台，有助于提高其国际传播力和影响力，让更多国际观众了解和欣赏中国乡村文化的独特魅力。与此同时，国家应重视在国际交流活动中培养青年领袖，给予其更多参与联合国粮农组织等涉农传播的机会。有学者认为，“青年领袖在不同场合的发言与交流讲述中国乡村故事，其自身也成为一个可感知的文化符号集合体，可以放大中国声音，提升讲好中国乡村故事的传播效果”[①]。

## 三、拍摄优秀视觉作品，讲述中国乡村的故事

支持拍摄更多反映乡村文化与乡村变革的优秀视觉作品，并参加国际电影节评选，是提高乡村文化国际传播力的重要举措。这些视觉作品可以通过电影节等国际舞台，向全世界展示中国乡村文化的独特魅力和发展历程。

第一，通过参与国际电影节的评选，可以让更多国际观众了解中国乡村文化。电影是一种具有全球吸引力的艺术形式，具有跨越语言和文化障碍的特点。在国际电影节上获得奖项或入选展映，能够吸引国际媒体的关注，为中国乡村文化的国际传播提供有力支持。

① 王壹，龚伟亮，张伟鹏．中国乡村故事“出海”：内涵、机遇与路径选择 [J]. 国际传播，2022（3）：8-14.

第二，与好莱坞等进行国际电影产业合作是一个有潜力的方向。好莱坞是全球电影产业的中心，与其合作可以为中国乡村文化提供更广阔的国际市场和更高水平的制作技术支持。通过讲述引人入胜的中国乡村故事，可以吸引国际观众的兴趣，从而使其更深入地了解中国乡村文化。

第三，支持拍摄反映乡村变革的视觉作品也具有重要意义。中国乡村正在经历快速的社会和经济变革，这个过程中涌现出许多感人的故事和形象。通过电影和视觉作品，可以记录和传播这些变革的过程，展示乡村人民的拼搏和奋斗精神，以及他们对传统文化的传承与创新。这样的作品不仅有助于提高乡村文化的国际传播力，还有助于呈现中国乡村的发展进步和生活变化。

综上所述，支持拍摄反映乡村文化与乡村变革的优秀视觉作品，并参与国际电影节评选，以及与好莱坞等国际电影产业的合作，都是提高乡村文化国际传播力和影响力的有效途径。通过电影和视觉作品，可以将中国乡村文化呈现给全球观众，让更多人了解和欣赏中国乡村文化的独特之处。

## 四、建立常态化的国际乡村文化志愿者交流机制

通过选派一批国内外大学生到乡村进行文化交流，可以培养更多的海外传播中国乡村文化的生力军，同时也促进了国际文化互动。所以，建立常态化的国际乡村文化志愿者交流机制是提高乡村文化国际传播力的重要策略。

首先，国际乡村文化志愿者交流机制可以实现跨国文化的融合。将国内外大学生选派到中国乡村，让他们亲身体验和了解中国乡村文化，是一种生动的文化交流方式。这些志愿者将成为乡村文化的亲历者和见证者，通过他们的分享和传播，可以向国际社会传递真实的乡村文化信息，打破文化隔阂，促进不同文化间的相互理解和尊重。

其次，国际乡村文化志愿者的参与可以为乡村文化注入新的元素和活力。国际志愿者来自不同国家，拥有不同的文化背景，他们将带来新的观念、创意和视角。在与中国乡村文化的交流中，国际志愿者可能提出新的创意项目，为乡村文化注入新的活力。

再次，国际乡村文化志愿者的参与有助于拓宽乡村文化的国际传播渠道。这些志愿者通常具有国际化的视野和社交网络，他们可以在国际上广泛传播中国乡

村文化，吸引更多国际观众关注和了解中国乡村文化。

最后，建立常态化的国际乡村文化志愿者交流机制有助于提升中国乡村文化在国际上的知名度和影响力。这些志愿者将成为乡村文化的文化大使，通过他们的努力，可以让更多国际观众对中国乡村文化有更深入的认识和兴趣。这对于提高中国乡村文化的国际传播力是非常有益的。

因此，通过国际乡村文化志愿者交流机制，可以实现跨国文化融合，同时能为我国乡村文化注入新活力，拓宽传播渠道，提升乡村文化在国际上的知名度和影响力，为中国乡村文化的国际传播开辟新的道路。

综上所述，在新时代大力提高乡村文化的国际传播水平，是展现中华文明自信的重要举措，这不仅关系国家文化软实力的提升，也是满足公众文化权益的应有之义。

# 第七章　结论与展望

本章是对巴蜀地区乡村文化的传承与保护以及创新发展和传播研究的结论和展望，中国传统乡村文化具有深厚的历史底蕴，在人类进步的历程中，其只有不断跟随时代的变化而变化，才能得到有效的传播与弘扬。

## 第一节　主要结论

### 一、城市化与乡村文化的交融

传统的中国乡村文化是千百年来村民集体智慧的沉淀，是村民生活态度、道德准则的体现，在社会发展过程中影响着村民的思想和行动。在人类发展和进步过程中，文化呈现多元性，乡村文化与城市文化就是其中的分支。有学者指出，“乡村文化与城市文化二者虽然有区别，但不是进步与落后的差别”①。在巴蜀地区，城市化的推进使乡村文化与城市文化深度交融，这种交融不仅是物理空间上的融合，更是文化、社会结构和生活方式的全面交织。随着城市化的快速发展，原本相对封闭的乡村社区开始与外界产生更为密切的联系，这一变化对乡村文化的影响深远且复杂。首先，城市化导致了乡村传统文化的淡化。随着大量农民进入城市，乡村地区的人口结构发生变化，年青一代逐渐远离传统的乡村生活，这使得传统文化、习俗和语言等逐渐失去了传承的基础。此外，现代化的生活方式和价值观也通过各种媒介渗透到乡村社区，对传统乡村文化造成冲击，导致原有的文化特色和乡土记忆逐渐模糊。然而，城市化的进程也为乡村文化带来了新的发展机遇。城市文化的输入为乡村文化注入了新鲜的元素和活力。随着基础设施的改善和信息技术的发展，乡村地区的居民更容易接触到外部世界的信息和文化，这

① 王太彬．乡村文化建设与保护研究——基于近代以来城市化进程的视角 [D]. 郑州：中原工学院，2012.

不仅拓宽了他们的视野，也激发了他们对本土文化创新的思考。例如，传统的乡村艺术和手工艺得以通过新的平台展现给更广泛的观众，乡村的风土人情和故事通过数字媒体得以保存和传播，吸引更多人对乡村文化进行关注和探索。

尽管这种文化的交融和碰撞，给传统乡村文化带来了挑战，但同时也催生了文化创新的可能性。在传统与现代的交织中，乡村文化可以找到新的表达方式和生存路径。例如，传统节日和习俗可以与现代艺术形式相结合，创造出新的文化产品和活动，这样既保留了传统文化的核心元素，又使其更符合现代人的审美和体验需求。这种创新不仅有助于传统文化的传承，还能提升乡村文化的吸引力和影响力。

简言之，城市化的推进对巴蜀地区的乡村文化产生了深刻影响。虽然传统文化面临着挑战，但这也是乡村文化创新和转型的重要契机。通过有效的策略和措施，可以促进城市文化与乡村文化的有机结合，使乡村文化在新时代背景下焕发新的生机与活力。这不仅需要政府、社区和文化工作者的共同努力，也需要社会各界对乡村文化价值的认识和重视。

## 二、媒体技术与乡村传统的碰撞

在针对巴蜀地区乡村文化传播的研究中，现代媒体技术与乡村传统的碰撞是研究的一个关键课题。虽然社交媒体和短视频平台等现代媒体技术的兴起，极大地提高了信息的传播速度，但同时也给乡村文化的传承带来了前所未有的挑战。

一方面，现代媒体技术改变了信息传播的方式。在社交媒体和短视频平台上，快节奏、碎片化的内容成为主流，这种形式与传统乡村文化传承的深度和连续性形成了鲜明对比。乡村文化，尤其是那些依赖于口头传播、社区活动和长期学习的文化形式，很难在这种快速、碎片化的媒体环境中得到有效传播。例如，传统的民间故事、民俗活动、传统手工艺等，这些丰富而复杂的文化元素在短视频或社交媒体平台上难以得到充分展现。

另一方面，现代媒体技术的普及导致了文化的表面化和简化。在追求点击率和关注度的过程中，一些原本丰富多彩、深刻的乡村文化内容被简化为浅显易懂的形式，这不仅削弱了文化的深度和复杂性，也可能导致文化内涵被扭曲和误解。比如，一些复杂的乡村仪式和传统节日可能被简化为几个图像或短视频，这种简化的传播方式很难传达文化的精髓和深层意义。

与此同时，现代媒体技术的普及改变了人们的信息消费习惯。在充斥着大量信息的网络环境中，人们的注意力变得更加分散，人们趋向于消费那些简单、快速、易于理解的内容。这种变化对于传统乡村文化的传承是不利的，因为真正理解和欣赏乡村文化往往需要时间、耐心和深入的学习。乡村文化的复杂性和历史深度很难在短暂的浏览中被人们充分理解和欣赏。

然而，现代媒体技术与乡村传统的碰撞也为乡村文化的传承和创新带来了新的机遇。通过现代媒体技术，乡村文化能够跨越地理界限，触达更广泛的受众。新媒体平台可以作为展示乡村文化多样性和创造性的舞台，通过创新的表达方式吸引更多人的关注。例如，可以通过制作高质量的纪录片、故事性的视频内容或互动性强的数字展览，让观众深入了解乡村文化的背景和内涵。

此外，现代媒体技术也为乡村文化的创新提供了工具和平台。在反映传统村落的影像中，村落文化是非常重要的一部分。当前在传统村落文化挖掘、保护、传承与传播上，传承主体的缺失一直以来都是一个重要的问题。有学者指出，“新媒体技术赋权正在改变这一现状，运用自媒体、直播等新媒介形式，传统村落文化正在被以全新的图像呈现出来”①。此外，通过数字化手段，传统艺术和手工艺能够以新的形式呈现，与现代审美和技术相结合，从而激发年青一代的兴趣。社交媒体和短视频平台可以作为展示创新乡村文化产品的窗口，促进文化产品的市场化和国际化。

由此可见，现代媒体技术对巴蜀地区乡村文化传承的影响是一把双刃剑。一方面，现代媒体技术对传统的传承方式和文化深度构成了挑战；另一方面，现代媒体技术也为乡村文化的创新和传播提供了新的机遇。为了有效利用现代媒体技术的优势，同时克服其带来的挑战，需要文化工作者、政策制定者和社区成员共同努力，开发适合乡村文化传承的新策略和方法。

## 三、文化传承与创新的平衡

在快速变化的现代社会，尊重并保持传统文化的同时寻求其创新与发展，是

① 刘爱萍，许建宝．自媒体时代传统村落的图像传播[J].新闻战线，2018（20）：158–159

一个复杂但至关重要的过程。在课题研究中，文化传承与创新的平衡是维持乡村文化特色的关键。

首先，传统文化的传承在乡村社区中具有不可替代的价值。乡村文化不仅是历史与传统的承载体，也是社区成员身份认同和文化连续性的重要源泉。传统的节庆活动、民间艺术、手工艺技术、乡土知识等，都是乡村文化的组成部分，它们反映了乡村社区的历史、价值观和生活方式。在现代化和全球化的浪潮中，保护这些文化元素不仅是对历史的尊重，也是维护社区独特性和多样性的必要条件。

然而，传统文化的传承面临着诸多挑战。有学者指出，“优秀传统乡村文化的传承创新必须立足现代生活，着眼于解决现代生活中人们的精神困境，进而丰富其基本内涵与形式”[①]。现代社会的快速发展带来了新的生活方式和思维方式，这些变化可能导致年青一代对传统文化的疏远。此外，城市化和数字化的进程也可能削弱传统文化在乡村社区中的影响力。因此，找到传统文化与现代生活方式之间的平衡，使传统文化既能保持其核心价值又能与时俱进，成为一项紧迫的任务。创新是传统文化可持续发展的关键，这种创新不是简单地摒弃传统，而是在尊重和理解传统的基础上推动传统文化的发展和演变。例如：传统的手工艺可以与现代设计理念相结合，创造出既具有传统特色又符合现代审美的产品；传统节日和习俗可以通过新的表演形式和传播方式呈现，吸引更多年轻人的参与。文化创新的过程需要谨慎，过度的商业化和简化可能导致传统文化的内涵被削弱，失去其独特性和深度。因此，在进行文化创新时，需要充分考虑如何保持对传统的尊重和保护，确保创新活动能够增强而非破坏文化的真实性和完整性。

同时，社区参与在文化传承和创新中扮演着重要角色。随着城市化进程的发展，村民不断向外流动，原来的熟人关系逐渐疏离化，情感联结被动摇，在外村民对乡村记忆开始变得模糊，身份认同感降低，对乡村发展不太关心，甚至存有冷漠的态度。有研究指出，“村民之间的社会关系网络，是在宗族、血亲、信仰、仪式等文化传承和影响中形成的，这种关联虽然日渐式微，但地方文化、民族文化等集体文化符号印记对他们的凝聚作用仍不可忽视”[②]。通过鼓励社区成员，特

① 钟岩，李波．乡村振兴视域下优秀传统农耕文化的传承创新探析 [J]. 山东农业大学学报（社会科学版），2023，25（4）：184-188.

② 贺芒，范飞．脱域与回归：流动村民参与乡村振兴的困境与路径 [J]. 湖北民族大学学报（哲学社会科学版），2023，41（2）：83-93.

别是年青一代，参与到传统文化的学习、保护和创新中，可以提高他们对传统文化的认识。社区中的长者和文化传承者可以作为知识和技能的传递者，激发年轻人对传统文化的兴趣和热爱。

此外，政府和文化机构在文化传承与创新的平衡中也扮演着重要角色。他们可以通过提供资金支持、教育资源和政策指导，帮助乡村社区保护和发展其文化遗产。同时，通过组织文化活动、建立博物馆和文化中心等方式，可以为公众提供了解和体验传统文化的机会。

由此，巴蜀地区乡村文化的传承与创新需要在尊重传统的基础上进行。通过在传统文化与现代创新之间寻找合适的平衡点，可以保持乡村文化的活力和持久性。这不仅是对乡村文化负责的态度，也是实现文化可持续发展的关键。

## 四、数字化媒体与传统文化的融合

数字化媒体的兴起为传统文化的保存、传播和创新提供了前所未有的机遇，但在数字化媒体与传统文化融合的过程中也需要注意避免商业化和低俗化的趋势。

一方面，数字化媒体为传统文化的传播和保存提供了新的方式和手段。通过互联网平台，传统文化能够跨越地理和时间的限制，触及更广泛的受众。例如，传统音乐、舞蹈、手工艺等可以通过在线视频、数字图书馆和社交媒体平台进行展示和教学。这种方式不仅使传统文化更容易被全球受众接触和理解，而且为文化传承者提供了新的舞台。

另一方面，数字化媒体促进了传统文化的创新。在数字时代，传统文化可以通过新的技术手段进行创新演绎，如数字艺术、互动式展览等。这种创新不仅能够吸引年青一代的注意，还能够为传统文化注入新的活力和现代感。数字化媒体还为传统文化的跨界合作提供了可能，如与现代音乐、影视作品的结合，使传统文化在新的领域和形式中焕发生机。

然而，数字化媒体在促进传统文化传播的同时，也带来了一些挑战。商业化的趋势可能导致对传统文化的浅层理解和利用，甚至可能导致文化本质的失真。为了迎合市场和观众的口味，一些重要的文化元素可能被简化或忽略，从而削弱了传统文化的深度和丰富性。同时，低俗化的内容也可能影响传统文化的形象，使其失去原有的尊严和价值。

为了有效地利用数字化媒体，同时避免其带来的副作用，需要采取一系列措施。首先，需要加强对传统文化的深入理解和研究，确保数字化内容的真实性和深度。文化传承者和数字媒体从业者应共同努力，确保传统文化在数字化过程中的准确性。

其次，政策制定者和文化机构应提供指导和支持，以促进传统文化与数字化媒体的健康融合，如通过提供资金支持、培训项目和技术援助，帮助文化传承者更好地利用数字技术。同时，也需要制定相关政策和标准，以确保数字化内容的质量。

与此同时，公众的教育和意识提升也非常重要。通过教育和公共宣传，可以提高公众对传统文化价值和保护意义的认识。这不仅有助于公众对传统文化的尊重和理解，也能促进公众对高质量数字化文化内容的需求。

总的来说，数字化媒体与传统文化的融合是一个充满机遇和挑战的过程。通过合理利用数字化媒体，可以有效地传播和创新传统文化，使其在现代社会中继续发挥重要作用。同时，需要注意避免商业化和低俗化的趋势，确保传统文化的真实性和深度。

## 五、社群凝聚力的重要性

在乡村文化传播过程中，强化社群凝聚力对于维持文化的连续性和促进社区发展具有重要意义。有研究指出，“在漫长的历史进程中，传统文化的传播活动对村民的影响或意义已经超越具体活动本身，成为乡村文化共同体、集体记忆和权力变迁不可或缺的重要部分，建构着村民的情感结构、价值观念和世道人心”[①]。社群凝聚力被视为乡村文化传播的基础，社群凝聚力不仅关系到文化的传承，而且是社区稳定性和和谐发展的关键因素。

社群凝聚力是乡村文化传承的基石。在乡村社区中，文化传承往往依赖于家庭、亲属关系和邻里关系。这些关系构成了一个紧密相连的社会网络，使文化得以在日常生活中自然传播。当社群凝聚力强时，成员之间的互相信任和支持为传统文化的传承创造了有利环境。

社群凝聚力对社区的稳定性和和谐发展至关重要。在乡村社区中，社群凝聚

① 沙垚．乡村文化传播 [J]. 新闻与传播研究，2015，22（12）：101-108.

力能够促进成员之间的互助与合作，有助于缓解社区内部的矛盾和冲突，使社区生活环境安全、稳定、和谐。社群凝聚力的强化能够促进社区成员对于公共事务的参与，从而推动社区的整体发展和进步。

然而，在现代化和城市化的影响下，乡村社区的社群凝聚力面临着挑战。人口流动、经济结构的变化和生活方式的转变可能削弱了传统的社区联系。因此，寻找一种能够增强社群凝聚力，支持文化传承和社区发展的方法变得尤为重要。例如，通过组织社区活动、恢复和保护传统节日和习俗、鼓励年青一代参与社区事务等方式，可以有效提升社群凝聚力。

利用现代技术和媒体也是强化社群凝聚力的一个有效途径。社交媒体和网络平台可以作为社区成员交流和共享信息的空间，帮助维持和加强社区内的联系。通过这些平台，乡村文化能够以更广泛的方式传播，同时也能激发更多人对乡村文化的兴趣。在增强社群凝聚力的过程中，要考虑到文化的多样性和包容性。在乡村社区中，不同的文化背景、年龄和社会经济状况的人们共同生活。因此，增强社群凝聚力的策略应考虑到这种多样性，确保所有社区成员都能被纳入并参与到文化传承和社区发展中。

总之，社群凝聚力在乡村文化传播中扮演着至关重要的角色。增强社群凝聚力，可以促进文化的有效传播，维护社区的稳定性和和谐发展，这不仅有利于保护和传承乡村文化，也是推动社区全面发展的关键。

## 六、乡村文化传播的重要性

乡村文化传播不仅是传统文化保持和发展的关键，也是社区建设、文化传承和社会和谐的重要推动力量。有学者认为，“在乡村振兴战略背景下，乡村优秀传统文化的作用日益凸显，传承与创新乡村优秀传统文化能够助力乡风民风建设、推进乡村文明程度提升以及乡村文化产业发展”[①]。乡村文化传播的有效性直接影响到社区居民的认同感，促进社会和谐，增强社群的凝聚力，同时也为维持文化多样性和促进文化创新提供了基础。

乡村文化传播在社区建设方面发挥着重要作用。社区是社会的基本单元，其

① 邹桐．乡村振兴视域下乡村优秀传统文化传承与创新研究 [J]. 农业开发与装备，2022（12）：43-45.

稳定和繁荣直接关系到整个社会的和谐与发展。乡村文化传播可以加强社区居民对本土文化的认知和认同，从而增强他们对社区的归属感和参与感。当居民对自己社区的文化感到自豪时，他们更有可能积极参与社区事务，为社区的持续发展做出贡献。此外，通过传播乡村的特色文化，可以促进社区内部的交流和理解，增强社区内部的凝聚力，构建更紧密的社区关系网络。

乡村文化传播在文化传承方面的作用不可小觑。许多乡村社区拥有悠久的历史和独特的文化传统。这些文化传统不仅是历史的见证，也是乡村社区独特身份和传统的重要标志。有效的文化传播能够使这些文化传统得以保持并传承给下一代。通过举办文化活动、建立博物馆或文化中心、使用数字媒体等方式，可以使年青一代更好地了解和欣赏自己的文化遗产，从而确保这些宝贵的文化资源不会随时间消逝。

乡村文化传播对于促进社会和谐也具有显著作用。在多元化的现代社会中，不同的文化背景和价值观可能导致社会冲突和分歧。乡村文化传播可以帮助人们理解和尊重不同的文化传统，减少因文化差异带来的误解和隔阂。通过共享和庆祝不同的文化传统，社区居民能够建立更加包容和谐的社会关系，这种文化的共享和交流不仅有助于构建一个和谐的社区环境，也是促进社会稳定和发展的重要因素。

同时，乡村文化传播也面临着挑战。有学者指出，“当前我国乡村文化传承还存在文化治理认识、治理资源整合、文化服务‘量’‘质’和文化认同感等不足的现象”①。同时，有学者指出，“乡村文化传承关注度、资源利用效率、文化满足感和文化自觉传承水平等低下的现实问题突出。主要原因是受城市化发展带来的多元异质文化冲击，文化规划支撑体系缺失，乡村经济发展不充分和乡村文化传承主体力量减少的影响”②。因此，需要采取积极的措施来促进乡村文化的传播和保护，这些措施包括加强教育和公共宣传，鼓励社区参与和跨代交流，利用现代媒体技术创新性地传播传统文化。

综上所述，乡村文化传播在社区建设、文化传承和社会和谐方面发挥着至关

① 李平．新时代乡村文化振兴问题及对策研究 [D]. 青岛：青岛理工大学，2019.

② 蒋利雪，李敏．社会治理视域下乡村文化传承问题与对策 [J]. 云南农业大学学报（社会科学版），2019，13（4）：14-19.

重要的作用。通过有效的文化传播，可以增强社区居民的文化认同感，促进社区内部的交流和理解，从而构建一个更加和谐、稳定、繁荣的社会。同时，也为保护和传承宝贵的文化遗产奠定了基础，确保乡村文化在现代社会中得以持续发展和繁荣。

## 第二节　未来展望

### 一、“城市化与数字技术”赋能乡村文化的有效传播与传承保护

在未来，乡村文化研究的重点之一应当集中于如何在快速发展的社会背景下，特别是面对城市化和数字化的双重影响，有效地保护和传承巴蜀地区丰富的乡村文化，这一课题在当前社会变革的大背景下显得尤为迫切和重要。

首先，城市化带来的影响主要体现在乡村人口的流失、传统生活方式的改变和乡村社区结构的瓦解。随着更多年轻人迁往城市寻求教育和就业机会，传统乡村文化的传承者减少，传统技艺和生活方式面临消亡的风险。有学者指出，“村民是乡村文化的创造者同时也是传承者，没有村民就没有乡村文化，更没有乡村文化的传承。对此，需要挽留人才，稳定乡村文化的主体”[①]。因此，未来研究需要关注如何在城市化的背景下保持乡村文化的活力，包括寻找新的传承方式，鼓励年青一代参与乡村文化的保护和发展，以及通过政策支持和社区规划来维护乡村文化的传承环境。

其次，数字化为乡村文化的传播提供了新的平台和工具，但同时也带来了挑战。数字化可能导致文化的表面化和商业化，使得传统文化的深层价值和意义被忽视。随着娱乐化现象的增加，大众对娱乐内容的依赖心理逐渐增强，自我控制力也在逐渐下降，长此以往，将会影响大众的价值观。因此，有学者建议，“新媒体环境中的乡村文化，要适当地减少娱乐性，可以结合地方特色（地方方言、习俗），凸显乡村本色，不恶搞乡村文化，不扭曲乡村文化，使乡村文化保留自

① 陈蓉蓉，秦紫灿，黄佐桉．乡村振兴中乡村文化传承面临的困境与对策研究——基于调查问卷的实证分析 [J]. 江西农业，2022（22）：121-123.

身的独特魅力”[①]。因此，未来研究应探讨如何有效利用数字化媒体来传播乡村文化，同时保持其深度和真实性。这包括开发适合乡村文化特色的数字内容，利用数字技术记录和展示传统技艺，以及培训乡村文化传承者使用数字工具进行有效传播。

此外，社区参与在乡村文化传承中扮演着关键角色。有学者指出，“传播乡村文化不能脱离了其特有的‘文化空间’，要想可持续、活态化保护传承巴蜀乡村文化，必须融入乡村社区的发展，需要社区民众的积极参与与自觉性保护”[②]。未来应侧重研究如何增强社区居民对乡村文化的认同感和参与度。这可能涉及开展社区文化活动，建立社区文化中心，以及鼓励居民参与文化保护和创新工作。例如，在旅游开发时，充分尊重社区的自我选择，因地制宜地探索和实践社区参与开发的模式，切实汲取“生于斯而长于斯”的社区居民的草根智慧，为社区居民的真正参与提供空间、便利和制度化保障，使社区居民能够“直接参与”，有机会和渠道“为自己说话”，有利于激发他们重新认知自己文化的价值，拓宽族群文化视野，拓宽文化认同空间，并形成文化传承自觉，建立有效的文化传习机制。有研究指出，“社区参与程度越高，居民的文化保护意识就越强，社区参与为居民主动、自觉地保护和传承乡村文化遗产提供了某些内在动力和观念支撑”[③]。通过增强社群凝聚力和提高居民对乡村文化的认识，可以促进文化的自然传承和创新发展。

同时，未来研究还应关注乡村文化在现代社会中的定位和功能。随着社会的快速发展，乡村文化不仅是历史和传统的载体，也可以成为现代社会生活的一部分。研究应探索如何将乡村文化与现代生活方式、经济发展和社会进步相结合，使其成为促进地区可持续发展的动力。

有研究发现，“多元文化互动中的冲突与融合，既为乡村文化的发展变迁提供了良好的机遇，又为乡村文化的价值重建提出了诸多严峻的挑战”[④]。因此，有

① 陈晔．新媒体视角下乡村文化传播路径研究 [J]. 声屏世界，2022（23）：11-13.

② 许子婵，仇兵奎．社区参与视角下非物质文化遗产保护系统研究 [J]. 山西能源学院学报，2021，34（6）：60-62.

③ 邓小艳．文化传承视野下社区参与非物质文化遗产旅游开发的思路探讨 [J]. 广西民族研究，2012（1）：180-184.

④ 姬汝茂．新农村文化创新与可持续发展的路径和机制 [J]. 社会科学家，2008（8）：111-114.

学者认为，“我们需以内涵和外延的综合视角从文化冲突中寻求发展之道，去解构乡村文化的发展动力”[①]。简言之，未来的研究需要全面考虑城市化和数字化给巴蜀地区乡村文化带来的挑战和机遇。通过综合研究和创新性实践，可以找到有效的策略和方法来保护和传承这一宝贵的文化遗产，使其在不断变化的社会环境中得以持续发展，这不仅对巴蜀地区具有重要意义，也为全球乡村文化保护和发展提供了宝贵的经验和启示。

## 二、利用“跨学科”优势展开乡村文化传播研究

乡村文化传播不仅是文化学的议题，同样涉及社会学、传播学、经济学、人类学等学科领域，通过结合这些学科的视角和方法，可以更全面地理解乡村文化传播的复杂性，发现更有效的解决策略。

社会学提供了研究乡村社会结构、社群关系和社会变迁的视角。社会学方法可以帮助研究者深入理解乡村社区内的社会网络、社会阶层和权力结构，以及这些因素如何影响文化的传播。例如，通过社会学研究，可以了解到城市化和现代化如何改变乡村社会的结构，这些变化又如何影响乡村文化的传承和发展。

传播学为研究乡村文化在现代媒体环境中的传播提供了重要视角。随着数字化媒体和社交网络的发展，乡村文化的传播方式和受众发生了变化。传播学可以帮助研究者分析不同媒介如何影响文化信息的编码、传播和解码，以及如何利用这些媒介有效地传播乡村文化。

文化学则提供了研究文化内容、文化意义和文化表达的视角。文化学方法可以帮助研究者深入理解乡村文化的内涵、价值和表现形式，以及这些文化如何在变化的社会环境中得以保持和创新。此外，文化学还可以提供研究文化多样性、跨文化交流和文化冲突的理论和方法。

从经济学的视角展开研究，有助于理解乡村文化在经济发展中的作用，以及如何通过经济手段支持文化的保护和发展。例如，经济学方法可以分析文化活动对于乡村经济发展的贡献，以及如何通过文化产业的发展促进乡村经济的振兴。

人类学的视角则有助于从微观层面理解乡村文化的日常实践、仪式和传统。通过人类学的田野研究方法，可以深入乡村社区，直接观察和记录乡村文化的生

① 赵霞．乡村文化的秩序转型与价值重建[D]．石家庄：河北师范大学，2012.

活实践，理解乡村文化在居民日常生活中的意义和作用。

传统村落是一个复杂的系统，保护传统村落并使村落保持发展的活力，自然也是复杂的系统工程。有学者指出，“研究传统村落更需要跨学科的合作，而跨学科需要补充通识，扩大公约数，才能让各学科的成员们有贯通对话的基础”[①]。由此，跨学科研究是理解和解决乡村文化传播挑战的重要途径。通过结合社会学、传媒学、文化学、经济学、人类学等学科的理论和方法，可以从多个维度全面理解乡村文化传播的复杂性，发现更加有效和创新的解决策略。这种跨学科的研究方法不仅能够促进学术领域的知识积累，也能为实践中的文化保护和发展提供有力的理论支持和实践指导。

## 三、“精神、自然、社会”三态同向发展，深化乡村生态文化传承内涵

作为中华民族的根基文化之一，乡村文化承载了深厚的历史底蕴，为中华民族的繁荣昌盛提供了源源不断的精神滋养。它不仅是我们民族的瑰宝，更是我们实现伟大复兴的重要支撑。“求木之长者，必固其根本；欲流之远者，必浚其泉源。”要想乡村文化传播之帆行稳致远，必须得重视乡村文化的根本源泉，即构建乡村文化的乡村生态。整个乡村生态是由乡民的精神生态、乡村的自然生态和乡村社会生态三者相互联系、相互作用而构成的。有学者坦言，“新时代乡村生态美的建构必然是涵盖着乡村自然生态美、乡村社会生态美和乡村精神生态美建构的一个总体生态美的建设”[②]。

乡村精神生态美是乡村生态美不可或缺的一部分，它不仅关乎乡村的内在品质，更是乡村“铸魂”工程的关键所在。在乡村发展中，精神生态美的建构不仅是对传统文化的继承与弘扬，更是为乡村注入灵魂，赋予其生生不息的发展动力。这种内在的建设，对于提升乡村整体风貌、凝聚乡村人心、促进乡村可持续发展具有深远的意义。乡村精神生态美是一种无形的力量，依托于各种物质性载体得以展现。这些载体在乡村精神生态现代化的进程中逐渐形成，具体体现在乡村文

① 张剑葳，杜林东．乡村文化遗产保护跨学科联合调查的实验与求解 [J]. 中国文化遗产，2020（4）：4-11.

② 王姝．新时代乡村生态美的建构研究 [D]. 南宁：广西民族大学，2023.

明的乡风、良好的家风和淳朴的民风之中。这些载体不仅代表着乡村的整体风貌，更成为乡村人们的精神寄托。在乡村人际交往中，乡村精神生态美也以行为准则和关系模式的形式得以体现。这些准则和模式规范着人们的行为，使乡村社会秩序井然、和谐共处。乡村精神生态美与物质性载体相互依存，共同塑造了一个乡村的精神内核，为乡村振兴注入了强大的内在动力。为了更好地呈现乡村精神生态美，我们需要深入挖掘乡村文化内涵，弘扬中华优秀传统文化，同时注重乡村物质文明和精神文明协调发展。只有这样，我们才能真正实现乡村振兴，让乡村焕发出新的生机与活力。

乡村自然生态作为乡村生态系统的重要组成部分，以其独特的乡村自然环境为研究对象，涵盖了乡村的山水林田湖草沙等自然资源，以及乡村的自然或人文景观。乡村自然生态美的呈现，离不开乡村山水林田湖的绿化、村容村貌的干净整洁化以及自然或人化自然景观的生态化。山水林田湖的绿化是乡民安居乐业的基本支撑，村容村貌的干净整洁构成的清洁家园、自然或人化自然景观的生态化构成的美丽家园是乡村自然生态美呈现的基础。乡村自然生态美的呈现不仅有助于提升乡村的整体风貌，更有助于传承和弘扬优秀的乡村文化，为乡村振兴注入强大的精神力量。

乡村社会生态美是乡村振兴的重要组成部分，其建构应当注重乡村生产、生活活动的绿色、高效和可持续发展。通过创新和创造，把握住审美要素的精髓，超越功利性，展现出乡村社会生态美的独特魅力。乡村社会生态美的呈现是以乡民的物质需求和实用关系的满足为基础的。换句话说，只有当乡民的基本物质需求得到满足，实用关系得到妥善处理，乡村社会生态美才能得以充分展现。这种美的呈现不仅体现了乡村社会的和谐与进步，更是乡民对美好生活的追求和向往。

在推进乡村文化更大范围、更深层级的传播中，乡村生态美的建构至关重要。乡村生态美不仅为乡村提供了一个优美、宜居的环境，让人们享受到与自然和谐共生的美好生活，更是在传承和弘扬乡村优秀传统文化的基础上，彰显了乡村独特的自然、社会和精神价值。通过乡村生态美的建构，我们可以塑造出一种崭新的乡村样态，这种样态是生态、文化、社会和经济的综合体现。它不仅关注乡村的生态环境，更注重乡村文化的传承和创新，致力于打造一个具有历史底蕴、文化特色和生态优势的美丽乡村。总之，打好乡村生态根基是美丽乡村建设的关键所在，也是不断扩大乡村文化影响力、提升乡村美誉度的根本保证。只有从根本和源头上加强乡村精神生态建设、自然生态建设、社会生态建设，才能够实现乡村的可持续发展，让乡村成为人与自然和谐共生的美好家园。

# 参考文献


[1] 中共中央党史和文献研究院．习近平关于“三农”工作论述摘编 [M]. 北京：中央文献出版社，2019.

[2] 费孝通．乡土中国 生育制度 [M]. 北京：北京大学出版社，1998.

[3] 丁永祥．城市化进程中乡村文化建设的困境与反思 [J]. 江西社会科学，2008（11）：212–214.

[4] 陈丁伊．基于文化景观视域下的乡村改造设计探究 [J]. 鞋类工艺与设计，2023，3（17）：139–141.

[5] 闫昊．数字技术赋能乡村振兴的提升路径探析 [J]. 智慧农业导刊,2023,3(11)：161–164.

[6] 王颖吉，陈珣．中华优秀传统文化短视频内容生产现状及创新路径研究 [J]. 中国编辑，2023（11）：36–43.

[7] 牛梦琦．乡村自媒体短视频文化传播现状及策略研究 [J]. 视听，2021（6）：195–197.

[8] 田芊伊，鲁小艳．新媒体助力乡村文化振兴 [J]. 文化产业，2023（34）：16–18.

[9] 梅备荒．数字化助推传统文化传承与发展 [J]. 文化产业，2023（32）：97–99.

[10] 刘昭．论数字化媒体时代传统文化传播 [J]. 中国报业，2016（22）：34–35.

[11] 洪涛．浅析社区参与机制在贵州传统村落建筑文化遗产保护中的探索——以堂安侗寨为例 [J]. 卷宗，2017（7）：132–133.

[12] 李帆，赵纲．新媒体视阈下陕西民俗文化传播策略研究 [J]. 陕西开放大学学报，2023，25（1）：51–56.

[13] 蒋旭峰，袁梦倩．社区传播与乡土社群文化建构 [J]. 南京社会科学,2013(1)：54–62；70.

[14] 董婧婧，王昊，高显艳，等．社群凝聚下的乡村特色旅游——以陕西袁家村

和马嵬驿为例 [J]. 农村・农业・农民 B，2021（8）：14–16.
[15] 王自红，史静，袁桂仙 . 城乡融合发展背景下的乡村传统文化资源传承与创新研究——基于云南省陆良县的调研 [J]. 云南农业大学学报（社会科学），2023，17（5）：163–170.
[16] 山蕊蕊，马婷婷 . 乡村文化振兴背景下农业文化遗产保护传承研究 [J]. 江南论坛，2023（11）：39–43.
[17] 蒋立英 . 乡村振兴背景下乡村优秀传统文化的保护和传承——以南充市为例 [J]. 中共太原市委党校学报，2023（4）：74–76.
[18] 顾晨琳 . 江苏乡村特色文化的保护和传承 [J]. 文化产业，2023（19）：82–84.
[19] 王丹竹，杨玉萍 . 论习近平文化思想对推进乡村文化振兴的重大意义和实践要求 [J]. 西北农林科技大学学报（社会科学版），2024，24（1）：1–9.
[20] 谢太平 . 内生性与传播赋权：乡村文化建设再思考 [J]. 青年记者，2021（6）：33–34.
[21] 张敏，林骞 . 乡村振兴战略背景下中华优秀传统文化传承路径 [J]. 智慧农业导刊，2023，3（18）：193–196.
[22] 谭伟红 . 乡贤文化在乡村振兴中的传承与运用 [J]. 文化产业，2023（21）：151–153.
[23] 王洋 . 乡村文化传播中短视频的功能定位与实践策略 [J]. 传媒，2023（1）：55–57.
[24] 吴浪平 . 乡村振兴背景下三农短视频传播乡村文化路径探究 [J]. 山东农业工程学院学报，2023，40（7）：68–73.
[25] 丁和根，陈袁博 . 数字新媒介助推乡村文化振兴：传播渠道拓展与效能提升 [J]. 中国编辑，2021（11）：4–10.
[26] 李梦磊，徐建国 . 融媒体视域下乡村文化传播策略研究 [J]. 编辑之友，2023（6）：53–57.
[27] 郭丽云，李伟霞 . 略论新媒体时代的乡村传统文化传播 [J]. 山西广播电视大学学报，2020，25（3）：54–62.
[28] 石婷婷 . 短视频赋能乡村文化传播的路径探究 [J]. 采写编，2023（07）：108–110.

[29] 漆菁夫，史豪杰．短视频助推乡村文化传播实策与功能研究 [J]. 中国出版，2023（12）：63–65.

[30] 范以锦，郑昌茂．数字乡村文化振兴的路径探析和逻辑建构 [J]. 中国编辑，2021（11）：16–22.

[31] 莎日娜．乡村振兴报道中如何传播好乡村文化 [J]. 新闻论坛，2023，37（1）：107–108.

[32] 张克兰，魏明锐．乡村振兴背景下民俗文化传播的价值、现状与改善 [J]. 安顺学院学报，2023，25（3）：46–50.

[33] 杨东伶．乡村文化传播力与影响力提升策略 [J]. 中国农业资源与区划，2022，43（10）：96，109.

[34] 苏若彤．乡村文化广场提升文化传播力的路径研究 [J]. 今传媒，2022，30（10）：98–100.

[35] 宋丽丽，马文杰．乡村文化建设视角下非物质文化遗产的传播策略研究 [J]. 中国市场，2023（26）：37–40.

[36] 匡卉，郑欣．乡村文化建设中的非遗战略及其传播现象 [J]. 中国农村观察，2021（1）：40–50.

[37] 郭小曼．乡村振兴背景下乡村文化数字化传播之路径探析——以三门峡地区为例 [J]. 三门峡职业技术学院学报，2022，21（3）：39–44.

[38] 何颖，宋艳丽．乡村振兴视域下乡村文化的传播现状——以湖北省民族地区莲花池村为例 [J]. 西部广播电视，2023，44（9）：34–36.

[39] 李真．巴蜀地方节庆日的文化特征与海外传播策略 [J]. 四川省干部函授学院学报，2023（4）：27–31；78.

[40] 王育姝．巴蜀饮食文化创新发展路径研究 [J]. 四川省干部函授学院学报，2023（4）：36–40.

[41] 巩强．新时期巴蜀文化创新开发对策研究——以博物馆馆藏资源利用为切入点 [J]. 四川省干部函授学院学报，2023（3）：27–33.

[42] 彭万．巴蜀文化走出去路径探索 [J]. 合作经济与科技，2023（15）：72–74.

[43] 付英，李鉴．走进巴蜀文明　感受川渝文化之美 [J]. 文化产业，2023（16）：27–29.

[44] 王诗秒 . 消解与聚合：影像中的巴蜀文化认同与身份叙事 [J]. 电影文学，2022（18）：12–16.
[45] 张伟进 . 巴蜀文化旅游走廊建设现状、问题及其对策 [J]. 新西部，2022（7）：5–8.
[46] 黄玲玲 . 乡村振兴视域下乡村文化振兴的困境与路径研究 [J]. 智慧农业导刊，2023，3（24）：175–180.
[47] 张宝灿 . 社区文化认同与社区建设关系及方向 [J]. 公关世界，2021（8）：108–109.
[48] 赵霞 . 乡村振兴视阈下传统文化保护与传承路径研究 [J]. 山东农业工程学院学报，2022，39（6）：98–102.
[49] 刘翠 . 中国乡村文化建设理论的历史探析 [J]. 经济研究导刊，2010（10）：47–48.
[50] 傅琼，杨丹 . 礼仪文化与乡村社会和谐 [J]. 农林经济管理学报，2016，15（4）：475–481.
[51] 许丹阳 . 三星堆文化研究四十年 [J]. 中国文化研究，2021（2）：51–62.
[52] 金磊磊 . 古蜀国艺术文化的符号特点——以四川广汉三星堆为例 [J]. 艺术科技，2014，27（3）：222，241.
[53] 曹铁娃，曹铁铮，徐苏斌 . 三星堆文化的中国文化基因及其当代表达 [J]. 创意设计源，2022（3）：36–42.
[54] 苏宁 . 试论三星堆宗教的内涵 [J]. 西南民族学院学报（哲学社会科学版），2003，24（1）：72–77.
[55] 肖先进，吴维羲 . 三星堆遗址仁胜村土坑墓出土玉石器初步研究 [J]. 四川文物，2010（2）：33–43.
[56] 张思琪 . 太阳崇拜与三星堆神权信仰体系的构建 [J]. 创意设计源，2022（3）：25–30.
[57] 张蓉，王洪智 . 探寻古蜀国的明堂建筑形象 [J]. 南方建筑，2008（2）：74–77.
[58] 陆益龙 . 乡村文化的再发现 [J]. 中国人民大学学报，2020，34（4）：91–99.

[59] 李银兵 . 文化乡愁与文化乡建：乡村文化的现代性重构 [J]. 中州学刊，2023（8）：74–82.
[60] 冯译冉，孙志勇 . 乡村振兴视域下孝文化建设的路径探索 [J]. 石家庄学院学报，2021，23（5）：115–119.
[61] 吴卓婷 . 弘扬节俭文化对抗挥霍资源 [J]. 科学决策，2005（9）：20–22.
[62] 韩冰冰 . 新媒体背景下乡村数字文化馆建设策略 [J]. 中国市场，2022（27）：178–180.
[63] 赵小红 . 开展乡村文化活动提高群众精神、文化生活质量 [J]. 传奇故事，2021（9）：20–21.
[64] 林翔 . 论“方言”概念在近代中国之演变 [J]. 北京社会科学，2023（1）：55–65.
[65] 陈荣泽，高永鑫 . 巴蜀方言语音研究综述 [J]. 四川理工学院学报（社会科学版），2008，23（1）：92–95.
[66] 黄龙光，杨晖 . 语言助力乡村振兴的内在逻辑与实践路径 [J]. 语言战略研究，2023，8（5）：21–31.
[67] 姚小烈 . 乡村文化振兴视域下方言文化保护与传承 [J]. 哈尔滨师范大学社会科学学报，2022，12（2）：27–33.
[68] 单福彬，祁向文 . 基于地方感的乡村节庆可持续发展路径选择 [J]. 湖北农业科学，2016，55（10）：2691–2694；2700.
[69] 谢玉明 . 乡村振兴背景下春节文化的几个关键词 [J]. 河南农业，2019（9）：56–58.
[70] 马超峰，薛美琴 . 婚嫁格局：乡村社会变迁的一个视角 [J]. 农村经济与科技，2013，24（1）：127–129.
[71] 王雪 . 传统农业祭祀文化研究文献类论 [J]. 长春工程学院学报（社会科学版），2022，23（1）：66–69.
[72] 仪雪 . 中国川菜文化的哲学思考 [J]. 中国食品，2023（8）：81–83.
[73] 成宇昂 . 火锅文化的当代传播研究 [J]. 文化创新比较研究，2020，4（15）：77–78.

[74] 赵志立 . 巴蜀农耕文化与现代农业文化 [J]. 中华文化论坛，2009（S2）：215–218.

[75] 饶箐，尼海峰，涂雪令，等 . 四川泡菜的产品特点及产业技术发展浅析 [J]. 食品与发酵科技，2011，47（4）：1–4，9.

[76] 陈静，匡成兵 . 四川泡菜——“川菜之骨”作嫁妆 [J]. 长江蔬菜，2015（24）：17–18.

[77] 赵萍 . 巴蜀饮食文化在文创美食开发中的特征表达 [J]. 中国集体经济，2022（28）：109–111.

[78] 仵军智 . 电视媒体：如何把握传统乡村文化的传承与保护 [J]. 传媒，2011（05）：71–72.

[79] 李旭坤，黄博阳 . 叙事策略、影像表达与文化认同：乡村振兴题材纪录片的创作特点探析 [J]. 传播与版权，2023（1）：43–45.

[80] 袁靖华，李文玉 . 乡土文化节目：开辟乡土文化价值传播的创新路径 [J]. 中国电视，2022（3）：55–60.

[81] 解瑞民，师献纯 . 为了这片希望的田野——《走进乡村》栏目的实践与思考 [J]. 新闻爱好者（理论版），2008（7）：89.

[82] 吴小勉 . 赋能乡村旅游发展的电视媒体文化服务策略 [J]. 青岛职业技术学院学报，2022，35（5）：51–56.

[83] 梁伟，马梅 . 乡村振兴视域下网络直播带货的实践形式与深层意涵 [J]. 新闻知识，2021（5）：17–26.

[84] 徐蓉 . 乡村振兴背景下 5G 智慧电台在基层广播宣传阵地建设中的应用实践 [J]. 广播与电视技术，2022，49（11）：16–21.

[85] 邢舒航，麦迪娜 · 艾买提江 . 乡村振兴视域下乡村网络文化振兴的困境与实践路径 [J]. 经济研究导刊，2023（7）：41–43.

[86] 庞慧敏，王馨誉 . 网络时代乡村文化传播的重建与策略 [J]. 传媒，2018（24）：72–74.

[87] 席晶 . 数字媒体艺术在非遗文化传承中的应用 [J]. 玩具世界，2023（5）：100–102.

[88] 徐晓然 . 农产品电商直播发展思考 [J]. 合作经济与科技，2023（21）：70–72.

[89] 程前，孔艳辉．乡村文化短视频的发展热潮与未来走向 [J]. 视听，2023（1）：6–9.
[90] 祝洪珍，乔守明．新媒体视域下虚拟现实技术与传统文化产业创新融合研究 [J]. 中国传媒科技，2023（10）：102–105.
[91] 邹顺宏．虚拟现实技术与文化的融合——对数字博物馆的思考 [J]. 国际公关，2022（6）：121–123.
[92] 郝炜滢．虚拟现实技术让中国传统文化传播迸发活力 [J]. 文化产业，2023（23）：111–113.
[93] 刘畅．虚拟现实技术在民俗文化教育中的应用 [J]. 中国教育技术装备，2019（4）：36–37，40.
[94] 薛梦阳．乡村振兴背景下网络直播助力产业兴旺研究 [J]. 中国经贸导刊（中），2021（7）：42–43.
[95] 南长全．乡村振兴视野下非遗项目的网络直播传播传承态势研究 [J]. 艺术科技，2021，34（8）：23–24.
[96] 高琳．基于网络直播的乡村旅游营销策略探析 [J]. 农业经济，2019（6）：143–144.
[97] 尚婷，亓利．乡村振兴视阈下数字技术赋力乡村文化建设路径探析 [J]. 知与行，2023（4）：82–89.
[98] 刘舒．“短视频 + 直播”背景下乡村文化传播的逻辑与策略——基于内生发展理论的视角 [J]. 东南传播，2023（1）：18–20.
[99] 李文菲．媒介景观视角下乡村直播对乡村文化的呈现与建构 [J]. 声屏世界，2022（8）：96–98.
[100] 于春生，郭婉君．融合文化语境中的乡村直播与农民叙事 [J]. 现代传播，2021，43（8）：24–28.
[101] 叶丹，戴旸．以网络直播为途径的非物质文化遗产传播研究 [J]. 黄山学院学报，2020，22（2）：80–83.
[102] 李湘．新媒体视域下村落文化的创新传播 [J]. 模型世界，2022（22）：167–169.

[103] 郭婉君，于春生 . 场景理论视域中乡村直播的价值与忧思 [J]. 电视研究，2019（12）：38–40.

[104] 于凤静，王文权 . 直播：非遗网络价值呈现的创新策略研究——以西南少数民族地区为例 [J]. 当代传播，2019（4）：95–97.

[105] 徐庶 . 赋能乡村振兴：农民数字媒介接触能力提升路径研究 [J]. 科技传播，2023，15（20）：97–100，104.

[106] 蓝丽娟，林小彬，黄婕 . 乡村振兴背景下闽东农民媒介素养调查研究 [J]. 乡村科技，2021，12（21）：21–23.

[107] 余筱瑶 . 农村老年媒介素养：乡村文化振兴中的数字赋能与纾困 [J]. 重庆开放大学学报，2023，35（5）：75–80.

[108] 沈费伟，曹子薇 . 从数字鸿沟到数字包容：老年人参与数字乡村建设的策略选择 [J]. 西北农林科技大学学报（社会科学版），2023，23（1）：21–29.

[109] 秦艳华，杜洁 . 媒介素养：乡村文化振兴的重要推动力 [J]. 中国编辑，2021（11）：11–15.

[110] 尹晓楠，方雪琴 . 信息减贫语境下农村地区媒介素养提升路径 [J]. 新闻爱好者，2022（11）：95–97.

[111] 刘朝霞 . 新媒体对城乡数字鸿沟的影响探析 [J]. 新闻前哨，2016（1）：69–71.

[112] 杨文明，朱家顺 . 三问城乡数字鸿沟 [J]. 农村・农业・农民 A，2015（3）：11–13.

[113] 刘兴红 . 农村远程教育工程对城乡教育数字鸿沟的影响 [J]. 中国电化教育，2009（4）：45–48.

[114] 刘姿均 . 新媒体时代乡村文化传播的困境与对策 [J]. 新闻传播，2021（7）：16–19.

[115] 刘博仁，季丽莉 . 新媒体时代乡村文化对外传播的困境与对策 [J]. 新闻研究导刊，2021，12（10）：230–232.

[116] 王宙，刘文生 . 新媒体时代乡村文化传播的现实困境及优化路径 [J]. 湖南行政学院学报，2023（6）：109–115.

[117] 方刚，杨建朝 . 城乡优质均衡视域下乡村教育发展新困境与差异正义进路

[J]. 华南师范大学学报（社会科学版），2023（3）：130–141，207.
[118] 王钰，冯林 . 乡土短视频的文化传播效应、问题与策略研究 [J]. 新闻研究导刊，2022，13（6）：29–31.
[119] 何憬 . 乡村振兴背景下“三农”自媒体助力乡村文化传播的困境及对策 [J]. 新西部，2023（10）：203–205.
[120] 刘桂辉 . 新生代乡村教师乡土文化自信的缺失危机与培育路径 [J]. 当代教育科学，2023（2）：55–62.
[121] 胡策 . 城镇化进程中的文化同质化与高等教育关联性分析应对 [J]. 学海，2015（6）：102–106.
[122] 甘皓云，赵阳升，毕圣 . 省级技术平台打造数字文化助力文化下乡的四川模型 [J]. 西部广播电视，2023，44（S1）：56–62，80.
[123] 赵旭东，朱鸿辉 . 城市化进程与乡村振兴——基于一种文化转型人类学视角下的移民思考 [J]. 学术研究，2018（8）：43–51.
[124] 任冰 . 乡村传统文化的保护和传承 [J]. 学理论，2019（8）：9–10.
[125] 赵颖文，许钰莎，胡旭，等 . 四川省农村居民收入分化的多维特征及其发展应对 [J]. 农业经济，2023（10）：72–74.
[126] 陈东湘，陈佳丽，方昕 . 城市化进程中的乡村文化研究 [J]. 农村 · 农业 · 农民 B，2019（12）：44–46.
[127] 魏海华 . 现代城市化进程中乡村文化焦虑及其重建问题 [J]. 知与行，2020（3）：66–71.
[128] 顾大治，徐益娟，洪百舸 . 新媒体融合下乡村公共文化空间的传承与重构 [J]. 现代城市研究，2021（12）：40–47，55.
[129] 张传香，金盼 . 践行“四力”与媒体深度融合赋能乡村文化振兴 [J]. 天津大学学报（社会科学版），2023，25（6）：523–527.
[130] 周孝君 . 论巴蜀文化研究取向 [J]. 内江师范学院学报，2008，23（7）：32–35.
[131] 黄诗淇，吕颖，侯阿呷，等 . 成都市乡村文创产业发展路径研究——以道明竹艺村为例 [J]. 中国市场，2023（7）：52–54.

[132] 高林娟 . 乡村振兴战略背景下乡村旅游文创产业发展策略研究 [J]. 农业经济，2022（7）：138–139.
[133] 邱明丰 . 融合发展：四川民族地区乡村文化振兴路径——以峨边彝族自治县为例 [J]. 四川省干部函授学院学报，2021（2）：50–54，89.
[134] 马志涛 . 新媒体传播与受众参与式文化研究 [J]. 采写编，2022（3）：88–90.
[135] 胡晓立，张明明，白春明，等 . 乡村文化资源挖掘及产业化开发 [J]. 安徽农业科学，2021，49（5）：254–256，267.
[136] 李德建 . 论文化视阈中的乡村文化资源开发 [J]. 农村经济，2009（6）：100–103.
[137] 杨静，唐经伟 . 非物质文化遗产保护语境下的巴蜀民间艺术 [J]. 中华文化论坛，2012，4（4）：155–159.
[138] 匡湘鄂 . 传统媒体在乡村文化振兴报道中的优势 [J]. 新闻前哨，2019（1）：32.
[139] 王兴婉 . 新媒介视角下乡村文化传播的场景化生产——以小红书为例 [J]. 新媒体研究，2021，7（3）：74–76.
[140] 许乐 . 乡村振兴背景下提升媒体传播力的路径探索 [J]. 新闻研究导刊，2023，14（23）：98–100.
[141] 郭丽云，李伟霞 . 略论新媒体时代的乡村传统文化传播 [J]. 山西广播电视大学学报，2020，25（3）：54–62.
[142] 沈荣荣 . 新媒体推动乡村文化传播的路径优化 [J]. 汉字文化，2020（18）：156–157.
[143] 庞慧敏，王馨誉 . 网络时代乡村文化传播的重建与策略 [J]. 传媒，2018（24）：72–74.
[144] 叶之宁 . 乡村振兴战略下乡村文化传播路径研究 [J]. 新闻研究导刊，2021，12（8）：65–66.
[145] 李然 . 打造文化志愿服务品牌传播艺术文化到校园——以石景山区文化志愿者服务分中心为例 [J]. 教育艺术，2023（4）：61.
[146] 杨修憬 . 中国乡村文化资源人才培养模式与国际交流机制创新研究 [J]. 艺术教育，2022（2）：33–38.

[147] 李庆林，万卉英，马啸天．中国乡村青年在土味视频国际展演中的个体可见与国族呈现 [J]. 当代青年研究，2022（5）：57–65.

[148] 庞晨阳，杨伟．传播视域下中华优秀传统文化融入乡村基础教育研究 [J]. 传媒论坛，2023，6（11）：82–84.

[149] 栾铁玫．线上乡村——国际传播中的“中国叙事”[J]. 视听界，2021（6）：125.

[150] 王壹，龚伟亮，张伟鹏．中国乡村故事“出海”：内涵、机遇与路径选择 [J]. 国际传播，2022（3）：8–14.

[151] 刘爱萍，许建宝．自媒体时代传统村落的图像传播 [J]. 新闻战线，2018（20）：158–159.

[152] 钟岩，李波．乡村振兴视域下优秀传统农耕文化的传承创新探析 [J]. 山东农业大学学报（社会科学版），2023，25（4）：184–188.

[153] 贺芒，范飞．脱域与回归：流动村民参与乡村振兴的困境与路径 [J]. 湖北民族大学学报（哲学社会科学版），2023，41（2）：83–93.

[154] 沙垚．乡村文化传播 [J]. 新闻与传播研究，2015，22（12）：101–108.

[155] 邹桐．乡村振兴视域下乡村优秀传统文化传承与创新研究 [J]. 农业开发与装备，2022（12）：43–45.

[156] 蒋利雪，李敏．社会治理视域下乡村文化传承问题与对策 [J]. 云南农业大学学报（社会科学版），2019，13（4）：14–19.

[157] 陈蓉蓉，秦紫灿，黄佐桉．乡村振兴中乡村文化传承面临的困境与对策研究——基于调查问卷的实证分析 [J]. 江西农业，2022（22）：121–123.

[158] 陈晔．新媒体视角下乡村文化传播路径研究 [J]. 声屏世界，2022（23）：11–13.

[159] 许子婵，仇兵奎．社区参与视角下非物质文化遗产保护系统研究 [J]. 山西能源学院学报，2021，34（6）：60–62.

[160] 邓小艳．文化传承视野下社区参与非物质文化遗产旅游开发的思路探讨 [J]. 广西民族研究，2012（1）：180–184.

[161] 姬汝茂．新农村文化创新与可持续发展的路径和机制 [J]. 社会科学家，2008（8）：111–114.

[162] 王斯 . 对安阳桥庙会的人类学思考 [D]. 北京：中央民族大学，2012.

[163] 朱俊波 . 宴席、人情与村落共同体 [D]. 济南：山东大学，2021.

[164] 潘佳佳 .Y 市廉政文化乡村传播行为研究 [D]. 金华：浙江师范大学，2022.

[165] 王太彬 . 乡村文化建设与保护研究——基于近代以来城市化进程的视角 [D]. 郑州：中原工学院，2012.

[166] 李平 . 新时代乡村文化振兴问题及对策研究 [D]. 青岛：青岛理工大学，2019.

[167] 赵霞 . 乡村文化的秩序转型与价值重建 [D]. 石家庄：河北师范大学，2013.

[168] 张剑葳，杜林东 . 乡村文化遗产保护跨学科联合调查的实验与求解 [J]. 中国文化遗产，2020（4）：4–11.

[169] 王姝 . 新时代乡村生态美的建构研究 [D]. 南宁：广西民族大学，2023.

# 后　记

2024年春，《巴蜀乡村文化传播研究》这本专著历时两年终于完稿了。

学术之路，道阻且长，唯有积跬步以致远。我于学术一途仍只能算得上是一名初学者。这本书是我第一部主持编写的专著，于我而言，写作此书既是一个理论研究的过程，也是一个再学习的过程。

见出功夫、见出价值，这有赖于长期的摸索和实践。在本书的写作过程中，学校和学院提供了极大支持，与金佳林、孟心二位老师的合作使我收益良多，两位老师深厚的学术底蕴，也让我对地方文化研究有了更深的认识。同时家人的支持也让我得以顺利地完成编写工作，在此诚表谢意。

本书编写分工如下：

李娇：负责各章节提纲的设计和全书统稿，并撰写了第一章、第六章、第七章。

金佳林：负责全书编写工作的协同和内容框架调整，并撰写了第二章、第三章。

孟心：负责全书前期资料搜集和校对工作，并撰写了第四章、第五章。

也感谢钟雨祝同学进行的材料梳理工作。

之所以选取巴蜀地区乡村文化及其传播情况为本书的研究对象，既因为这是一个重要的地方文化传播的研究课题，也因为其有着很强的现实性。在国家“乡村振兴”战略背景下，农村文化的发展意义重大。

这本专著的完成，不是终点，而是起点。金佳林、孟心二位老师和我深知，本书尚有诸多不完足之处、不成熟之论，为此，恳请各位专家和广大读者进行批评指正。我将在日后研究中继续加以完善。写作过程中，我亦深感，为学之难，难在如何在研究能够让成果具有更多的现实意义，因此在本书中就自己的经验和思考提出一些观点，以期能够为相关问题提供参考。

编者

2024年3月20日